供给侧改革主线上的未来财税

贾康 著

图书在版编目（CIP）数据

供给侧改革主线上的未来财税/贾康著. —北京：商务印书馆，2019
ISBN 978-7-100-17632-3

Ⅰ.①供… Ⅱ.①贾… Ⅲ.①财税—财政改革—研究—中国 Ⅳ.①F812.2

中国版本图书馆 CIP 数据核字（2019）第 142020 号

权利保留，侵权必究。

供给侧改革主线上的未来财税
贾 康 著

商 务 印 书 馆 出 版
（北京王府井大街36号 邮政编码100710）
商 务 印 书 馆 发 行
北京新华印刷有限公司印刷
ISBN 978-7-100-17632-3

| 2019年9月第1版 | 开本 880×1230 1/32 |
| 2019年9月北京第1次印刷 | 印张 10 |

定价：40.00元

"莫干山丛书"编委会

总 顾 问：高尚全　孔　丹
联合主编：曹文炼　常修泽　朱嘉明　贾　康
编　　委：曹文炼　常修泽　朱嘉明　贾　康
　　　　　　黄江南　王小鲁　郭　濂　许剑秋
　　　　　　柳　红　邵　青　段永朝　沈建光
　　　　　　管清友　刘陈杰　孟　岩　陈　婕

"莫干山丛书"总序

1984年，中国经济改革进入全方位经济制度转型的关键时期。这年9月，在浙江省德清县莫干山召开了"全国中青年经济科学工作者学术讨论会"（史称"莫干山会议"）。这次会议的主体，是来自全国的中青年经济科学工作者，他们意气风发，思想解放，面对当时改革与开放的重大问题，在深入思考的基础上争论，最终为相关决策提出具有价值的理论依据、思路和方法。在那个年代，关于经济改革方面的学术或者理论研讨会不知多少，绝大多数已经消失在历史的长河之中。而"全国中青年经济科学工作者学术讨论会"，却随着历史的推移，被不断地再认识，再评价。"莫干山会议"已经逐渐成为那个时代和那代人的一种象征和符号。

值得庆幸的是，28年之后的2012年，在国家发展和改革委员会国际合作中心的推动下，重启"莫干山会议"（现称"新莫干山会议"），持续至今，并且搭建起了北京中青年改革与创新论坛。自2018年开始，"新莫干山会议"形成了春季论坛和秋季论坛模式，春季论坛以北京为主，秋季论坛以浙江德清县为主。

从1984年的"莫干山会议"到2012年的"新莫干山会议",所传承的是人们所说的"莫干山精神"。那么,何谓"莫干山精神"?归纳起来,包括"家国情怀"、"责任担当"、"问题导向"、"不拘一格"和"科学态度"。与"莫干山精神"不可分割的还有那个特定时代的"理想主义",一种对改革开放过程与结果的期望、执着与奉献。

1984年,"莫干山会议"的参会者平均年龄34岁,如今,35年过后,他们步入60岁,70岁,甚至已有多位"逝者"。但是,更多的"70后""80后",甚至"90后"参加"新莫干山会议",继承"莫干山会议"的历史遗产,突破"莫干山会议"的历史局限性,并注入以"创新"为核心的新元素,他们正在成长为"莫干山精神"的新生代。

2018年,值中国改革开放40周年之际,以莫干山研究院牵头组织、出版和发行"莫干山丛书"成为新老"莫干山人"的一种共识。"莫干山丛书"的宗旨:针对21世纪即将进入第三个十年、人类生存与发展的环境正在加速变化和日益复杂的历史大格局,立足中国国情,探讨影响构建人类命运共同体的历史经验、思想成果,以及来自经济、技术、社会、文化的跨界性重要课题。

"莫干山丛书"的主要构成:(1)历史板块,涉及中国经济改革开放以来的历史事件、人物及其理论研究;(2)现实板块,涉及中国现实经济、政治、社会和科学技术的重大课题;(3)科学技术板块,涉及科学技术进步与人类社会发展的关系等,例如,"大数据""人工智能""区块链"的开发与应用;(4)国际关系板块,涉及世界主要国家经济社会转型的比较研究及"地缘政治"新形态等;(5)文化艺术板块,涉及当代文化艺术和大众传媒的发展及其趋势分析。

一般来说,丛书是指具有特定宗旨并冠之以一个"总名",结集若干作者撰写的一系列著作的一种"集群式图书"体例。其形式可分为综合型、专门型两大类。"莫干山丛书"属于综合型丛书,其特色包括:(1)开放性和持续性;(2)思想的独创性和方法的跨学科性;(3)主题的多元性及作品的多样性,实现传统图书与电子书、有声书等多种形式的结合;(4)知识性与可读性,推动作者与读者,出版、媒体与教育之间的互动与分享。

"莫干山丛书"的主要读者对象为大学本科生、研究生,以及相关学术工作者、科技人员和大众读者。

2019年,是"五四运动"100周年,是中华人民共和国成立70周年,改革开放进入第五个十年,也是"莫干山会议"召开35周年,"莫干山丛书"选择这个历史时点推出第一套,希望能对中国与世界的发展与进步有所贡献。

莫干山研究院

2019年8月

目 录

引子……………………………………………………………………1

第一章　现代国家治理需要现代财税制度………………………3
　一、"治理"是高于"调控管理"的新境界…………………3
　二、国家治理的现代化取向…………………………………4
　三、国家治理现代化在资源配置制度建设层面的
　　　诉求：构建现代市场体系………………………………9
　四、以现代财政制度匹配现代国家治理……………………15
　　（一）财政是国家治理的基础……………………………16
　　（二）财政是国家治理现代化所必需的全面改革的
　　　　　重要支撑……………………………………………17
　　（三）财政政策是实现国家治理能力提升的重要工具…18
　五、构建"财政全域国家治理"理论框架，服务于
　　　建立现代财政制度………………………………………19
　　（一）财政基础理论层面需要以"财政全域国家治理"
　　　　　为基本框架，实行与时俱进的创新…………………19

（二）支持建立现代预算制度……………………………24

　　（三）支持建立现代税收制度……………………………25

　　（四）支持理顺政府间财政关系，建立事权与支出
　　　　　责任相适应的财政体制………………………………27

　　（五）支持创新财政投入机制，发挥财政资金引领
　　　　　带动示范效应…………………………………………29

　　（六）支持提高财政管理能力，强化现代财政制度
　　　　　执行能力和提升其绩效水平…………………………30

　　（七）"全域"战略思维的指向……………………………30

第二章　供给侧结构性改革：改革深水区攻坚克难的
　　　　系统工程……………………………………………32

一、供给侧改革是理论密切联系实际的创新……………………32

　　（一）新供给：经济学理论的创新………………………33

　　（二）"三破"：破偏颇、破脱节、破滞后………………37

　　（三）"四立"：立框架、立原理、立融合、立体系……39

　　（四）基于理论密切联系实际的创新服务全局…………41

二、供给侧改革是问题导向下引领新常态、激活要素
　　潜力的动力体系再造创新…………………………………42

　　（一）中国经济运行中需要认识、适应和引领"新常态"……42

　　（二）需求侧总量调控不可以"包打天下"……………51

　　（三）结构性动力体系的作用空间需在"供给侧"构建………53

　　（四）要素层面要破解"供给约束"与"供给抑制"………56

三、供给侧改革是通盘规划的系统工程式全局长远创新……… 61
　　（一）框架：实现法治框架下的规划先行 ………………62
　　（二）制度：打开制度结节，开展以多规合一为取向
　　　　　　而先行、动态优化的多轮顶层规划………………62
　　（三）分类融合：要素分类视角对"多规合一"的把握……63
　　（四）动态优化：锁定不同发展阶段每轮顶层规划的
　　　　　　主要矛盾……………………………………………65

四、供给侧改革是以改革为核心、现代化为主轴的
　　制度供给创新………………………………………… 67
　　（一）现代政治文明：全面改革联结"全面法治化"……69
　　（二）现代发展理念：以创新为"第一动力"、改革为
　　　　　　"关键一招"的守正出奇……………………………76

五、供给侧改革中，财税改革是形成有效制度供给
　　体系的关键性组成部分和全面改革的支撑…………… 80

**第三章　回顾：中国改革开放后财税改革重要进展与
　　　　　现存问题分析 ………………………………… 83**
一、财政体制改革的探索过程……………………………… 83
　　（一）1980年以前对财政体制改革的初步探索…………84
　　（二）1980年分灶吃饭的财政体制………………………85
　　（三）1985年分级包干的财政体制………………………88
　　（四）1988年实行多种形式的财政包干体制……………89

二、"分灶吃饭"包干体制的主要问题……………………… 92
　　（一）仍然束缚企业活力的发挥…………………………93

（二）强化地方封锁、地区分割的"诸侯经济"倾向，
　　　　　客观上助长了低水平重复建设和投资膨胀……94
　　（三）中央和地方的关系仍缺乏规范性和稳定性……95
　　（四）国家财力分散，"两个比重"过低；地方缺少
　　　　　必要的设税权和稳定财源，中央缺乏必要的
　　　　　宏观调控主动权……95
　三、1994年之后的攻坚克难……96
　　（一）分税制改革开启经济性分权新阶段……97
　　（二）分税制财政体制的进一步完善……108
　　（三）公共财政框架的建立与完善……114
　　（四）适应国家治理现代化的财税改革新进展……124
　四、1999年后的三大突出问题分析……131
　　（一）突出问题之一："土地财政"……131
　　（二）突出问题之二：隐性负债……150
　　（三）突出问题之三：基层财政困难……165

第四章　中国财税体制改革的基本概括和供给侧改革
　　　　主线上财税改革的大思路……188
　一、中国财税体制改革历程小结……188
　二、在全面改革中深化财税改革的基本思路与要领……189
　　（一）总体思路……189
　　（二）改革的基本目标……190
　　（三）推进路径……194
　　（四）操作设计……198

目 录

第五章 为各方高度关注的税制改革：税改的中国样本 ………219
一、我国近年营改增的改革成果 ………………………219
（一）进一步完善增值税制度 ……………………220
（二）相关财税改革的联动改革 …………………224
（三）大力推广电子发票 …………………………226

二、中国税改难点聚焦：个人所得税、房地产税等直接税 ……………………………………………227
（一）提高直接税比重势在必行 …………………228
（二）要理性看待税收调节作用 …………………229
（三）加快建立、完善综合与分类相结合的个人所得税制 ………………………………………231

三、在"税收法定"轨道上加快推进房地产税改革 ……243
（一）税收法定，加快立法 ………………………243
（二）房地产税改革的必要性 ……………………247
（三）开征房地产税的可行性（通过回应最主要的五点诘难来说明）………………………254
（四）房地产税改革推进的要领 …………………259

四、深化中国税收制度改革的通盘构想 ………………263
（一）把税改纳入中国财税改革的总体思路 ……263
（二）深化税制改革的基本思路 …………………265

第六章 美国"进步时代"的启示与中国的未来 …………278
一、美国"进步时代"总体情况 ………………………279
（一）美国"进步时代"的经济社会情况 ………279

（二）美国进步时代的改革 …………………… 282
二、美国"进步时代"的财税改革 …………………… 287
　（一）开征企业所得税 …………………………… 287
　（二）开征个人所得税 …………………………… 291
　（三）预算改革 …………………………………… 292
三、借鉴与启示：渐进改革"路径依赖"下的中国未来财税进步与国家现代化 …………………… 297

主要参考文献 …………………………………………… 302

专栏目录

专栏 3-1　中国政府债务的总体规模与结构状况⋯⋯⋯⋯⋯ 155

专栏 3-2　深化分税制改革中如何把握"因地制宜"⋯⋯⋯⋯ 169

专栏 4-1　政府间职责和支出责任划分设想方案⋯⋯⋯⋯⋯ 199

专栏 6-1　税收、预算制度的进步与美国现代财政
　　　　　制度的成形期⋯⋯⋯⋯⋯⋯⋯⋯⋯⋯⋯⋯⋯ 294

图目录

图 1-1　供给侧创新作用原理的量化表达

　　　　（阶跃量化曲线）··34

图 3-1　中国国有土地产权约束示意图···134

图 3-2　中国"土地财政"的扭曲逻辑···149

图 3-3　地方融资平台公司通过土地抵押借款及

　　　　还款流程··152

图 3-4　各省政府投融资平台 2002—2010 年发行

　　　　债券数量和规模··153

表目录

表 1-1　供给侧视角的人类社会发展概况……………………35
表 3-1　多种形式财政包干体制一览表………………………91
表 3-2　1994 年中央与地方支出划分表………………………104
表 3-3　1994 年中央与地方税收划分表………………………105
表 3-4　2013 年省以下财政体制………………………………174
表 4-1　政府间职责和支出责任界定一览表（初步设计）……204
表 4-2　政府间收入划分方案设想……………………………212
表 5-1　增值税税率简化设想…………………………………221
表 5-2　2017—2020 年税制改革路线图………………………264

引 子

中国这一被称为世界上唯一一个古老文明没有中断过的民族国家，正处在以改革开放的持续推进，迎接"中华民族伟大复兴"现代化愿景"梦想成真"的前夕。"行百里者半九十"，未来的十年至三十年，将是历史性的考验期：于工业革命之后严重落伍的中国，能否基于一百多年的奋斗，以及近四十年来"黄金发展"而又伴随"矛盾凸显"之局，在追赶时代步伐之中终于"和平崛起"，将首先要冲过"中等收入陷阱"这一由全球统计现象而比喻式命名的"瓶颈期"，进而再达于基本建成现代化和发展为"现代化强国"的"圆梦期"。

面对挑战，迎接考验，中国最高决策层已明确提出"国家治理体系和治理能力现代化"这一核心理念，并在战略方针层面，确立了"供给侧结构性改革"这一构建现代化经济体系的主线。为推进"现代国家治理"，就必须在供给侧结构性改革中打造、培育、发展、完善现代市场体系，并把建立现代财政制度，作为与之配套的现代国家治理的基础，形成重要支柱。

本书是"莫干山丛书"的一种。作为作者，我愿以当年曾亲历"莫干山会议"的研究者之定位,秉持经济学人应有的社会责任感和理论密切联系实际的"经世济民"之建设性诉求,讨论中国供给侧改革主线上的未来财税。

第一章 现代国家治理需要现代财税制度

一、"治理"是高于"调控管理"的新境界

党的十八届三中全会做出的《中共中央关于全面深化改革若干重大问题的决定》(以下简称《决定》)中,明确地形成了对于"国家治理现代化"的表述:

> 全面深化改革的总目标是完善和发展中国特色社会主义制度,推进国家治理体系和治理能力现代化。

《决定》同时还深刻地指出:"财政是国家治理的基础和重要支柱,科学的财税体制是优化资源配置、维护市场统一、促进社会公平、实现国家长治久安的制度保障。"

什么是国家治理?一般认为国家治理体系囊括了国家的行政制度、决策制度、司法制度、预算制度、监督制度等制度体系,是在一国历史传承、文化传统、经济社会发展的基础上长期发展、渐进改进、内生性演化的结果。国家治理体系和治理能力是一个

国家的制度和制度执行能力的集中体现，两者相辅相成。有了良好的国家治理体系，才能提高国家的治理能力；反之，只有提高国家治理能力，才能充分发挥国家治理体系的效能。"国家治理体系"概念的出现，实质上是现代国家理念与政府管理模式的一种自洽性调适。

与传统的管理与统治相比，国家治理的目标，将不再仅以防范和消弭社会矛盾、维护社会秩序为主要任务，而是要致力于实现"社会和谐"与"社会发展"主题的对接，并寻求以最大"包容性"实现发展中所有潜力、活力的最大限度的释放。"治理"不等同于过去强调的自上而下的"调控"和"管理"，用"治理"替代"管理"也并不能与"政府"让位于"市场"简单地画等号。"治理"所强调的是一套以现代化为取向的制度安排和机制连接，意在把管理和自管理、组织和自组织、调控和自调控熔于一炉，包容和发挥各种主体的潜力，进而形成最大的活力与可持续性。

二、国家治理的现代化取向

"现代化"是一个基于比较的取向，是在世界民族之林中做横向比较才能得出的判断和结论。中国作为文明古国落入越来越丧失现代特征、越来越落伍的境地，是在鸦片战争之后，于"三千年未有之变局"中，一路积贫积弱、被动挨打、内忧外患、哀鸿遍野。甲午惨败后，又有很快失败的戊戌变法。再至20世纪，百年间发生了三件大事：

第一件大事是推翻千年帝制的辛亥革命。孙中山先生作为当时的政治领袖,有一个非常清晰的取向——"振兴中华"。这是明显带有现代化取向的愿景表述,而且孙先生还有一套具体的建国大纲。但是很遗憾,孙先生身后,中国很快陷入了军阀混战、内战,其后又遭遇外族入侵,"中华民族到了最危险的时候",曾走到亡国灭种的边缘。

第二件大事是1949年中华人民共和国成立。这标志着一个清晰的民族国家框架形成,一个完整的民族国家站立起来了。摆脱内战后一旦站稳脚跟,新中国便迅速开展大规模经济建设——以"一五"计划为标志,逻辑上是要解决民生与发展的问题。但其后的进程虽不乏重要成就,却仍有很大的曲折坎坷。

第三件大事是实行改革开放,同时确立了"三步走"现代化战略,这才在种种铺垫因素之上,真正进入解决民生的实质性阶段。2000年,前"两步走"战略目标提前实现,我们基本解决了温饱问题。下一个阶段性目标是2020年实现"全面小康"。社会生活中也合乎逻辑地包含着要真正解决人民群众"当家作主"的问题,这要依靠全面的"依法治国""依宪执政"的民主法治体系的建立来实现。

进入中国共产党执政阶段,对于实现现代化的历史性、战略性取向,中国共产党其实一向是坚定不移的。启动"一五"计划之后,毛泽东主席曾经在1956年前后反复讨论怎么样发展才会更快更好些,而他就是在此讨论过程中形成了著名的《论十大关系》(正因为此,在1956年听取财政部党组汇报时,他明确指出必须建立财政部的科研所,培养自己的专家,培养一批博士——几十年以后这已成为现实——我在"千年之交"后,曾长期担任财科所所长)。

他说搞社会主义必须发展起来，如果搞了多年社会主义，还是没能发展起来，是要被开除"球籍"的。1964年前后，中国终于告别了"三年困难时期"，在人民代表大会上，周恩来总理明确宣布了总体奋斗目标，即20世纪末（指2000年）我们要实现工业、农业、国防和科学技术的现代化，简称"四个现代化"。这样的目标引领，对全体社会成员产生了莫大的鼓舞，明确地给大家以向往，给人民以期冀。但后来非常遗憾地进入了"十年浩劫"，然而，即使在"文革"之中，1975年年初召开五届人大时，毛主席让复出的邓小平牵头给病中的周恩来总理起草了一篇不超过5000字的政府工作报告，而这一报告重申了20世纪末实现"四个现代化"的奋斗目标。这个"四化"目标再次宣布出来之时，广大民众由衷拥护——大家心知肚明，不把国民经济搞上去是没有希望的，只有这样才有奔头。在那个年代，"四个现代化"的愿景可谓凝聚了亿万人心。

历史终于给了机会，使得第三件大事即改革开放发生。1979年后邓小平很快正面设计勾画了现代化伟大民族复兴"三步走"的战略，提出到2050年前后中国实现现代化——他一下看出去70年。后来的种种技术性修正，都是服从这个基本思路表述的，无伤于这个伟大战略构想的总体水准。当时并没有什么严格的模型、测算来为邓小平提出这一宏伟战略作决策参考，但邓小平看准了中国的潜力所在，实践雄辩地证明了这一决策的高水准。当2000年前两步目标（"翻两番"）提前实现之后，摆在当代中国人面前的问题，是在有了世界经济总量"老二"之位后，2050年的第三步目标怎样实现。这也是十八届三中全会提出"现代国家治理"所面对的最实质性的问题，以及十九大以"新的两步走"做出战略部署所要解决的问题。

为解决好这个问题，治国理念有了一个重要提升，就是强调"治理"，而不是沿用过去说惯了的"调控管理"。调控管理是表述政府居高临下、自上而下的一个架构，而治理则是要求有多元主体充分互动、更多平面展开而形成的最大包容性的制度安排和机制联结：这个治理体系里面有管理，也有自管理；有调控，也有自调控；有组织，也有自组织，从而可望最大限度地"解放生产力"。现代治理的内在逻辑是：中国共产党从革命党转为现代社会一个合格的执政党，一定要有最阔达的心胸，秉持人类文明发展中已形成的包容性增长前沿理念，调动起所有的积极性和能量，释放出所有的潜力与创造性、建设性。

在多年的探索和奋斗之后，我们应清楚地看到，"伟大民族复兴"的中国崛起，其基本概念内涵已有了充分的提升和明确的理性原点：第一，"中国梦"这种生动的用语，与百多年志士仁人的主流追求和邓小平的现代化战略思维一脉相承。"中国梦"是从人本主义立场出发的，就是习近平总书记所说的"人民对美好生活的向往，就是我们的奋斗目标"，即实现中国梦是为人民群众谋幸福，而且在决策者那里，一定是要寻求正确处理眼前与长远、局部与全局利益关系的实质性、可持续的公众幸福；第二，"中国梦"不是狭隘民族主义的，而是寻求世界各民族的多赢、共赢，是在全面开放中以经济手段为主，走和平发展之路。邓小平当年有一个全局性的基本判断，即我们现在所处的时代是"和平与发展的时代"。研究者们一直在体会他这个判断有何所指，否定的是什么。可以说，这一论断实际上是否定了历史上一段时期关于我们处在

"战争与革命的时代"的基本判断,也就是说,我们的时代主题已不是要解决"谁战胜谁"的问题,而是要解决人类作为"命运共同体"如何"摒弃你输我赢的旧思维"而共赢发展的问题。

在这个大背景下,邓小平提出,2050年前后我国主要人均指标要达到当时中等发达国家水平——当时各方听来并无多大震撼力,一点也不咄咄逼人,但在前些年中国已走上了经济总量"世界老二"的台阶以后,再看看我们的人均GDP,当时还只是排在全世界第100位左右,这几年还在逐渐向上爬升位次——那么可知,这就是中国再经过30多年的奋斗,作为世界第一人口大国,其主要人均指标能排到约20位的中等发达国家水平,再综合其他现代性要素,综合国力在世界民族之林中一定会名列前茅,也就是与美国这个头号强国一比高下的问题了。这个由追赶而最终力求"后来居上"的现代化追赶——赶超战略,是中国和平发展不可否定的实质内涵。"中国梦"的战略设计,就是"善于守拙、韬光养晦""不争霸"接连追赶的过程,追赶之后实现伟大民族复兴。应再次强调,和平发展绝对不是狭隘的民族主义,而是要寻求多个民族国家的多赢、共赢,人类社会"全球化"背景下各个经济体以"人类命运共同体"为基本逻辑取向的"包容性发展"。

然而,中国现在站在历史发展的新起点上,却有伴随"黄金发展期"而来的"矛盾凸显"无可回避。在外部面对国际竞争的同时,内部从"物"的角度遭遇的资源环境制约(如雾霾式的环境危机因素)和"人"的角度面临的人际关系矛盾制约(如收入分配,财产配置方面普遍感受到、引起了强烈不满的不公与紊乱)趋于明显,要想如愿跨越"中等收入陷阱"阶段,我们就必须依靠十八届三中全会《决定》里"60条"所规定的实质性全面改革来化解矛盾，在实现全面小康的同时力求使全面改革"取得决定性成果"。这就是中央大政方针和现代化部署的所有内容落到最关键点上的精神实质，即攻坚克难推进全面改革。否则，中国是难以再往前继续发展而如愿实现现代化的。这是黄金发展特征仍然存在的，同时也是我们面对的化解矛盾、消除种种陷阱威胁的严峻挑战和历史性考验。

三、国家治理现代化在资源配置制度建设层面的诉求：构建现代市场体系

"现代国家治理"这个核心理念，是在中国人过去所有的追求和逐步形成的现代化认识基础之上，承前启后、聚焦到全面改革取得决定性成果这一追求之上的。那么与全面改革取得决定性成果相关的是，必然要讨论总体资源配置的机制问题，以及必须在资源配置层面解决好的制度安排、机制建设基本取向问题，即政府与市场的关系。

十八届三中全会第一次于中央最高层文件上明确要求"使市场在资源配置中发挥决定性作用"，这是极其来之不易的。邓小平在改革开放之初（1979年）接见外宾时就明确提到：社会主义为什么不能搞市场经济？我们也要搞市场经济。但这次谈话当时在内部没做传达，秘而不宣——邓小平意识到传达后会吵作一团，而他当时特别关注的是"不争论"，至少要少争论（他说"不争论是我的一大发明"，争来争去把时间全都耗费掉了，要力求赶快做

实事)。务实的事情主要有哪些？决策层先容忍、后鼓励了农村"分田到户"的联产承包责任制，几年之内使农村面貌改观，同时以"杀出一条血路"的决心和魄力在深圳建经济特区。

此外，邓小平在宏观层面上寻找突破口，要求"摸着石头过河"，渐进改革，因为中国不可能搞"大爆炸"式突变改革，国民经济无法"停车检修"，不可能一夜之间取消指导令性计划。于是国家决定1980年从财政开始实行"分灶式吃饭"，在向地方放权的同时，明确要求权力要继续下放到企业，让企业活起来。打开这个空间以后，后续的计划体制改革、投资体制改革、劳动人事制度改革、金融制度改革等再逐步推出。到了1984年，我国才通过中央全会的形式正式做出关于经济体制改革的决定，总体上定位为"有计划的商品经济"。这一表述中并没有"市场"二字，但是具有一般经济知识的人都知道，既然讲商品经济就离不开市场，那么市场取向的改革在这里就可以有一个名正言顺的包容性表述了。当然，那时候还有人因囿于传统思维而强调前面的三个字，认为再怎么讲商品经济，社会主义还是以计划经济为本质。在思想比较放开的情况下，1986年前后"有计划的商品经济"被进一步表述为"国家调节市场，市场引导企业"。这是一个清晰的、符合市场化改革逻辑的关于"间接调控"体系的要求，即政府不再是"一竿子插到底"去管控企业，而是使用法治化环境中规范的经济参数手段(如利率、税率、折旧率等)影响生产要素的价格信号，给出微观主体自主做出生产经营决策的空间，以求解放生产力，使千千万万分散的市场主体的聪明才智可以得到最大的选择空间而真正地释放出来。但在1988年"价格闯关"因时机不对而失败，经济问题社会化、政治化之后，为在复杂局面之下求得暂时妥协，邓小平曾表示如果认为上述两句话不合适，可以先不提。同时他又表明了十分强硬的态度：党的十三大的政治报告一个字都不能改，要把人民群众公认为改革者的人放到领导岗位上。

再往后，邓小平所做的是等待时机。经1991年"皇甫平"系列文章之后，1992年年初终于有决定性的南方谈话。当时陪同他的老同志十余年后写文章直言不讳地说，南方谈话是邓小平有生之年的"天鹅之舞"。他以此奋力一推，几个月之内使最高决策层在最高层级的文件中确立了社会主义市场经济目标模式——而后的1994年财税配套改革，就是紧跟南方谈话而打造社会主义市场经济中所必须的间接调控体系的重头戏。但即使是在确立市场经济目标模式之时，当时文件中的表述也只能说到使市场在资源配置中"发挥基础性作用"。又经过二十余年，终于有了十八届三中全会《决定》所说的发挥市场在资源配置中的"决定性作用"。这把汉语语境里的"市场经济"和相应的资源配置说到位了，学理上形成了一个理顺逻辑关系的规范化表述。当然这个"决定性作用"是对于资源配置总体来说，并不是市场决定一切，不是在每一个场合、每一个具体领域特别是非经济领域都由市场决定，所以后面跟了一句话——政府要"更好地发挥作用"。习近平总书记关于《决定》的说明中有很长的话对这个"决定性作用"做专门解说，其中心意思是，之所以要做"决定性"的表述，是因为这有利于实质性地解决好十八大所提出的政府和市场的关系这一改革的核心问题，有助于实质性地推动攻坚克难的配套改革。

"决定性作用"的表述对于今后中国长远发展的影响一定是重

大而深远的。特别是在"决定性作用"概念后,还多次强调提出了"现代市场体系"的概念和制度建设任务,以及市场经济基石——产权制度方面值得大书一笔、具有突破性意义的表述——要大力发展作为"基本经济制度重要实现形式"的"混合所有制"。对于混合所有制的理解还有必要澄清。现在所强调的混合所有制,其内涵实际上在于:一个个企业体内,以股份制这种现代企业制度形式,联结于企业治理结构,以最大的包容性,把"国"的、"非国"的、公的、非公的所有产权,都充分地混合、涵盖在里面,寻求多赢或共赢(实际上也是寻求有效解决国有股"一股独大"等问题)。

萨缪尔森《经济学》中提炼的整体而言的"混合经济"概念,刻画到股份制这个现代企业制度微观层面的产权基石形式上,实际上与混合所有制是相通的:如以通用电气、通用汽车等跨国公司为代表来做观察,其股权结构已高度分散,找不到谁是"资本家的代表"(不像过去,提到洛克菲勒财团,人们就马上可知其中资本家的代表正是有血有肉的洛克菲勒家族成员)。通用公司排名第一的最大股东的股权份额,只有区区几个百分点,往往是养老基金、共同基金等"机构投资者"为持股者,大量的普通劳动者和许多产业工人都有股份,这就是我们早就听说的所谓"人民资本主义"。这种混合所有制的运行形式,是在高度法治化环境条件下,使所有可能的纠纷都能够以低交易成本依法解决的标准化股份制。股份制的现代企业制度,对于市场经济中产权制度基石的处理,提供了顺应社会化大生产的发展、工业革命后人类文明提升过程的良好制度载体。实际上混合所有制在我们观念上所要求的突破,就是要淡化和摒弃过去对于企业股权层面"国进民退"还是"国退民进",穷追不舍地问到底是姓"公"还是姓"私"、到底是姓"社"还是姓"资"的思维,进而打开"包容性发展"、共赢共享发展的广阔空间。

近年来影响全球经济运行的调控大事件,一是亚洲金融危机,二是世界金融危机。亚洲金融危机在1997年下半年爆发后,最有冲击力的事件之一有"港元保卫战":索罗斯在东南亚屡屡得手之后,继而在香港市场布局并启动他那一套动作,当时香港特别行政区政府的应对措施是把隔夜拆借利率一下提高300%,使索罗斯辈游资的运作成本一下高得难以想象,当然这也加剧了股市的急跌,但是特别行政区政府又动用外汇基金和土地基金入市托住股市,结果没有发生索罗斯预期的那么深的跌落情况,这就是混合所有制框架下特有的调节调配空间。"港元保卫战"的结果是索罗斯在香港没有得手。当香港在金融市场恢复稳定后,特别行政区政府又以盈富基金模式,逐步有序地出售手中"官股",尽量减小对市场的影响,而且还可以卖个好价钱,溢价部分成为公共收益。这是混合所有制框架下的调控产生很好正面效果的案例。美国爆发金融危机后,政府实际上跳出主流教科书和"华盛顿共识"的套路,在供给侧区别对待地出手调控,一开始没有对雷曼兄弟公司予以救助,局面迅速恶化后总结经验,再往后分别出手为"两房"、花旗、通用注资。没有任何美国官员提到这个操作中姓"社"还是姓"资"的意识形态色彩,而是认为,在这个特殊的调控阶段,需要有这样的操作。这使混合所有制的包容力对于以后整个经济全局产生了明显的正面效应。国内有人评论说,美国人的实践是在说明"社会主义救资本主义"。对此,资中筠老师马上写文章指出,这里绝无此种"姓社姓资"的问题。目前中国一个迫切需要解决的认识问题，其实就是我们不要再陷入前几年实际讨论水平不高的"国退民进"还是"国进民退"的简单化争议，特别是不要再简单地贴姓"社"姓"资"的标签。

混合所有制是社会主义市场经济基本经济制度的重要实现形式，这是中央在过去已有关于"股份制是公有制的主要实现形式"认识基础上的新的提升，并一定会助推民企在发展中真正冲破"玻璃门""旋转门""弹簧门"，使公的、非公的股份共赢发展。我们当年学马克思的《资本论》，令我印象特别深的一句话是：如果没有股份制，铁路的兴建还将是不可想象的。马克思已敏锐意识到股份制的包容性对公众的影响，指出它是资本私有制的一种"扬弃"，但是它还没有体现如何总体冲破资本私有制的外壳，所以马克思把"工人合作工厂"之外的股份制称为"消极扬弃"。现在又是一百多年过去了，随着人类社会发展、文明提升，我们的认识应与时俱进。是不是已有了"积极扬弃"？比如上市公司作为标准化的股份制公司模板，其上市环节的英文表述为"go public"，这不是私的取向，而是"走向公共"，成为公众公司。这种产权非常清晰、充分披露信息、体现社会责任、接受公众监督并且会对公众产生正面效应的公众公司，其实已不能再以严格的私有制一言以蔽之，它既带有混合所有制的框架形式，又往往具有不同成色的"混合实质"。未来中国要在"社会主义市场经济"中继续"大踏步地跟上时代"，混合所有制一定要充分地打开空间。大量吸收民间资本、社会资金"混合起来"，是一起"私"还是一起"公"呢？实事求是地看，这主要是一起"公"了，是使一个个的"私"

共赢地结合、作用到一起形成资本社会化和社会化大生产。混合所有制概念下创新空间的打开，对中国今后几十年完成"中国梦"的影响，一定是非常深刻和长远的。

四、以现代财政制度匹配现代国家治理

把"现代国家治理""现代市场体系"及"使市场在资源配置中起决定性作用""积极发展混合所有制经济"结合在一起，便可更好地理解作为基础支撑的"建设现代财政制度"。财政是"国家治理的基础和重要支柱"，这种提法在如此高规格的文件中是第一次出现，但完全符合学理，是严谨的表述。最后简要地说，财政是社会权力中心为主体配置公共资源的分配关系。国家形态下，财政可称为政权体系"以政控财""以财行政"的分配体系，它既然处理的是公共资源配置问题，那么公共资源配置的优化一定会拉动和影响整体资源配置的优化。财政预算体现国家政权活动的范围、方向、重点和政策要领，以财力安排规范政府该做什么、不做什么，既不越位也不缺位，使政府能"更好地发挥作用"。这种在公共资源配置领域中政府职能的合理化，当然要成为现代国家治理的基础，这完全符合所有的经济学知识和逻辑演绎分析。在现代市场经济条件下，财政本身具有综合性特征，通过财政分配"以政控财，以财行政"中的收、支、管、平及政府间财政关系的合理划分，不仅构成一个国家政治、经济、社会良序运转的前提和基础，也是决定国家治理能力高低的关键因素。从财政的本质属性、财政在国家治理体系及国家宏观经济管理中的作用来

看，财政通过配置公共资源，必然影响、拉动整个社会的资源配置，是政府能动发挥职能作用的"庶政之母"，无疑是国家治理的基础和重要支柱。可以说，现代财政制度作为现代国家治理体系的重要组成部分，决定着国家治理能力的高低。这方面条理化的认识可简要归结如下：

（一）财政是国家治理的基础

"国家治理体系"概念的出现，实质上是现代国家理念与政府管理模式的一种自洽性调适。与传统的管理和统治相比，国家治理将不再仅以防范和消弭社会矛盾、维护社会秩序为主要任务，而是要致力于实现"社会和谐"与"社会发展"主题的对接，并寻求以最大"包容性"实现发展中所有潜力、活力的最大限度的释放。"治理"不等同于过去强调的自上而下的"调控"和"管理"，用"治理"替代"管理"也并不能与"政府"让位于"市场"简单地画等号。"治理"所强调的是一套以现代化为取向的制度安排和机制连接，意在包容和发挥各种主体的潜力以形成最大的活力与可持续性。而财政本身在具体管理表现形式上的预算收支，是体现国家政权体系活动的范围、方向、重点和政策要领。它必须首先在自身制度体系的安排层面，处理好政府与市场、中央与地方、公共权力体系与人民这三大基本经济社会关系，即"以政控财、以财行政"的财政分配，要使政府既不"越位"又不"缺位"，在市场发挥资源配置决定性作用的同时，发挥政府应该发挥的维护社会公平正义，让市场主体在公平竞争中释放活力、弥补市场失灵、扶助弱势群体、优化收入分配的作用，并支持政府与社会资本合作的PPP（公私合作伙伴关系）等体制创新，从而促进资源配置绩效提升、社会和谐与长治久安。尤其在当代市场经济条件下，财政体制内嵌于市场经济体制之中，作为政府、市场、社会之间连接的纽带和经济体制改革与政治体制改革的交汇点，其本身的健康、稳定、平衡、效率，运行过程的法制化、制度化、规范化水平及其对社会公平问题的矫正等内容，都关乎一个国家治理体系建设和治理能力的现代化水平。

（二）财政是国家治理现代化所必需的全面改革的重要支撑

当前在我国全面深化改革的背景下，经济、社会、政治、文化各个领域中多种矛盾和问题相互交织在一起，任何单项的改革都已经不能奏效，经济改革的单兵突进已经失效，我国的改革已经进入一个全面综合改革的历史时期。经济改革、社会改革和政治改革等各项改革协同推进，意味着原有的改革路径、改革方式、改革方法都已经不合时宜；如何推进新的改革，需要创新。如果说改革开放以来的40余年，财政改革有力地支持了各项改革的顺利进行和社会经济的稳步发展，以"放权让利"式的改革"解锁"了高度集中的计划经济体制，从而成为经济体制改革的突破口，那么现在的财政改革则是包括经济改革、社会改革和政治改革在内的整体改革的突破口，应在新时期的改革框架中处于基础性地位。如，实现政府职能转变，使市场在资源配置中发挥决定性作用，就需要政府财政逐步从建设性领域中退出，以提供公共产品和公共服务为主，建设服务型政府，着力提升公共服务能力；实现基本公共服务均等化，建设和谐社会，就需要政府加大对中西部地区、欠发达地区的转移支付力度；改革收入分配制度、促进社会公平正义，就需要进一步完善税制结构，逐步提高直接税的地位和比重，优化实现个人所得税的"分类与综合相结合"的征收，并积极完善财产税，诸如房地产税的立法与推出、遗产税的研究开征，等等。可以说，当下中国发展的方方面面，都离不开财税政策的支持和财税体制的完善，财政必然成为我们解决发展中问题的关键和国家治理现代化所必需的全面改革的重要支撑。

（三）财政政策是实现国家治理能力提升的重要工具

在市场经济条件下，财政政策是国家宏观调控和实现治理的重要工具，政府部门通过预算、税收、公债、补贴、投资等政策工具的使用，"熨平"经济周期波动，实现经济稳定。科学的财政政策能够在一定程度上实现"自动稳定器"的作用，在经济增长过快时，通过减少开支、增加税收以抑制经济过热；在经济增长放缓时，通过扩大政府支出、减少税收来促进经济较快增长。十八届三中全会中提出的"将预算审核的重点由平衡状态、赤字规模转向支出预算和政策拓展"这一转变，就是财政政策工具在实现宏观经济稳定中所起作用的典型解释，因为将预算审核的重点放在年度的预算平衡和赤字规模上，加上现阶段我国以流转税为主要税收来源的制度特征，很容易导致宏观经济管理中的"顺周期"行为，即经济偏"热"的时候，财政收入增长快，反而倾向于少收或扩支；而在经济偏"冷"的时候，本来财政收入就增长缓慢，反而要多收或减支，容易导致部分地方政府收"过头税"的问题。如此，政府的宏观调控不但不能"熨平"经济波动，反而极易"放大"经济波动。此外，财政在服务国家治理的宏观调控方面，具有不可替代的结构优化调节功能和作用。财政可以运用其政策工具，配合产业政策、技术政策、区域政策、收入分配政策等，实施区别对待的"定向调节""点调面控"，从而促进高质量的发展和增进社会的和谐，实现国家治理能力的提升。

五、构建"财政全域国家治理"理论框架，服务于建立现代财政制度

基于前面的考察分析，我们在此进一步展开认识创新构建"财政全域国家治理"理论框架的必要性和现实意义。

（一）财政基础理论层面需要以"财政全域国家治理"为基本框架，实行与时俱进的创新

随着时代、发展阶段等因素的变化，财政基础理论也应与时俱进，不断丰富、完善和创新。在十八大确立的"五位一体"总体布局和"四个全面"导向的历史背景下，财政基础理论层面客观需要以"财政全域国家治理"为正面表述与基本框架来创新。"财政全域国家治理理论"是将基础理论研究成果与实践紧密结合的认识框架和对于财税配套改革与制度建设基本目标的理性支撑。

从改革开放之初拨乱反正明确"以经济建设为中心"，到1986年党的十二届六中全会提出"以经济建设为中心，坚定不移地进行经济体制改革，坚定不移地进行政治体制改革，坚定不移地加强精神文明建设"的"三位一体"发展布局，再到2006年党的

十六届六中全会提出构建社会主义和谐社会的重大任务,"三位一体"扩展为经济、政治、文化、社会"四位一体"的发展布局;2012年党的十八大报告进一步提出经济、政治、文化、社会、生态文明"五位一体"总体布局。这是我们党不断总结社会主义建设经验,面对发展中存在的问题和矛盾,不断深化对中国特色社会主义建设规律的认识,适应我国发展阶段变化、顺应人民群众万众期待、丰富治国理政理念的重大理论创新,也是不断提高驾驭全局谋求全面发展的能力,不断提高国家治理的能力和现代化水平,优化推进社会主义现代化事业的实践创新。从经济、政治、文化再到社会和生态文明建设,财政这一国家政权"以政控财、以财行政"的分配体系都责无旁贷,需发挥重要的支撑和基础作用。

熊彼特曾提出:财政不只是简单的技术或工具,而是塑造现代国家的利器,有什么样的财政就有什么样的国家。财政塑造着现代经济与官僚体制、社会文化与价值、国家与社会的关系,以及这个国家的人民。

在我国沿着中国特色社会主义道路进行现代化建设的过程中,十八大和十八届三中全会指出要加快发展社会主义市场经济、民主政治、先进文化、和谐社会、生态文明,在各领域全方位发展。其中每一领域都离不开财政的参与和支持,财政发挥着重要的治理基础和支柱的作用。

1. 经济领域的财政治理机制

在经济领域中,坚持发展和完善社会主义市场经济,注重把握经济增长速度、提高经济发展质量和优化经济结构等重要关系，都离不开财政的积极参与和大力支持。例如，把握好一定的经济增长速度，服务加快发展方式转变，打造经济"升级版"，尤其是在经济步入新常态的阶段，更是要稳字当头、稳中求进，就必须在财政分配中掌握好"稳增长、优结构、促改革、护生态、防风险、惠民生"的"统筹全局、突出重点、兼顾一般"的全套政策要领。资源配置中要发挥市场总体上的决定性作用，还要更好发挥政府作用，包括以财政资金和税收杠杆促进产业发展、大众创业、万众创新，做大经济"蛋糕"，优化产业结构、区域结构和城乡结构，促进支持、引导、调节、激励经济升级版的打造。

2. 政治领域的财政治理机制

在政治领域中，要维护国家安全、实现政治文明、促进民主法治和长治久安，财政是坚实的基础和制度机制的先导因素。首先，维护国家政权体系正常运转，保障坚强的军事、国防力量，是安全和稳定的基本要求。没有财政资金投入军队、国防等建设，这些便无从谈起。其次，要实现全面依法治国的民主法治政治文明，就要从制度上、机制上理顺和平衡各方利益关系、政治诉求，借鉴美国"进步时代"的启示，以公众必然关切的公共资源配置机制的税收、预算和意愿表达、多重监督制度建设入手，把权力关进制度的笼子里，从源头上预防与减少腐败，维护公平正义、减少社会矛盾和纠纷，通过建立现代财政制度来提高政府透明度和公信力、提高执政绩效水平。

3. 文化领域的财政治理机制

在文化领域中，要实现中华民族的伟大复兴，必须构建社会主义核心价值观体系和提高国家"软实力",而这离不开财政的重要支持。文化的发展、进步与繁荣是综合性的多元互动的系统工程。财政要在保障资金投入、实行税收优惠、完善制度机制等方面,把文化科技教育的创新发展摆在国家发展全局的核心位置,深化文化科技教育体制改革。中国的文化底蕴深厚,但现代化进程中亦遇到严峻的挑战和复杂的"去粗取精、去伪存真、推陈出新、弘扬光大"的客观需要。这一进程,关系到思想的解放,社会各界、各阶层的良性互动及其与国际社会的广泛交流和启发促进,财政要以多种手段助力政府和非政府的多元主体、国际社会的合作、交流和包容式发展。

4. 社会领域的财政治理机制

在社会领域中,构建和谐社会、维护民族团结、保障社会稳定,防灾减灾,发展基层自治机制和发挥"第三部门"社会团体的作用,均离不开财政的鼎力支持。财政在解决就业、养老、医疗、住房等民生问题中,必然从"托底"和"雪中送炭"层面发挥重要的支撑作用,对于调节收入差距、促进社会公平、缓解社会矛盾、维护社会稳定和谐,起着无可替代、举足轻重的作用。此外,在积极促进发展基层自治机制和发挥"第三部门"民间组织、社会团体、公益慈善和志愿者机构的作用,填补社会服务发展的一些薄弱领域,诸如环境保护、消除贫困、落后地区的教育等,以财政引导、激励、合作机制来实现创新、融合与完善,也是不可或缺的制度安排。

5. 生态文明领域的财政治理机制

在生态文明领域中,为有效防治大气、土壤、水、噪声、光等污染，保护自然环境和资源，努力建设美丽中国，十分需要财政的支持与贡献。生态文明建设是经济社会可持续健康发展的保障。习近平总书记指出，建设生态文明，关系人民福祉，关乎民族未来。通过增加财政资金投入、完善转移支付制度和激励、引导手段，并通过资源税、环境税等税收制度的完善，可以强化重点生态建设项目、优化比价关系和节能降耗、绿色发展、低碳发展机制，建立健全资源有偿使用制度，在生态文明领域发挥财政支持生态文明建设的重要作用。这些也密切关联于促进产业升级、优化经济结构和转变经济增长方式、发挥非政府组织作用等方面，均会直接、间接地对生态保护与优化发挥重要的作用。

6. 财政全域参与国家治理的重要作用及理论认识上的应有反映

上述领域之间相互影响，相互作用，也凸显了作为国家治理基础和重要支柱的财政"牵一发动全身"地连接各领域的重要作用和地位。经济领域的逐步强大，正在铸就我国在国际政治中的强大实力和地位，为我国参与全球治理、提高话语权、改善国际政治经济秩序和格局奠定坚实基础；政治稳定为经济发展和社会稳定提供环境；经济发展和政治稳定有利于促进各方关注和追求先进文化建设，以及社会"自组织"取向下的渐进成熟和生态文明建设水平的提高。这种全方位的系统化联系，在理论上的应有反映和框架化的清晰认知，便是如实地和鲜明地形成财政全域参与国家治理、全面渗透和优化经济社会生活的概念和分析框架。

现代财政制度是一整套、一系列相互协调、相互关联的财政制度的体系，包括现代预算制度、现代税收制度、现代政府债务管理制度、现代国库集中收缴和集中支付制度、现代转移支付制度、现代政府采购制度、现代国有资本管理制度、现代财政支出管理制度、现代财政监督制度等覆盖财政活动所有领域的制度总和。当前迫切需要结合全面改革的顶层设计与财政改革与发展中的"问题导向",重点推进现代预算制度、现代税收制度改革,理顺政府间事权与支出责任关系体制,创新财政投入机制,切实提高财政管理及依法理财的能力与绩效等。

(二)支持建立现代预算制度

现代预算制度是现代财政制度的核心载体,因而是建立现代财政制度的关键环节,对推进国家治理体系和治理能力现代化具有重大意义。十八届三中全会对改进预算管理制度提出了明确要求:实施全面规范、公开透明的预算制度。修订后自2015年1月1日起施行的新《预算法》,被视为调整预算关系和规范收支行为的"经济宪法"和"宪法性法律"[1],是我国财政领域的基本法律制度,是发挥和实现财政全域国家治理功能的重要制度保障。新《预算法》对于完善政府预算体系,逐步实行全口径预算,建立跨年度预算平衡机制,规范地方政府债务管理,完善转移支付制度,推进基本公共服务均等化,硬化预算支出约束,健全透明预算制度等实现了重大的立法进步,标志着我国向建立全面规范、公开透明的现代预算制度迈出了坚实步伐[2]。

---

[1] 施正文:新预算法与建立现代预算制度[J],中国财政,2014年第18期。
[2] 楼继伟:认真贯彻新预算法,依法加强预算管理[N],人民日报,2014年9月1日。

在今后的预算工作中,要不断吸引和扩大相关主体参与预算编制,包括各级政府财政与其他部门单位以及人大、政协和社会公众的参与,增加预算编制的时间,扩展预算视野,充分地在预算编制环节展开多方博弈和论证预算编制内容的合理性。只有这样,我们才能不断提高预算编制能力,科学合理地安排预算内容,在全面体现国家治理"四个全面"战略布局和"五位一体"总体布局下合理统筹配置财政资金,进而才有利于预算执行过程中保持法律的严肃性。同时,要实现全口径预算,逐步编制跨年度预算,实行财政中期规划管理,引入权责发生制和建立政府财务报告制度与报表体系。在预算执行中,要硬化预算约束,强化预算法律效力,提高预算透明度。此外,还应加强预算监督,注重执行实效和构建绩效预算。

十八届三中全会和新《预算法》为建立和完善现代预算制度指明了方向并奠定了坚实基础。今后,我们还应根据实际情况和工作进度,逐步修订新预算法实施条例,研究制定与现代预算制度相关的转移支付制度、政府债务管理制度、政府综合财务报告等方面更为详尽的规章制度等,逐步形成一整套较为完善且具有权威性、严肃性、可操作性的现代预算制度。

(三)支持建立现代税收制度

现代税收制度是在"税收法定"原则下解决政府履职的主要财力——"钱从哪里来"的基本制度安排,成为现代财政制度的重要基础,是国家依靠政治权力而体现国家治理意图与调节导向的重要手段。经过多年税制改革,我国已建立了多税种、多环节的复合税制，初步形成了现代税收制度的框架体系。但在实际税收收入中，流转税仍占绝对主体地位。在全部税收收入中，流转税（包括国内增值税、国内消费税、营业税、进口货物增值税和消费税、车辆购置税等）与直接税（包括企业所得税、个人所得税等）的比例大致为 70∶30。而且，各类企业（包括国有企业、集体企业、股份合作企业、股份公司、私营企业等）与自然人（即非企业）的缴税比例大致为 90∶10[①]。

这说明，流转税已成为我国实际生活中名副其实的绝对主体税种，与国际经验表明的现代税制的结构特征尚存在较大差异，同时也反映出现阶段我国税收制度建设与税收征管改革中存在的一系列"顺周期调节""再分配功能薄弱"等问题。因此，中国税制体系的现代化还需长期深化税制的改革，在现代税收制度建立和完善过程中，应坚持以下原则：

一是在税制建设与改革中，税种设置要体现国家治理战略利益，优化资源配置，维护市场统一，促进社会公平和国家长治久安的目标。在逐步提高直接税比重、改进各个税种具体设计的改革进程中，税收负担需要动态合理化，税率制定要具有专业水准和公众可接受性；同时要统筹把握税收收入、国债收入等与预算支出的平衡关系，兼顾国家、企业、个人相关各方主体战略利益与发展诉求。

二是税收法定，立法先行，动态完善。我国目前 18 个税种中，尚只建立了《企业所得税法》《个人所得税法》和《车船税法》

[①] 《经济参考报》访谈高培勇：建立适应经济新常态的现代税收制度 [J]，中国经济新闻网，2015 年 3 月 19 日。

三部法律，其他税种主要通过相关行政规章、暂行条例或规范性文件的形式来制定，法律层级较低，有待积极推进税收相关法律体系的建设和完善。

三是依法治税，引导诚信纳税，降低税收成本。在合理制定和完善税收立法的基础上，须依法征税，严格执法，并积极引导纳税人诚信纳税，进一步完善相关征税基础设施建设，建立各级政府间对企业和个人相关信息的共享机制，提高企业或个人违犯税法、偷逃税款的成本或代价，加大惩处力度。

（四）支持理顺政府间财政关系，建立事权与支出责任相适应的财政体制

国家治理离不开中央政府和地方各级政府间的体制协调与共同努力。中央政府主要负责国家治理顶层设计、战略部署等；各级地方政府则是国家治理战略安排在各辖区范围内的重要执行者、推广者、落实者，要保证国家政令能够统一畅通、及时上传下达，在中央政府与广大人民群众、企业、社会组织等主体之间发挥重要的桥梁和纽带作用。建立分工合理、权责一致、运转高效、法律保障的国家权力纵向配置体系与运行机制，是形成合理的行政秩序、市场秩序和社会秩序的基本前提，是推进国家治理体系和治理能力现代化的重要内容和必然要求[①]。

因此，要以财政分配和政府间财政体制合理化为依托，正确处理好中央与地方政府的关系，这既关乎国家治理战略意图的实施，又关乎社会大局的稳定与发展。纵观我国历史，经历了"天

---

① 楼继伟：明确界定中央地方支出责任［N］，人民日报，2014年12月2日。

下分久必合、合久必分"的发展过程。除外来入侵因素影响外，中央与地方的关系问题也是重要的影响因素，无论是地方实力太强而产生群雄割据、诸侯争霸问题，还是地方实力太弱治理太差而产生民生凋敝问题，都无法实现长治久安。在现代市场经济和构建和谐社会框架下，理顺中央与地方及地方政府间的财政关系，是促进各级政府更好履行治理职能的重要基础和保障。十八届三中全会明确提出要发挥中央和地方两个积极性，建立事权和支出责任相适应的制度。事权就是各级政府履行国家治理职能，开展具体相关事务、事项、工作的权力。事权按不同政府层级分中央事权、地方事权、中央委托地方事权、地方政府之间上级对下级政府的委托事权等。支出责任就是政府在履行国家治理职能的过程中，对承担的具体事务、事项、工作有责任提供或筹措必要的经费或资金并实施支出管理，以保障其事权事务等工作的顺利完成。事权和支出责任相适应就是各级政府承担的事权要有合理、清晰的界定，并有与之相匹配的经费或资金对应，尤其是在各级政府发生委托事权的过程中，做到经费或资金的责任主体同时转移、拨付相应的经费、资金，以保障事权或委托事权的顺利完成。事权和支出责任相适应的一个重要前提就是，先把各级政府的事权划分明确清晰，而且最好是以法律制度的形式予以明确、确认。事权划分是现代财政制度有效运转的基础和支撑，是理顺政府间财政关系的逻辑起点和前置条件[①]。事权清晰，才可以明确履行事权的责任主体；事权的主体明晰，才可以明确主体所具有的支出

---

① 楼继伟：明确界定中央地方支出责任［N］，人民日报，2014年12月2日。

责任，形成预算科目相对应的具体、可问责的支出责任。如果把事权委托给下级承担，应把相应的资金同时拨付或转移支付给下级使用，使事权的受托方不仅接受事权，同时也接受开展此项事权的经费和资金。

为合理调动地方政府的积极性，一是要清晰合理地让事权与支出责任相适应，这样即使地方是受托方，接受上级事权委托，也能够有保障地使相关事权的资金同时被委托，事与钱对应，完成相关事权得到资金的保障。二是要给予地方政府或下级政府在国家治理框架下政府间财政分配关系的一些必要的参与决策权力。因为地方有地缘优势、信息优势、执行优势、效率优势、监督优势等，给予其一定的参与决策权，有利于发挥地方诸多优势，并且提高中央和地方乃至整个国家的治理能力。

（五）支持创新财政投入机制，发挥财政资金引领带动示范效应

国家治理内容丰富、事项繁多，财政作为国家治理的基础和重要支柱，理应实施财政全域国家治理，这对财政来说，既是光荣的责任也是持续的挑战。财政管理的最佳境界，就是在以财理政、实施财政全域国家治理的过程中，发挥"四两拨千斤"式的杠杆撬动和引领作用，使财政贯彻国家治理意图的资金分配产生乘数效应和放大效应，使财政资金所到之处，能够带动社会、民间的许多资金，所向披靡，共同实现国家治理的意图，达到"共赢"的结果。为此，应积极创新财政投入机制和方式，优化财政资金运行机制，重视和促进包括政策性金融等在内的财政与金融的结合，大力试范和推广公私合作——政府与社会资本合作机制，来带动社会资本，提高财政资金使用效率，发挥财政资金的引领带动示范效应。例如，财政扶持产业发展的投入方式可从直接投入转向部分间接投入，通过建立基金、风险池、提供担保等方式，政府引导叠加市场化运作模式，来吸引市场主体共同参与扶持和促进产业结构优化发展。这样既有利于发挥市场在资源配置中的决定性作用，又有利于提高财政投入的杠杆效用。

（六）支持提高财政管理能力，强化现代财政制度执行能力和提升其绩效水平

财政管理能力是落实现代财政制度，体现治理能力、执行能力水平高低的关键所在，是执行财政制度、落实财政政策的"最后一公里"事项。没有财政管理水平，一切制度和治理目标都会流于空谈。各级政府和财政部门在多年的工作实践中，已积累了丰富的财政管理经验，但在我国制度安排规范化、法治化不断完善的进程中，面对经济形势发展变化中产生的新问题，还要进一步创新和提高财政管理能力，特别是财政制度与政策因地制宜的执行能力，狠抓财政制度和财政政策诉求的落实。

（七）"全域"战略思维的指向

总之，"财政全域国家治理理论"框架，是新的历史时期与时俱进地适应客观现实需要而于财政理论创新中所引发的逻辑性延展。实际工作中，其指向则是从人们过去早已有所认识的"跳出财政看财政""财政服务全局、支持长远"和以"建设财政""经营管理型财政"及"公共财政"等的转型递进而进一步构建"现代财政制度"的认识升华,使理论认识更好地指导实践而有力地促进全面渗透和优化经济社会生活的现代财政制度建设和国家治理体系与治理能力的现代化、支撑全面改革和全面依法治国。"财政全域国家治理"的正面表述,也合乎逻辑地有利于确立财政部门和财政工作者的全局意识、创新意识和服务大局的担当意识,形成应有的战略思维和战略实施能力。

因此,可以认为,"财政全域国家治理理论"是与新的历史时期、新的时代背景,即"五位一体"总体布局和"四个全面"顶层设计框架相适应的财政理论创新,是对接财政改革与发展中"问题导向"的制度和机制创新建设的现实需要。当然,以"全域"的正面表述更好地形成广阔的视野与研究对象之后,这一理论框架还需要不断地研讨、完善、丰富并经过实践的进一步检验。

第二章　供给侧结构性改革：改革深水区攻坚克难的系统工程

"供给侧改革"是"供给侧结构性改革"的简称，2015年年末以来成为最高决策层的指导性战略方针和中国经济与社会生活中的高频热词。在新时代以创新发展为"第一动力"的中国现代化进程中，供给侧改革的重大创新意义，可从以下四个层面来加以考察。

一、供给侧改革是理论密切联系实际的创新

人类社会经济发展的实践，必然对经济学理论提出使其密切联系生活的要求。从理论的存在意义来看，它一定是要服务现实的，但理论自有其超越片断现实、局部现实的规律认知追求，以及高于一般经验、直觉的指导性品质，这才构成了理论服务现实的价值之所在。经济活动可认为是"需求"与"供给"两侧互动的循环，涉及政府对经济的管理调控，则学理层面的"供给管理"与"需

求管理"不可偏废。我们应将制度经济学、发展经济学、转轨经济学的启迪与影响，一并纳入新供给经济学理论体系，引出从供给侧发力应对现实挑战、破解瓶颈制约的一整套认识和建议。

（一）新供给：经济学理论的创新

2011年后组建的新供给经济学研究小组，发展成为2013年正式注册成立的中国民间智库——华夏新供给经济学研究院，形成了在"新供给"学术研究方向上积极的研究群体，已有《新供给经济学》等多部公开出版物和多份研究报告反映这种努力下的研究成果。

新供给经济学强调，经济学的基本框架需要强化供给侧的分析和认知。这样一个始发命题或可说源于萨伊的古典自由主义定律，并在新时代、新经济、新兴市场的背景下，被赋予了弥补片面注重需求管理之缺陷的新思想。此外，它还正视现实，强化针对性，在肯定"完全竞争市场"假设于理论模型具有意义的基础上，对指出须扬弃和升级这种与现实环境大相径庭的假设，注重还原资源配置中"非完全竞争"的真实场景，力求以此为改进了的认识基础，来扩展模型和洞悉现实。

虽然需求具有原生动力性质，但是供给侧生产力和创新能力升级换代的演变，却可以决定人类社会生产和经济发展的不同阶段。在人类历史中经济发展大的划分上，有石器时代、青铜时代、铁器时代，工业革命后走进了蒸汽时代、电气时代、信息时代，这些都是在供给侧由递进的不同升级换代形式所决定的时代划分。每一次产业革命的爆发都同时伴随着实际肇始于供给侧的创新，而每一次供给侧的创新实际上又都直接提升着人类物质需求的满足度（参见图1-1和表1-1）。

特别值得注意的是，新供给经济学所强调的时代进步与我们置身其中的后发经济的"追赶－赶超"密切相关。基于"后发优势"所认知和可强调的技术模仿、技术扩散带来的红利，发展中经济体可以实施经济高速发展的追赶，而随着技术差距的缩小，势必呈现出后发优势和红利收敛的趋势。这种收敛压力放在新供给经济学所强调的供给侧观察视角下，应当是在每一波供给侧创新完成之后的一个稳定时期中，追求以技术革命开启新的上升阶段和时代，对冲下行因素和凝聚质量、效益提高的升级效应，使这种追赶和将随之掀起的新发展浪潮最终对接"后来居上"的赶超。制度供给所带来的改革红利，除了能够降低经济增长和发展中的成本，还是新技术发明创造的首因，是中国这样的后发经济体赶上乃至寻求最终超前于先发经济体的现代化进步的关键。

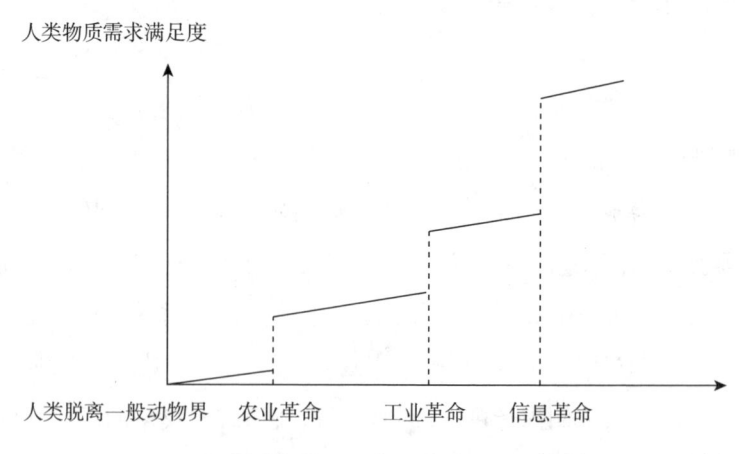

图1-1　供给侧创新作用原理的量化表达（阶跃量化曲线）

第二章 供给侧结构性改革：改革深水区攻坚克难的系统工程

表 1-1 供给侧视角的人类社会发展概况

时代特征	供给侧特征与突破 （人与物，生产力）	制度特征与进展 （人与人，生产关系）
旧石器时代 （Paleolithic Period）	以使用打制石器为标志	在洞或巢中混居、群居（生成分工合作的采集、狩猎的组织）
新石器时代 （Neolithic Period）	以使用磨制石器为标志（发明了陶器，出现了原始农业、畜牧业和手工业，酝酿产生农业革命）	氏族公社（组织功能扩展至农耕等）农业革命与"剩余产品"出现
青铜器时代 （Bronze Age）	以青铜采冶业为标志（犁铧，兵器）	国家出现与奴隶制
铁器时代 （Iron Age）	以铁制工具和武器的应用为标志	奴隶制社会加速瓦解，封建社会在欧洲成为主流；亚洲有中国式"东方专制主义社会"
蒸汽时代 （机器时代，the Age of Machines）	以机器的广泛应用（机械化）为标志（机器代替了手工劳动，工厂代替了手工工厂）	工业革命与资本主义社会（资本主义战胜封建主义；工业化和城市化进程明显加快；资本主义国家社会关系发生重大变化，工业资产阶级和无产阶级成为两大对立阶级；自由经营、自由竞争、自由贸易为主要内涵的自由主义经济思潮兴起；资本主义国家加快殖民扩张和掠夺；世界市场初步形成；两千年帝制在中国被推翻）
电气时代（the Age of Electricity）	以电力的广泛应用（电气化）为标志（电力、钢铁、化工、汽车、飞机等工业迅速发展，石油开始成为最重要的能源之一）	社会主义实验，资本主义调整

（续表）

时代特征	供给侧特征与突破 （人与物，生产力）	制度特征与进展 （人与人，生产关系）
信息时代（the Age of Information）	以计算机技术的广泛应用为标志。计算机技术的发展经历了数字处理阶段、微机阶段、网络化阶段、大数据阶段，并正在走向人工智能阶段（半导体、互联网、移动互联、万物互联；依托大数据、云计算的"智能化""共享经济"……）	社会主义实验中的改革转轨、资本主义调整"和平与发展"的时代主题、特点与全球化＋新技术革命（信息时代下，对内：制度和治理结构不断发生变化；对外：全球化程度和世界格局不断发生变化）⇒"人类命运共同体"的共赢发展

回顾经济学理论的发展脉络，"供给侧"学派的源流呈现了"萨伊定律－凯恩斯主义－供给学派兴起－凯恩斯主义复辟－供给管理"这样两轮"否定之否定"的发展轨迹。21世纪渐具形态的"供给管理"，以美国在发生世界金融危机后宏观调控中的应用为例而影响可观，但实际上处于刚刚揭开序幕、方兴未艾之阶段。因此，中国的供给侧结构性改革，恰逢学界的"供给侧"经济学又一轮形似"复辟"的浪潮，但其不是贴标签式地选择新概念，不是否定需求侧和简单模仿，照搬美国供给学派减税为主的思路，而是实行承前启后、继往开来、理论密切联系实际的创新，借鉴中外所有需求管理、供给管理的有益经验，又侧重于供给体系建设、服务于现代化历史使命的系统工程。

第二章　供给侧结构性改革：改革深水区攻坚克难的系统工程

（二）"三破"：破偏颇、破脱节、破滞后

从世界金融危机和中国改革开放的现实生活经验层面考察，众多研究者认为：经济学理论迄今已取得的基本成果亟待反思。我们认为，这一中外人士反复提到的挑战性问题，可以归结为经济学理论所需要的、在新供给研究中已致力做出的"破"。这至少集中于以下三大方面。

第一，主流经济学理论认知框架不对称性的偏颇。古典经济学、新古典经济学和凯恩斯主义经济学虽然各自强调不同的角度，都有很大的贡献，但是它们共同的失误又的确不容回避，即它们都在理论框架里假设了供给环境，然后主要强调的只是需求侧、需求管理的深入分析和这方面形成的政策主张，都存在着忽视供给侧、供给管理的共同问题。最近几十年有莫大影响的"华盛顿共识"，理论框架上是以"完全竞争"作为对经济规律认知的假设条件。但是回到现实，即联系实际的时候，它并没有有效地矫正还原，实际上拒绝了在供给侧做深入分析，在这样一个重要领域存在明显不足。世界头号强国美国前几十年的经济实践里，在应对滞胀的需要和压力之下应运而生的供给学派是颇有建树的，其政策创新贡献在实际生活中产生了非常明显的正面效应，但其理论的系统性应该说还有明显不足，该学派的主张还是长于"华盛顿共识"框架之下，即在分散市场主体层面怎样能够激发供给的潜力和活力，但弱于结构分析、制度供给分析和政府作为分析方面的深化认识。

第二，经济学主流教科书和代表性实践之间存在的"言行不

一"的脱节。美国等发达市场经济在应对危机的实践中，关键性的、足以影响全局的操作，首推它们跳出主流经济学教科书来实行的一系列区别对待的结构对策和供给手段的操作。这些在它们自己的教科书里也找不出清楚的依据，但在运行中却往往得到了特别的倚重与强调。比如，美国在应对金融危机中真正解决问题的一些关键点上，是教科书从来没有认识和分析过的"区别对待"的政府注资。美国调控当局对雷曼兄弟公司在斟酌"救还是不救"之后，对这家150多年的老店采取的做法是任其垮台。而有了这样的一个处理后又面对不良局面总结经验，再后来对"两房"、花旗等金融机构，一直到实体经济层面的通用公司，就分别施以援手，以大量公共资金对特定主体的选择式注入，是一种典型的政府区别对待的供给操作，并且给予经济社会全局以决定性的影响。但令人遗憾的是，迄今为止，美欧有影响的经济学家和代表性的经济学文献，一直没有对比做出稍微像样的总结和具有"理论联系实际"的较高水准的认识提升工作。

第三，政府产业政策等供给侧问题在已有经济学研究中的薄弱和滞后。比如，在经济发展中"看得见摸得着"的那些"产业政策"方面，尽管美国被人们推崇的经济学文献和理论界的代表人物均对此很少提及，但其实美国的实践可圈可点。从20世纪80年代《亚科卡自传》所强调的重振美国之道的关键是"产业政策"，到克林顿主政时期的信息高速公路，到近年奥巴马国情咨文所提到的从页岩油革命到3D打印机，到"制造业重回美国"，到区别化新移民和注重新兴经济等一系列的亮点和重点，都不是对应于教科书的认知范式，而是很明显地对应于现实重大问题的导向，以从供给侧发力为特色。不客气地说，本应经世致用的经济学理论研究，在这一领域，其实是处于被实践远远抛在后面的"不够格"状态。

（三）"四立"：立框架、立原理、立融合、立体系

有了上述反思之"破"后，我们强调，必须结合中国的现实需要，以及国际上的所有经验和启示，以更开阔的经济学理论创新视野，考虑我们能够和应当"立"的方面。

第一，立框架：经济学基本框架需要强化供给侧的分析和认知。在基础理论层面我们强调：应以创新意识明确指出人类社会不断发展的主要支撑因素。从长期考察可认为是有效供给对于需求的回应和引导，供给能力在不同阶段上的决定性特征，形成了人类社会不同发展时代的划分。需求在这方面的原生意义当然不可忽视，但对于有效供给对需求引导方面的作用，过去却认识不足。我们从供给能力在不同阶段特征上的决定性这样一个视角，强调不同发展时代的划分和供给能力，以及与"供给能力形成"相关的制度供给问题，具有从基础理论层面生发而来的普适性，也特别契合于解决在中国和类似的发展中国家怎样完成经济社会转轨和实现可持续发展方面的突出问题。

第二，立原理：正视现实，加强经济基本理论支点的有效性和针对性。过去经济学所假设的"完全竞争"环境，虽带有大量理论方面的启示，但它毕竟可称为一种1.0版的模型。现在讨论问题，应进而放在非完全竞争这样一个可以更好反映资源配置的真实环境、涵盖种种垄断竞争等问题的基点上来升级、扩展模型和洞悉现实。需求分析主要处理总量问题，指标是均质、单一、可

通约的；供给分析要复杂得多，处理结构问题、制度构造问题等，指标是非单一、不可通约的，更多牵涉政府与市场核心问题及其相互之间的基本关系，必然在模型扩展上带来明显的挑战和非比寻常的难度，但这是经济学创新与发展中绕不过去的重大问题。更多的中长期问题和"慢变量"问题，也必然成为供给侧研究要处理好的难题。

第三，立融合：市场、政府、非营利组织应各有作为并力求合作，这也是优化资源配置的客观要求。在明确认同市场总体而言对资源配置的决定性作用的前提下，我们还需要有的放矢地来讨论不同的主体——市场和政府，还有"第三部门"（非政府组织、志愿者、公益团体等），讨论它们在优化资源配置方面可以和应该如何分工、合作、互动。由分工、失灵到替代，再由替代走向强调"公私合作伙伴关系"（PPP）式的合作，反映了人类社会多样化主体关系随经济发展、文明提升而具有的新特征、新趋势。

第四，立体系：制度供给应充分地引入供给分析而形成有机联系的一个认知体系。在中国要解决充满挑战的现代化达标历史任务，必须特别强调以推动制度和机制创新为切入点，以结构优化为侧重点的供给侧的发力与超常规的"追赶－赶超"长期过程。新供给经济学认为，应有最为宽广的视野，最为开阔的心胸，把人类文明发展在经济学及相关学科领域的一切积极成果，集大成式地形成科学体系，把供给侧"物"的视角上生产力要素供给分析认识与"人"的视角上生产关系制度因素的分析认识，内洽地、有机地结合在"认识世界，改造世界"的人类社会进步努力之中。

第二章　供给侧结构性改革：改革深水区攻坚克难的系统工程

（四）基于理论密切联系实际的创新服务全局

简要地说，以上这些"立"是生发于对经济规律的探究，面对古今中外的实践，兼收并蓄已有经济学和相关学科的积极成果，但首先是既对应于中国的"特色"和背景，又服务于中国现代化的赶超战略。邓小平所强调的"三步走"，可理解为一种实质性的赶超战略。其间前面几十年主要是追赶式的直观表现，最后的意图实现，则确切无疑地指向中华民族能够实现伟大复兴，在落伍近二百年之后又"后来居上"地造福全中国人民和全人类，这也就是习近平总书记所说的"中国梦"愿景。这个"中国梦"绝不是狭隘的民族主义，而是一个古老民族应该在和平发展中对世界和人类做出的贡献，是数千年文明古国在一度落伍之后，应该通过现代化来加入世界民族之林第一阵营，在人类作为命运共同体发展共赢中间做出自己应有的、更大的贡献。其出发点和归宿，就是服务于更好更快地把中国人民和世界各国人民把对美好生活的向往，变为我们这个星球上的现实。

我们深知，相关理论和认识的争鸣是难免的和必要的，而在中国现在的讨论中，似乎还很难避免简单化贴标签的倾向。比如说在一般的评议中，某些思路和主张很容易被简单地分类——某些观点被称为新自由主义，某些观点被称为主张政府干预和主张大政府，有些则被称为是主张第三条道路。贴标签的背后，是认识的极端化和简单化。

我们认为，对于理论研究的"从实际出发"，应该加以进一步地强调。"一切从实际出发"既要充分体察中国的传统（包括积极的、消极的），充分体察中国的国情（包括可变的与不可变的），也要特别重视怎样回应现实需要——有些已认识的固然是真实合理的现实需要，但也会有假象的现实需要，即不合理的、虚幻的诉求。我们要通过研究者中肯、深入的分析，来把这些厘清，既从实际出发体察中国视角上必须体察的各种相关事物，同时也要注重其他发展中国家及发达国家的经验和教训、共性和个性，包括阐明和坚持我们认为现在已经在认识上可以得到的普适的共性规律和价值。

二、供给侧改革是问题导向下引领新常态、激活要素潜力的动力体系再造创新

（一）中国经济运行中需要认识、适应和引领"新常态"

现实生活中中国经济的运行态势，近年间发生了明显的阶段转换。把近年的龙头指标 GDP，社会生活必须关注的重要指标物价（以 CPI 做代表），还有政府发挥作用必须处理好的财政收支等基本数据拢在一起以后，我们首先看直观的运行基本情况：2010 年 GDP 及当年报出的 10.4% 的增长速度，是在成功抵御世界金融危机之后我们又站在两位数的高速位置上。这个 10.4% 的高速，和前面 30 年算总账年均 9.8% 的这个高速增长阶段是一致的，特别跟小平同志南方谈话以后这 20 年算总账是 10% 以上的高速，完全是一个水平。但是我们现在看得很清楚，2010 年 10.4% 的高速状态，就是整个中国经济高速发展阶段最后一年的顶峰。2010 年过后，决策层在 2011 年清楚地意识到黄金发展期特征还有，但是矛

第二章 供给侧结构性改革：改革深水区攻坚克难的系统工程

盾凸显期特征来了，经济社会中种种的矛盾凸显使决策层不得不考虑我们要加快发展方式转变，把又快又好转变为又好又快，要有意识地调低一些速度，追求转变的实际效果。2011年考虑再往后发展的指导方针时，明确提出的一个概念就是"稳中求进"，这被称为稳字当头，一直延续到现在。在稳字当头的情况下，2012年一开年我们自己主动"破8"，不再提年均8%的增长目标，而只提7.5%。当年的现实生活马上给了我们一个"下马威"，一季度的GDP一下子下滑了0.8个百分点，地方政府层面、企业层面感觉到前所未有的困难，而且这只是整个困难阶段的开始。

2012年我们经过一系列稳增长措施，"稳中求进"四个字浓缩为三个字的"稳增长"。6月动用最主力型的货币政策工具——降低利率，相隔28天两次出手。这样的稳增长使2012年出现了一个"前低后高"的状态，全年站在了7.5%以上。当年报的是7.8%，以后调整为7.7%。

2013年继续是前低后高——当时已经开过十八大，按照原来一般的预期，2012年稳增长的结果是后高，第四季度已经有了7.9%的增长速度，那么2013年开局应该至少在8%或者8%高一点这个位置上继续往上走，没想到开局又来了一个前低。经过努力之后，2013年后面又有"后高"的表现，合在一起站在7.5%上的7.7%水平上。也就是在这一年，地方政府企业感受到的困难更明显地形成了社会上的不良预期和焦虑，而李克强总理针对性地提出了我们的指导方针：只要经济运行在可接受的区间之内就不会贸然启动大规模经济刺激计划。这个"区间"的概念明确下来就是在2013年。总理所说的这些话，当然给了大家一个预期或前瞻判断，即不要指望决策层会轻易考虑再来一轮四万亿式的，或当年应对亚洲金融危机时用长期国债资金大规模投资式的扩张。对运行区间大家更多地要注意上下限——上限是继续关注物价，下限主要关注的是 GDP 跟 GDP 所表现的经济景气所能给出的就业水平。总理说的区间概念的一个基本含义就是让市场充分起作用。大家必须认识"三期叠加"这样一个阶段到来了。经济增长速度的换挡期——速度往下调；我们经济结构调整的阵痛期——地方企业要在尽可能忍受困难的同时寻求升级版，度过阵痛。还有前期刺激政策效应的消化期，不要轻易指望再来一轮强刺激扩张。当然，这也暗示：如果真的感受到击穿可接受底线的那个威胁出现的时候，决策层一定不会不动用一些特定的方式把运行托在底线之上。而这个底线最主要的判断，就是和百姓生活息息相关的就业。也正是在这一点上我们观察到，这些年经济一路下行的过程中，我们的就业还完成得相当不错：这几年速度已经一降再降，2016 年上半年已经落到了 7% 以下的 6.7%（2016 年速度区间提的是 6.5%—7%），实际上已经非常接近倒算账，"十三五"期间必须托在 6.52% 的年均增长速度之上，才能兑现 2010—2020 年人均 GDP 再翻一番的全面小康这个指标的底线。

在这种情况下，这些年下来，每年跟过去一样提出城镇新增就业岗位是 1000 万，但实际上都完成在 1300 万以上。换句话说，中国 GDP 新增百分点按每个百分点就业方面的贡献计算已经翻倍。当年 10.4% 之前还有曾经高达 14% 高位的 2007 年的表现。如果按那段时间说，一个新增百分点所能支撑的大概就是 1000 万里的 1/10，即 100 万个新增就业，现在是六点几个百分点，还能支撑

第二章 供给侧结构性改革：改革深水区攻坚克难的系统工程

1300万以上。每一个GDP新增百分点所给出的就业贡献接近200万，这当然表现出经济结构确实得到了优化——大量的小微企业雨后春笋一样涌现出来，服务业得到了较充分的发展——指标上可以得到印证，全国的市场主体的总数现在是差不多7000万个了。服务业、小微企业总体来说是轻资产型，可以更多地提供就业机会，另外，大众创业、万众创新等显然都是和我们一再强调的简政放权、商事制度改革、结构性减税、减轻企业税收负担有内在联系的。这是一个在"区间"概念之下我们对决策层所说的底气跟定力主要是依托于就业的观察。

2013年有了这一认识之后，学术界已经明确形成共识，中国经济的潜在增长率下行已成定局。所谓潜在增长率就是在经济运行既无通胀又无通缩的状态下它应该表现出来的增长水平。我国的PPI（制成品出厂价格指数）已经50多个月负增长，但是我们的CPI还一直是正增长，这段时间表现得还比较可接受。权威人士的说法是我们现在既不认定有通缩，也不认定有通胀，还要继续观察。在这种情况下，我们现在认为经济在实际生活中还是在可接受的区间运行，所以，我们所做的事是微刺激、稳增长，当然要配合着各种各样的要求——稳增长后面要调结构、促改革、惠民生、护生态、防风险，其实还要加后劲儿。三期叠加后面最关键的是，能不能配上十八大以后部署的改革实质性推进的推进期，"三期加一期"形成我们度过阶段转换而达到一个新的中高速增长平台这样一个转换任务。这样的追求，体现为2014年习近平总书记明确表述的"新常态"：新常态的"新"是什么意思呢？直观地讲就是经济增长速度"下台阶"的转换，"新"就新在这里，但是新了之后还得"常",这个"常"我们还没有实现,虽然"新"已非常明朗。"常"是什么呢?"常"必须是经济在下行以后不能一降再降,它要完成探底企稳,然后对接一个增长质量升级版的中高速增长平台。这个平台按照我们现在量化的概念,应该就是保持6.5%左右的中高速状态。

依照2014年接近年底的时候APEC会议上习近平总书记有关新常态的长篇讲话,我们可以推出三个关键的概念:第一个是中高速,新常态直观的表现就是速度增长下台阶;第二个更深刻的内容就是结构优化,阶段转变之后要企稳,然后进入常态,必须是一个以结构优化支撑起来的升级版的增长平台。"新"已明朗,"常"未实现,所以必须追求这个"常",形成一个相对稳定增长平台的状态。这个中高速增长平台,我们至少得争取让它运行八年、十年。林毅夫教授说中国经济还有20年8%增长的可能性,很多人都认为他说得太乐观了——不过他也是有他的一套论证的。我认为没有必要太在意到底是8%还是7%,在"十三五"剩下的时间段里保持6.5%以上,我们就可以达到全面小康,所以6.5%或者6.5%以上或者6.5%左右这个状态,可以认为就是中高速。这个状态关键是要匹配质量升级版,要结构优化,这样来加快发展方式转变就可以变成实际的过程。所以,到了2014年新常态明确形成官方概念之后,进一步的要求就是不光要认识、适应它,还要引领它。引领新常态、打造升级版涉及的第三个关键概念,就是总书记讲话里反复强调的我们主观能做的事情是创新驱动,唯改革创新者胜。到了现在这样的改革深水区,好吃的肉吃完了,剩下的都是骨头,一动就是各种各样的困难。千难万难中怎么冲

第二章　供给侧结构性改革：改革深水区攻坚克难的系统工程

破利益固化的藩篱？可能大家有直接的感受。现在那种学术上所说的只有人受益、没有人受损的所谓帕累托改进，基本没有空间了。改革只要一动，一定会有触动既得利益的方方面面，事情非常难做。但是我们别无选择，这就是改革深水区现在说到的创新驱动要对接到作为"第一动力"的创新发展，引出整个现代发展理念。这是另外一个重要的背景。

与此相关的物价、财政收入等的制约，给我们的印象就是可接受区间的弹性在降低。如果没有一个很好的深化改革撑起这个可接受区间，而是让它越收越窄的话，我们再往前面就会憋住。种种相关的矛盾问题，十八届五中全会表述为矛盾累积、隐患叠加，我们必须化解这种潜在的威胁，化解这些矛盾和风险。所以，在五中全会之前，中央已经在屡屡给出口风强调供给侧改革问题。五中全会之后，中央财经领导小组第十一次会议上就有习总书记关于供给侧结构性改革的一段话："在适度扩大总需求的同时，着力加强供给侧结构性改革，着力提高供给体系质量和效率，增强经济持续增长动力，推动我国社会生产力水平实现整体跃升。"

在此之前和之后，虽然都有关于供给侧方面不少的官方表述，但我们作为研究者，认为总书记在中央财经领导小组第十一次会议上的这段话（虽不长，分为五个分句，但是已经）比较完整清晰地勾画出了中央谋定后动的供给侧改革战略方针的相关基本逻辑要点，这些逻辑要点是环环相扣的。从这五个分句来看，第一分句是"在适度扩大总需求的同时"。这个分句实际上要解决的问题，就是现在强调供给侧改革绝对不会像网上有些人所议论的那样否定需求的意义和作用。我们在需求侧仍然要继续做好需求管理，适度扩大总需求。但是话锋一转，第二、三分句强调的着力点在哪里？要抓矛盾的主要方面，现在必须在供给侧发力，着力加强的首先是供给侧结构性改革。落在改革上，它又表明了这就是在邓小平改革开放大政方针这个轨道上的承前启后、继往开来。当年邓小平确定的改革所内含的市场化趋向一直推到南方谈话后确定的市场经济目标模式，又一直推到十八大以后三中全会所说的决定性作用。这个市场化趋向改革上邓小平所称的生产关系的自我革命就是要解决有效制度供给问题，就是供给侧如何在制度方面能够真正支撑我们继续大踏步跟上时代发展这样一个关键问题。解决有效制度供给的关键问题，现在的新意是直接表述为"供给侧结构性改革"概念。

　　有的同志在讨论的时候说感觉这种表述比较陌生，好像带点文绉绉的学术特点。以这样的学术用语做出这样的权威性表述，它的意义是什么？有什么必要性？我的理解是，中央的这个表述，就是对接到总书记几次强调的我们需要发展中国特色社会主义政治经济学，以这种学理支撑来实现我们决策的科学化、政策设计的优化。所以，改革是供给侧的概念，直接按照学术严谨的逻辑关系表述出来了。供给侧跟着的结构性也是合乎逻辑的，一旦讲供给侧，结构问题就必然跟出来；需求侧是总量问题，而供给侧是结构问题，供给侧涉及的结构问题首先是制度结构、利益格局，隐含的就是我们要面对利益格局调整，要下决心攻坚克难涉险滩，啃硬骨头，要冲破利益固化的藩篱。这些深意其实都根据这样一个概念可以合乎逻辑地展开来加以认识。这个供给侧结构性改革表述，是三个概念合在一起落在改革上。第三个分句说的是进一

第二章 供给侧结构性改革：改革深水区攻坚克难的系统工程

步要落在整个供给体系质量和效率的提高。对于整个供给体系，包括供给侧各种要素形成更复杂的生产力结构、区域结构、收入分配结构和种种的现实生活中必然要遇到的结构问题，整个是一个系统工程式的问题。到了第三分句，我们就可以理解为什么总书记说我们所讲的供给侧改革和美国里根经济学、供给学派不是一回事。我的理解是，供给学派确实有新意和贡献，但是过去学术界对它的评价就是它不成体系。总书记强调的一点是什么呢？它是在新自由主义趋向下的一个流派，而我们对新自由主义却并不认同。我们显然要借鉴人类文明的一切积极成果，中国人现在在借鉴供给学派的减税主张。借鉴经济学已有成果的同时，我们还要清醒认识到我们自己要处理的问题宏大得多。供给侧结构性改革是面对中国的全局，而且对这个全局的把握要延伸到整个现代化过程的长远视野上。这是一个宏大的系统工程。所以，在这个意义上讲，供给侧结构性改革不能简单地等同于里根经济学及美国供给学派。

有了前面三点基本认识之后，第四、五分句进一步推进到我们作为战略方针来把握供给侧改革要达到什么样的结果。首先是增强经济的可持续性，这个经济发展的可持续性又不是全新的东西，是在胡锦涛同志任总书记期间我们就已经明确形成的科学发展观的认识，要把邓小平非常简洁和正确表述的"发展才是硬道理"升华为"全面、协调、可持续发展"这种科学发展的硬道理。这个可持续性解决的是问题导向，中国的矛盾凸显就是感觉到有种种不可持续的危险，以及资源、环境、相关社会方方面面的矛盾累积。这样一些威胁我们发展可持续性的不良因素的化解，要求找准科学发展观的内涵，现在的新意就是把可持续性问题对接到增长动力体系转型升级的问题上了。第四分句表述为持续增长的动力问题，就是刘鹤副总理在长三角、珠三角调研的时候已经给出明确概念的、要解决动力体系的转型升级问题。对这个动力体系怎么认识，又联系到供给侧学理分析，后面会专门探讨我们如何认识整个供给侧的各要素。它们各领风骚、各有贡献，而在阶段转换之后又必须在供给侧各要素的结合上推陈出新，达到新的境界。关于这个动力体系的打造，转型升级是我们创新中要抓住的一个关键点。落到最后一句话——推动整个社会生产力水平实现整体跃升。它表明我们供给侧改革的努力，是在原本已经推进三步走所隐含的追赶–赶超现代化战略这个思维逻辑上，应该继续追求超常规发展，就是咱们这么多年地方政府设计自己的发展战略的时候，几乎不约而同所使用的"跨越式发展""弯道超车式的发展"这样的战略思维。总体来说，中国落后是在工业革命以后，为了改变落后局面，常规的发展解决不了问题，已经落后了，必须要实现超常规的发展，才能从追赶到实现赶超，实现后来居上的伟大民族复兴。必须承认这种赶超战略思维是有可能出偏差的。我们曾有"大跃进"等，吃了很大苦头，但是这并不能否定这种赶超的客观可能性以及在我们战略思维上的必要性。我们现在在"理性的供给管理"的逻辑之下，要继续追求这种生产力水平跃升式超常规发展。学术上的说法就是一个一个台阶的"阶跃"式发展，通过超常规发展，后来居上。对于总体的供给侧结构性改革，总书记所说的上述这段话已经形成了相当清晰的、环环相扣的一套逻辑性认识。这样的战略方针，显然体现了最高决策层经济工作中宏观指导方面的新的思维,我们要深刻领会其事关全局、事关长远的重要性。

(二)需求侧总量调控不可以"包打天下"

我们所致力构建的新供给经济学认为,仅从需求侧看重"三驾马车"并将其认作经济增长动力的认识远非完整,因为经济发展动力的认知框架,需从需求侧对接供给侧的结构性动力机制构建才能得以完成。

按照经济增长"三驾马车"理论,人们已结构化地将消费、投资和净出口视为需求侧总量之下应划分出来认识经济增长的"三大动力"。凯恩斯主义的分析得出:由于消费需求、投资需求和出口需求构成的有效需求总的倾向是不足的,所以政府应当通过宏观调控手段刺激总需求,同时还不得不具体处理消费、投资和出口间的关系,从而才可实现宏观经济增长的目标。这一认识框架的内在逻辑,实已指向了一个重要判断:必须把对应三方面需求的结构性响应因素——供给的方面纳入研究。但在传统经济学中,这一框架隐含的(非内洽的)"完全竞争"假设下,在绝大多数经济学家那里,这种应继续努力探究的供给侧分析认识,却被简化为"市场决定供给结构并达于出清"而无需再做分析的处理。

我们则认为,"三驾马车"不能构成经济增长根本动力的原因,在于其并不能仅在需求侧继续实现其"动力"特征与功能。消费、投资和出口三大认识上所称的"动力",其实已形成"需求"这一"元动力"层面不得不再做出其结构分析而派生出的结构化认识框架。一旦脱离了元动力层面而变为合力的部分,便已失去了元动力属性和定位，所以严格的学理推演认为，这三个力自然不可能归为"根本动力"，而只是"动力"的不同传递区域在人们认识上的一种归类。从研究者针对实际生活应做的需求元动力的回应考察，或动力响应机制认知来说，不能不进一步沿需求侧的"结构化"认识推进到供给侧响应机制的相关分析认识——意在反映和指导实际生活的经济学理论理应如此。如果局限于消费需求、投资需求和出口需求的层面，便会落入近年学界已普遍不再满意的局限性状态。

第一，仅从需求侧看消费，带有过强的静态特征，这与真实产品市场中种类更新日新月异这一现实大相径庭。许多新消费动力的产生，并非因为消费需求发生了多大变化，而恰恰是对消费的供给发生了变化，从而激活了一部分有效需求的潜力。第二，仅从需求侧看投资具有过强的主观特征。按照对投资需求的重视，似乎刺激了投资需求就能够在经济体量上有所体现，而现实的经济实践绝非如此，最典型的例子就是中小企业投资需求强劲而充分，但投资供给却往往跟不上；同样的投资规模，不同的投资机制和投资结构，结果可能有天壤之别，诸如此类的例子不胜枚举；资本市场中资源错配、结构性失衡等格局长时期存在。在这种情况下再大力刺激需求，于宏观经济显然极易导致长板更长、短板更短，百害而无一利。

第三，仅从需求侧看出口，多带有纯比较优势理论与纯汇率理论主导的色彩。出口产品在国际市场中影响力越大，对本国宏观经济增长的拉动作用就越强。这种利用经济学抽象模型演绎的分析无可厚非，但真正落实到全球化背景下的开放经济中，发展中国家通过后发优势赶超发达国家的增长路径，显然便难以得到全面解释。常识可以告诉我们，仅仅是实际汇率的变化并无如此大的"魔力"，先进经济体对后进经济体的"高端选择性供给"，对于双边贸易的中长期基本格局往往具有某种决定性意义。

一言以蔽之，"三驾马车"完全无法认作拉动经济增长根本动力的道理在于：对需求"元动力"的回应和传导，关键已不在需求侧；要完整认识和把握经济发展中的动力体系，必须把"三驾马车"的结构性特征延伸转移至供给侧，才有动力体系的"全景图"和覆盖最关键部分的重要内容。

（三）结构性动力体系的作用空间需在"供给侧"构建

"三驾马车"所强调的消费、投资和出口需求三大方面的分别认知，只有连通至消费供给、投资供给和出口供给，才有可能对应地成为各自需求的满足状态，其中蕴含着由需求侧"元动力"引发的供给侧响应、适应机制，或称为其所派生的要素配置和制度安排动力体系与机制。

在经济增长动力的全景图上，首先我们当然应该肯定需求的原生意义。人活着就会有需求，有需求才有各色各样被激活的动机和满足需求的创业、创新活动。但特别值得注意的是，这些创业、创新活动的动力实已传到、转移到供给侧。供给是需求元动力（"第一推动力"）之后由响应而生成的最重要的"发动机"与增长引擎。事实上，人类从茹毛饮血时代发展到今天，已看到科技革命产生巨大的生产力飞跃，创造着上一时代难以想象的供给能力，同时这些原来让人难以想象的供给，仍没有充分满足人类的需求，原因在于人类作为一个适应环境进化的物种来说，其需求是无限的。

正因为如此，现实地推动人类社会不断发展的过程，虽然离不开消费需求的动力源，但更为主要的支撑因素从长期考察却不是需求，而是有效供给对于需求的回应与引导。在更综合、更本质的层面上讲，经济发展的停滞其实往往不是由需求不足，而是由供给（包括生产要素供给和制度供给）不足引起的。一般而言，要素供给（如生产资料、劳动力、技术供给等）是经济层面的，与千千万万的微观主体相关联，而制度供给是政治社会文化层面的，直接与社会管理的主体相关联。人类的长期发展过程正是因为具有不确定性的科技创新终能产生一次次科技革命，带来一次又一次生产力的提升，也进而推动制度安排的一轮又一轮改革和优化，使总供给能力一次次大幅度提升，促进并保持了经济长期发展中的升级与繁荣。人类的供给能力现实地决定着人类的发展水平，也正是因为这种原因，我们可划分人类社会的不同发展时代：狩猎时代、农业时代、工业时代、信息技术时代，以后随着生命科学技术的不断飞跃，我们还可能会迎来生物技术时代。与之相呼应，人类社会经济形态与制度框架经历了自然经济、半自然经济、自由市场经济、垄断市场经济和"混合经济"的各种形态，包括中国这个世界上最大的发展中经济体正在开拓与建设的"中国特色社会主义市场经济"。我们所处的当今时代，全球化的社会化大生产所具有的突出特点，就是供给侧一旦实行了成功的颠覆性创新，市场上的回应就是波澜壮阔的交易生成，会实实在在地刺激需求增长。这方面例子已有很多，比如乔布斯和他主导创造的苹果产品，再比如"互联网电子商务与金融"这种带有一定颠覆性特征的创新，等等。

第二章 供给侧结构性改革：改革深水区攻坚克难的系统工程

其次，应当特别注重供给侧投资的特殊性、针对性和结构性特征。需求侧强调的投资需求，概念上还是总量中的"三足鼎立"的"一足"（即"三驾马车"中的"一驾"），而一旦表现为对应投资需求的投资供给，便成为生产能力的形成与供给，成为消费和出口的前提，并天然地要求处理其具体的结构问题——事实证明这恰恰不是传统概念的需求管理所能够完全处理好的。在市场发挥"决定性"作用的同时，只要不是纯理论假设的"完全竞争"环境和完全的"理性预期"行为，政府的供给管理就必不可少，而且在实践中往往还会表现为决定性的事项（可观察美国应对世界金融危机的关键性举措）。仅刺激或抑制投资需求，并不能同时解决好结构性问题，必须同时处理好投资的结构优化政策与机制，以达到基于结构优化形成的投资质量与综合绩效的提升，才形成势必推动经济增长的动力（发动机）。比如，当下中国进入"新常态"增长的最关键投资动力源，就包括应当启动以增加有效供给的选择性"聪明投资"，来实现"补短板、挖潜能、转主体、增活力、提效率、可持续"，以达到投资拉动经济增长的意愿目标。外贸的出口净值也绝不属于需求管理可直接解决的对象，真正应抓住的是在全球化进程中的自身结构优化，以及不断提升国家综合竞争力。

消费供给、投资供给和出口供给，实际上构成了供给侧的动力机制，这种动力机制带有非常明显的结构性特征。与需求侧的均质、可通约明显不同，供给侧的产出是千差万别、不可通约的产品和服务，以及以各种特色表现的必须具体设计、鲜可照搬的制度供给——产品服务供给的升级换代产生"供给创造自己的需求"的巨大动力,制度供给的优化更会带来"解放生产力"的巨大"引擎"与"红利"效果。"物"的供给能力的竞争,也相应地呼唤着与之匹配的"人"的利益关系视角的制度供给优化竞争。而通过上述这种与需求侧"元动力"相对应的供给侧结构性动力机制的优化构建,我们才能促使经济增长的"动力体系"浑然天成又升级换代。

理论工作者和实践工作者所普遍认可的"创新驱动",显然是一种关于发展动力的描述和认知,但如果放到需求侧与供给侧的分别考察中,便可知这其实是指供给问题。因为需求是永无止境的,即是"永新"而"无新"的,经济调控管理所讲的有效需求,只能是指有货币支付能力的需求,即可通约总量状态下的有支付意愿与能力的需求。这种需求会升级、细化、个性化等,却在其本身无法具有、无所谓其"创新"含义;唯有到了供给侧,创新才是有实质意义的、必然具体地细分(即结构化)的,且在成败上是不确定、变化多端的,因而特别需要制度激励,包括以制度环境来试错、容错,最终达到创新成功。在一般而言的经济发展中,供给侧的调控管理均不可回避和忽视,对于后发、转轨的经济体,供给管理的重要性还往往会更为突出。比如,中国在特定阶段上和历史时期内,以制度供给统领的全面改革式创新驱动,必然成为其可持续增长的现代化过程能否如愿实现的"关键一招"。

(四)要素层面要破解"供给约束"与"供给抑制"

总结已有的经济理论分析,可形成供给侧要素结构认知的一个简化理论模型,即支持经济长期增长的要素(动力源)主要有五个：劳动力、土地及自然资源、资本、科技创新、制度与管理。国际经验表明，各经济体在进入中等收入阶段之前，前面三项对于经济增长的贡献容易较多地生成和体现出来，而进入中等收入阶段之后，后面两项的贡献更大，并且极其关键。所以，中国新时代的增长动力构建，实为城镇化、工业化、市场化、国际化、信息化与民主法治化发展过程中由五大要素动力源合乎规律的优化重构而成的混合动力体系。结合中国当前的实际情况，前几个要素方面都存在明显的供给约束与供给抑制，需要通过全面的制度改革来化解制约，释放经济社会的潜力，提高经济增长的活力。

第一，人口红利下降，劳动力成本上升，低廉人工成本比较优势正在与我们渐行渐远。中国人口总量世界第一，改革开放以来，以农民工及其家庭成员为代表的农村人口向城市、向工业领域的巨量转移，是支持中国获得当今经济发展水平的主力贡献因素之一，支持我们一路走到"世界工厂"。但是，据学界测算，在2011年前后，中国经济发展中的"刘易斯拐点"（通常指劳动力由过剩变为短缺的转折点）已经出现，2012年后社会劳动适龄人口规模每年净减少数百万人，以低廉劳动"无限供给"为特征的劳动力转移及劳动适龄人口充裕状况对于中国经济贡献和支持的颓势已现。近年在各地不断出现的民工荒、招工难及劳动力工资水平明显上升等就是明证。与此同时，中国人口结构已明显老龄化。新供给团队的研究表明，在未来不到10年里，中国将步入超老龄化社会，速度之快超过日本。通观全球人口与国力变化史，人口基数与结构的变化对国力、国运长远而言具有决定性的作用。因此中国自20世纪70年代以来执行的以严格控制人口数量为目标的人口政策，已到了非调整不可的时候，切不可再拖延。

第二，土地制度僵化落后，自然资源粗放、低效耗用。中国土地及相关自然资源管理方面存在的供给机制不能适应市场经济的问题十分明显。随着城镇化的发展，大量邻近城市的农村土地（包括集体建设用地和宅基地等）通过各种形式转化为城市发展用地，这本是城市化的题中应有之义。但是，由于现行土地管理制度过于僵化，未能形成与时俱进的供给机制，征地拆迁补偿的综合成本迅速抬升，并引发诸多社会冲突与群体性事件，以及"小产权房"等棘手难题。除土地之外，中国其他各类自然资源方面，也存在着比价关系严重扭曲、市场化价格形成机制缺失，以及政府发展经济急切而强烈的动机之下的粗放、低效使用，已经造成近年来各方面有深切感知的、公众意见十分强烈的各类水体、土壤、大气污染问题及资源能源挥霍式耗用等严重问题。

第三，金融压抑明显，对实体经济的多样化融资和升级换代支持不足。无论是从国内储蓄还是外汇储备上看，中国似乎都是世界上"最有钱"的国家。但从资本的使用效率上看，从实体经济得到融资支持的程度上看，中国金融领域存在的供给抑制与供给约束又可居世界之冠。一是利率市场化到现在刚刚走上"行百里半九十"的关键性路程；二是金融市场主体"大小不均"，主体的国有比重过大而民资外资比重过低、超级银行占比过大而中小型金融机构占比过小；三是资本市场结构不合理，主板市场占比过大而创业板、新三板、场外股权交易市场还严重不足；四是除银行间投融资体系高利差抬高融资成本之外，设租寻租、"红顶中介"等，又将创业创新活动的综合融资成本抬得更高。这些导致长期以来中国对经济增长贡献可观，特别是对就业贡献最大的广大中小微企业，得不到较充分的融资供给，实体经济升级换代"突破天花板"得不到投融资供给机制的有力支撑，"三农"领域的金融支持也始终盘桓于政策倡导层面而实质性进展十分缓慢，大众创业、万众创新面临的实质性融资门槛仍然比较高。

第四，教育体制扭曲、僵化，科技创新驱动力弱。早在党的十六大文件中就提出要建设创新型国家。中国经济增长的动力机制应当而且必须强化创新驱动，已成为各方共识。但从进展看，科技研发的创新活力和相关人才的培养、供给机制，被行政化、官僚主义、形式主义和种种违反科研规律的不当制度机制所遏制。虽然一方面中国科研人员的论文发表数、专利申请数快速增长，已名列世界前茅，然而另一方面科技成果向产业、市场的转化率还不到10%。究其原因，相当重要的前置环节——教育领域即人才培养体系中，由于严重的行政化、应试教育化等而抑制创造性人才的生长，形成了"钱学森之问"的难解之题；具有支撑意义的基础科研领域中，激发科技人员潜心研究的体制机制不到位，科研经费管理中某些繁文缛节的官场化规则近乎荒唐，把对应于官员的行政规则十分起劲地套用于知识分子和专家，完全不合科研规律；应用研究中，一是科技成果转化的激励机制明显滞后，二是知识产权保护不力，三是后勤支持机制落后，四是狭窄的部门利益形成"条块分割"式创新阻碍和资源条件共享壁垒。

第五，政府职能与改革不到位，制度供给仍严重滞后。改革开放以来中国经济社会获得的巨大增长和进步，与政府管理理念的改变、职能的调整、方式的转化、体制机制的不断优化有极其密切的关联。但随着改革进入深水区,政府职能的优化进程与制度变革的推进,已经大为滞后。一是关键功能不到位。市场经济条件下政府的主要功能应是维护公平正义和市场监管、公共服务与社会管理,但实际生活中,市场公平竞争环境受到过度垄断、设租寻租、"红顶中介"等的困扰与损害,假冒伪劣等不良行径往往不能得到有效监管和打击;应有的公共服务被管理部门与环节上的"权力最大化、责任最小化"之争和扯皮推诿所销蚀;政府应履行的社会发展管理规划职能,其形态与水平明显落后于时代要求,各方一再呼吁的把经济社会发展中国土开发整治、城乡基础设施、交通运输、生态环境保护、产业园区和主体功能区"多规合一",始终少有实质性进展。二是关键和重点领域改革不到位,如财税改革、土地改革、金融改革、国企改革、收入分配改革、人口战略调整等,大都慢于社会预期。党的十八届三中全会后首先由政治局审查通过的财税配套改革方案,实施中已出现与时间表要求不匹配的明显迹象。三是政府支持经济发展手段方式陈旧,仍然习惯于以"政"代"经",以"补贴""优惠""专项"等"吃偏饭"方式,代替扎实的市场环境打造与市场基础建设。四是政策机制的设计质量往往不高,效果还有待提升,如政府主推的棚改、医改、中心区域交通体系建设等,大方向正确但方案的纰漏、缺陷不少。

总之,中国进入中等收入阶段和改革深水区后,供给侧大要素的供给抑制与供给约束均已表现得相当明显,要素组合中制度、科技两大"全要素生产率"主动力源的潜力发挥问题已成为关键。

第二章 供给侧结构性改革：改革深水区攻坚克难的系统工程

作为一个转轨中的发展中大国，追求"后来居上"的现代化，为成功实施赶超战略，在政府职能方面必然要有意识地把需求管理与供给管理紧密结合，而且尤须做好供给管理。特别应当注重制度供给，在新的时期以全面改革为核心，来促进供给侧解放生产力、提升竞争力，以此生成中国经济社会升级版所需的有效供给环境条件，解除供给约束，推动改革创新"攻坚克难"，冲破利益固化的藩篱，充分激发微观经济主体创业、创新、创造的活力。这是续接和有效增强经济增长动力的"关键一招"，也是从要素投入、粗放增长转向供给升级、集约增长，引领市场潮流而创造需求，得以实质性连通"脱胎换骨、凤凰涅槃"式结构调整的主要着力点。

三、供给侧改革是通盘规划的系统工程式全局长远创新

在中国发展新阶段的"问题导向"下，克服"一条腿长、一条腿短"的发展不协调和结构失衡弊端，就要追求全面、协调、可持续的发展，也就特别需要高水平的"规划先行，多规合一"。政府牵头提供的这种"通盘规划的供给"，是供给管理与供给体系的极为重要的内容和引领机制，涉及系统工程式的全局长远创新。

以规划来处理生产力结构和社会生活结构中区别对待和通盘协调问题的解决方案，实质上就是形成综合要素供给体系必须前置的规划供给，以其带出供给管理的全过程。中国现阶段必须"先行"且走向"多规合一"的顶层规划中，相关内容至少应考虑框架、

制度、分类融合和动态优化这四个方面。

（一）框架：实现法治框架下的规划先行

顶层规划一方面应做到避免规划中因缺乏前瞻性导致很快出现严重供给短缺所引发的更多成本投入，另一方面应做到可放可收。经济社会发展最大限度避免"试错－改错"的有效手段就是国土开发、城乡一体化发展中的"规划先行"，所有与不动产相关的项目建设，都应当建立在具有前瞻性、力求高水平的科学规划基础之上，同时法律所规定的规划权的行使，决不能独断专行、率性而为、朝令夕改。顶层规划关系到发展中经济体能否实现赶超战略目标，具体内容涉及一个经济体国土范围内从城市到农村的所有区域，包括土地开发利用、生态环境、文教卫体、交通、市政、水利、环卫等各个方面。国际国内多年的开发经验证明，在政府辖区以国土开发的全景图为"一盘棋"，以各类项目建设为"摆棋子"式的配置形成相关不动产的过程中，是难以由基层、微观主体的"试错法"来形成合理结构的，而是必须由政府牵头形成尽可能高水平、经得起时间与历史检验的通盘顶层规划式的解决方案。一旦不动产配置失当，"生米做成熟饭"，若不纠正，经济与社会的代价都太大，甚至是无法纠正的（试看北京市20世纪中叶城市规划因否定"梁陈方案"而造成的令人扼腕的后果）。

（二）制度：打开制度结节，开展以多规合一为取向而先行、动态优化的多轮顶层规划

现阶段，中国尤其应当在多轮顶层规划开展之前，打开行政

审批制度结节，以达成"多规合一"的合意结果。截至目前，行政审批制度改革显然已经涉及更深层的体制性问题，要从减少审批项目的数量推进审批质量的提高。这就需要结合"大部制"和"扁平化"改革，实现政府职能机构的整合式瘦身消肿改造与新境界中的协调联动。除了提高行政法治化程度，顺应精简机构的要求之外，更要扩充动态优化设计至全覆盖，以后择机启动整个"大部制"框架下的、行政审批的国家标准化工作，而后连通"规划先行，多规合一"相关工作的开展。多年来由不同部门分头处理的国民经济发展规划和国土开发、城乡建设、交通体系、环境保护、产业布局、财政跨年度规划等，都应该纳入"多规合一"的综合体系，并基于全国统一的行政审批信息数据库和在线行政审批平台，矫治"九龙治水，非旱即涝"的弊端，实现决策体系和业务流程的优化再造。

就中国的经济社会发展现状而言，所有发展中出现的矛盾和问题亦不可能通过某一次顶层规划全部解决，势必要通过动态优化式处理结构性问题的多轮顶层规划逐步落实。但每一轮顶层规划都应当建立在基于现状力求对未来科学预测的基础上，将城建、交通、文教卫体、市政、水利、环卫等方面规划合理地打上"提前量"与"弹性空间"，从而最大限度地减少沉没成本，提高增长质量、社会和谐程度和发展可持续性。

（三）分类融合：要素分类视角对"多规合一"的把握

经济增长要素可分为竞争性要素和非竞争性要素，前者包括土地、劳动力和资本，后者则随着第三次科技革命的爆发，在以往所强调的科技和制度基础上,增加了信息。除了这些经济增长的动力要素外,某一经济体发展过程中还存在制约要素,主要包括财政三元悖论制约、社会矛盾制约、资源能源制约、生态环境制约等。顶层规划,显然就是将以上经济增长要素与经济发展制约要素全部纳入系统考虑,通过理性的供给管理实现供给侧优化,从而促使经济活力最大化。特别值得注意的是,在经济增长中,土地要素对经济增长产生贡献的效应往往与交通网络有关,交通网络越发达,土地要素对经济增长做出有效贡献的能量(经济上可量化为"级差地租")就越大。科技创新与制度供给,就社会全局和长期而言,则完全或几近完全属于效用不可分割,受益无竞争性的"公共产品"。随着经济发展,无论采用发展经济学中所强调的弥合二元模式的城乡一体化,还是采用规划学中所强调的区域性、大都市圈或城市群,都是体现城市自身形态的升级,而这一升级于经济增长的要素支持效应就是环境承载能力、多元要素流通能力、合意配置能力等的提升。以技术、制度和信息构成的非竞争性要素更多决定着质量增长的实现。经济发展的相关制约要素则决定着经济增长要素在多大程度上能够顺利发挥作用,顶层规划中应当尽量通过合理的供给侧安排缓解经济增长制约。

这里表述的"多规合一",实际上包括国民经济和社会发展规划、城乡建设规划、土地利用规划、生态环境保护规划及文教卫体、交通、市政、水利、环卫等专业规划分类基础上的有机融合。如城市通盘规划中的交通规划决定着城市的运转效率,因此城市交通规划也是都市圈、城市群规划是否能够形成的关键所在;城市生态环境规划的目标在于通过规划实现人与自然的有序组合和平衡，因此城市生态环境规划在工业化时期，首先是体现制约特征，在后工业化时期，则颇具更高层次综合境界追求的特征（如"望得见山、看得见水、记得住乡愁"）。

（四）动态优化：锁定不同发展阶段每轮顶层规划的主要矛盾

经济社会发展的不同阶段所面临矛盾的紧迫性会有所不同。"多规合一"的顶层规划下，每一轮顶层规划都应当首先锁定解决当时面临的主要矛盾。从国外经验来看，首先应当解决的就是动态地在产业布局基础上进行均衡性区域规划。

顶层规划首先应当考虑的是工业化相对落后地区增长极的培养、工业化中等发达地区城市点的扩大，以及工业化发达地区城市辐射力的增强。这势必要求通过国土规划、产业布局规划、交通规划、环保规划及专项规划的合理衔接、搭配，形成有效合力。针对工业欠发达地区，可启动依托当地资源禀赋建立差别化工业基地的规划项目，工业化水平的提升势必吸引更多人口入住目标城市。因此目标城市应根据工业、产业发展规划预测未来的人口增长、收入增长，并针对劳动力数量、人口结构及居民收入的预测，有针对性地配以交通、文教卫体、市政、水利、环卫等方面的专项规划。

针对工业化中等发达地区，可启动以几个"城市点"共同带动"城市面"的一体化规划发展。这一轮顶层规划，是基于由几个"城市点"所划的大区域"都市圈"，其最终追求的发展目标则要形成"城市群"式的均衡发展。以中国现阶段经济社会发展的案例观察，"京津冀"一体化协同发展和称为"千年大计"的雄安新区，就是这一阶段必须优化顶层规划的典型。北京"大城市病"已非常突出，天津既有产业发展潜力又有纠结烦恼，它们周边的河北地区却相对落后，显然有协调、均衡的必要。这一类型的顶层规划，应特别注重"网络"和"网状结构"的应用和落实。交通运输网络是关键，地铁、公路、城际铁路等的供给全面跟进，能够实实在在地缩短附属中心与原城市中心之间的空间距离。对于人口已在2300万以上的北京市而言，城市运转所面临的问题绝不是再建几条环路就可以解决的，势必要突破现有格局，建立"大首都圈"，以北京市、天津市为点，以外围的河北省为一体，在顶层规划中疏解首都非核心功能，确立卫星城式的首都"副中心""北京城市副中心"和新的增长点。在"副中心"等区域，应力求高水平全面落实国土规划、产业规划、功能区规划、公共交通规划、住宅区等一系列内容综合而成的顶层规划。在新城建设的过程中，则应当特别注重为未来发展预留动态优化的空间，同时可在预算约束线以内尽量高水平地加入对建筑设计规划、自然生态规划与人文保护规划的创新。

现代城市的产生和发展是生产力不断集聚的结果，而随着城市自身规模扩大、数量增多，在地理区位、自然条件、经济条件、贸易往来、公共政策、交通网络等多重作用下，会逐步形成一个相互制约、相互依存的统一体。中国目前较为典型的城市群包括沪宁杭地区、珠三角地区、环渤海地区和长株潭、成渝、沈大等区域。这些区域已经形成的"一体化"态势，需在进一步发展中高水平制定区域层面贯彻总体发展战略的顶层规划，应在总结经验教训的基础上，把在区域内会产生广泛关联影响的产业发展、基础设施建设、土地利用、生态环境、公用事业协调发展等方面的规划内容做出升级版的有机结合。

四、供给侧改革是以改革为核心、现代化为主轴的制度供给创新

四十余年发展带来的"中国奇迹"固然是依靠全面开放、利用人口红利参与全球分工和竞争等带来的比较优势所促成的，但更主要是依靠改革调动了相关经济资源的积极性、潜力与活力。但中国的市场经济在逐步替代计划经济、降低交易成本、提高经济效率的同时，其制度优化进程还存在明显不对称之处。目前，我国一般产品市场已基本完全放开，但要素市场和大宗基础能源、资源市场仍然存在严重扭曲，存在人为压低要素价格，从而粗放地（高能耗、高污染地）促进经济增长的现象。与此有关的是，对生产者和投资者的补贴，使得经济严重依赖投资和形成大量过剩产能，经济结构失衡的矛盾在前些年间迟迟不能有效化解，甚至趋于突出。因此，我们必须在实质性推进"顶层规划"下的全面配套改革中，更多依靠市场力量对经济结构进行调整，从而合理地运用市场和政府力量的结合，顺利实现向较高水平的"升级版"经济增长方式和可持续增长路径转变。这里最为关键的要领是，应考虑从根本上通过一系列的改革衔接短期诉求与中长期目标，化解制约我国长期发展和全要素生产率进一步提升的深层制度因素。值得再次强调的是，在研究者"理论密切联系实际"的分析考察中，有必要把供给侧的重要主体——公权体系和供给形式中

的重要内容——制度供给，更充分地纳入"新供给经济学"集大成包容性的理论框架，来面对中国改革深水区重大的现实问题以寻求解决之道。

以政府和立法、司法机构构成的公权体系，其所必然实施的制度供给，是客观存在、有弹性空间（即有可塑性）和必有高下之分的。在中国追求现代化的历史过程中的供给管理，除经济部门、产业、产能、产品、技术等结构方面的供给内容外，最关键的还须着眼于打开"制度红利"这一转轨中最大红利源的释放空间，形成激发经济社会活力、潜力的有效制度供给，以及实现相关改革决策的较高水准。

制度安排层面深刻变革的取向是坚定不移地市场化，但又不能简单限于、止步于市场化概念下的作为。"使市场在资源配置中发挥决定性作用"的基本认识是千难万难之后实现的重大思想解放式突破，但市场的"决定性作用"绝非可以理解为市场决定一切领域和一切事项。其实，中国独特的市场发育和经济赶超正是改革中最难处理的一项基本矛盾：国际竞争的基本现实已不允许我们再常规地、跟随式地经历和等待以平均利润率机制主导的漫长的市场发育及经济结构优化的自然过程，而是需要从供给侧得到一种比自然、自发的市场配置在某些领域、有限目标下更强有力的机制——政府"理性主导"机制，并使之与市场机制"1+1＞2"式地叠加，才能逐渐接近并最终实现赶超目标。把后发优势与理性的政府主动作为结合在一起，摆脱经济学发展到凯恩斯主义、新古典学派和货币学派的"百家争鸣"仍未摆脱的"需求－供给不对称框架"，在现实生活中就要着眼于此，形成凌驾于

"政府与市场绝对冲突"或"要么政府,要么市场——二者必居其一"旧式思维之上的新思想、新理论、新方法,来指导改革与发展的实践。在尊重市场、培育市场的"旁边",供给侧的特定作为必须包括政府积极有效地建设市场、组织市场和"合作式"地超越市场平均利润率机制的自然过程。"混合所有制"有望成为其重要产权基石,进而推进国有经济部门的实质性改革和"现代市场体系"在中国的发育和成形。基于党的十八届三中全会通过的带有顶层规划意义的《中共中央关于全面深化改革若干重大问题的决定》(以下简称《决定》),以及党的十八届四中全会所强调的"全面依法治国","供给侧"制度变革的总纲应当体现其最浓缩、最不可忽视的精神实质,即从现代国家治理、现代市场体系、现代财政制度到现代政治文明、现代发展理念所形成的重要逻辑联结。

本书第一章已概括地讨论了现代国家治理 – 市场体系 – 财政制度相关联的一些基本认识,这里还要结合供给侧结构性改革的使命,重点讨论一下现代政治文明与现代发展理念。

(一)现代政治文明:全面改革联结"全面法治化"

2014年12月举行的党的十八届四中全会,以"法治化"为主题,鲜明强调了"依宪治国""依宪执政"的总原则,并给出了法治建设上的"全面依法治国"指导方针和推进制度建设的部署;2015年10月举行的党的十八届五中全会,则形成了以"创新""协调""绿色""开放"与"共享"为主题词的系统化发展理念。这两次全会与党的十八届三中全会的改革精神贯通,从而构成以创新驱动全面改革联结"全面法治化"现代政治文明、践行现代发展理念的"供给侧"制度变革总纲的进一步延伸。

要想实现全社会可预期的稳定环境与健康发展,就要贯彻现代文明范畴里的法治。比如,紧密结合经济生活与社会经济行为,从法律的角度分析财产权问题及其社会意义,将有一系列的逻辑节点可以展开。首先要说到根本大法——宪法。其实中国宪法已经过几轮修订,最近一轮修订,在原来宪法条文里表述的"公共财产神圣不可侵犯"的后面,增加了"合法的私有财产不受侵犯"。说到"公共财产神圣不可侵犯",在表述上"神圣"二字只是形容、渲染意义的,关键在"不可"二字,意味着公共财产受侵犯的情况下,一定要有惩戒措施跟上;而对于私有财产,现在只是说合法的私有财产不受侵犯,并没有交待受侵犯后怎么办。习近平总书记所说的"把权力关进笼子",是非常有建设性的。如果笼子是法律,那么就还要说到一个我们的治国理念——法治(不是"法制",翻译成英文不是 rule by the law,而是 rule of the law)。现代文明要实现健康的民主化,一定要配之以"法治"的治理概念。在义理上讲,"法制"(rule by the law)是以法律为统治工具,"法治"(rule of the law)则是"法律的统治",表达"法律最大"的价值思想。"法制"强调法律的工具价值,"法治"强调法律体现公众意志和至高无上的权威。"法制"是静态的法律制度体系,而制度体系有好有坏。"法治"则是一个好的法律制度体系得到有效实施的动态描述,逻辑取向上说,只有好的法治,没有坏的法治。法治的目标是"良法善治",也就是"好的法"运行在现实秩序中,达到"好的效果"。

在法治尚待完善的中国,法治体系的建立,当然首先要优化宪法。宪法是根本大法,最上位法。在经济社会转轨中,中国的

第二章 供给侧结构性改革：改革深水区攻坚克难的系统工程

宪法看来还需要一轮一轮地修订。宪法下面则需要有完整的法律体系。这段时间，中国法律体系建设理念上最值得称道的一个进步，是在"法律"和"法规"的发展中形成了两个方向，即负面清单和正面清单。负面清单所列的是不能做的事，这是对企业、对市场主体最适合的"高标准法治化营商环境"的打造，以上海自贸区为代表而首先明确提出，其后党的十八届三中全会《决定》提出要全面实施负面清单，因而对于企业和市场主体来说，"法无禁止即可为"——只要是负面清单上没有的，什么事情都可以做，"海阔凭鱼跃，天高任鸟飞"，充分发挥自主权和创造性。正面清单则适用于公共权力，即"法无规定不可为"，政府作为手握公共权力的主体，在没有法律规定予以授权的情况下是没有权力做任何事的——"权为民所赋"。而且"有权必有责"，呼应于权力清单要有责任清单，落实问责制。这一套逻辑隐含的实际内容，是抑制官员动机中内在的"权力最大化、责任最小化"的不良匹配，使权责约束清晰到位。把对市场主体的负面清单和对调控主体的正面清单合在一起，显然是一种比现在状况更加理想的法治环境。

　　由如此规则笼罩着、覆盖着的法规体系，第一重要的事项是"有法可依"，无论是负面清单还是正面清单，力求能够一步一步推到全覆盖。当然这只是一种向理想目标的"无限逼近"，比较成熟发达的经济体，比如美国、英国，也不敢说自己浩如烟海的法律条文或案例把所有的事情都穷尽了，也需要不断动态地优化，中国作为一个转轨国家更是如此。在有法可依的起点上再往下走，还有人们已说惯了的"执法必严""违法必究"，这和现实生活的差距也还很大。其实，在"有法可依"后面，在"执法必严"前面，中国现在特别需要强调的是有"良法"可依。目前尚有很多"法"的水平是相当低下的，甚至可说合法不合理的情况比比皆是，另外合理不合法的事情也相当多。改造恶法、不良法，是全民族无可回避的任务。白纸黑字未必代表着公平正义，对于一些有争议的问题，如果简单"依法执行"，并不一定能很好地解决。

邓小平在改革开放初期提出，要把党和国家的制度建设问题放到非常高的地位上。制度设计好了，坏人就不可能任意横行，制度设计不好，好人也会被动犯错误。只有制度才有稳定性、长期性和有效性，才能摆脱以领导人的个人精力、注意力、偏好决定党和国家整体运行轨迹的风险。习近平总书记提出的"依宪执政"下的全套规范制度建设，与之是一脉相承的。但这些在现实中还是会遇到一些很有挑战性的问题，举两个具体的例子：一是上海自贸区。创立自贸区时，所需的众多新规则与现行法规都有所冲突，所以综合部门对其持反对态度，依据就是"讲法治"，但中央很快发出明确信息，现实中所有和自贸区所需新规发生的矛盾，在处理上都要给自贸区让路。二是当年中国加入世界贸易组织（WTO），所有和WTO规则相抵触的法规都要以"清理文件柜"的方式清理掉。这些与严格执行法规的理念看上去似有所冲突，但如果要使法治能够达到一个合格的境界，就必须考虑鼓励先行先试因素和"变法革新"，必须给出弹性空间。先行先试的意义是积累经验，不能说试验无懈可击、非常完美，就是成功了，而以后出现调整就失败了——可以此视角看待中国屡屡成为舆论热点的房产税在沪、渝的"两地试点"。习近平总书记已非常明确地表示，今后的改革要继续鼓励先行先试，要继续鼓励"摸着石头过河"。

第二章　供给侧结构性改革：改革深水区攻坚克难的系统工程

中国要走向现代国家，走向"国家治理现代化"的境界，不建设法治社会是注定没有出路的。习近平总书记强调"司法腐败是最大的腐败"，他在司法工作会上提出要清除我们司法队伍中的"害群之马"，其取向是"让人民群众从每一个案件中感受到公平正义"。这个方向完全正确。但在实际生活中，我们不可能让中国天文数字般的所有案件都能真正符合公平正义，而是要尽一切努力使案件不公平正义判决的比重下降到最低限度。

在把握潮流、创造历史的关键时期，我们所要掌握的一大重要问题是如何化解矛盾及跨越种种陷阱。在这个过程中，除"中等收入陷阱"和"转型陷阱"外，具体的陷阱概念中，还有已经被很多人意识到的"塔西佗陷阱"。2000多年前的历史学家、政治学家塔西佗指出，在社会生活中存在着一个政府公信力的临界点，过了这个临界点，政府的所有决策，即使是正确的，也会无济于事，局面将变得不可收拾。我们在某些场合（如贵州瓮安等处的群体性事件），已经看到这样的威胁。另外，政治局会议讨论住房问题时，已提出"福利陷阱"问题。虽然我们应该从人民群众最关心、最涉及直接利益的事情做起，但政府作为调控主体，还必须考虑如何在眼前利益与长远利益、局部利益与全局利益、根本利益之间进行权衡，否则"福利陷阱"会把我们拖入"中等收入陷阱"。这方面最典型的前车之鉴，就是一些拉美国家。一百多年前，阿根廷跟美国的人均GDP等经济指标不相上下，但现在美国已经成为头号强国这么长时间，阿根廷则进入"中等收入陷阱"后一蹶不振，其他许多拉美国家也是大同小异。"民粹主义"基础上的福利赶超，结果不仅是福利不可持续而从云端跌落尘埃，一起跌下来的还有发展的后劲，痛失好局之后所有社会矛盾全被激发出来，引出多少社会动荡，多少血泪辛酸。中国经过前面40余年的发展，有了历史性的新起点，已进入中等收入阶段，但绝不是以后自然而然地就能实现"中国梦"了。如何真正避免这些陷阱，是有重大实际意义的真问题。

西方主流意识中的"现代化"是和中世纪切割，在告别"黑暗的中世纪"后进入一个新的境界，转折点是文艺复兴。文艺复兴有很强烈的人本主义色彩，引导形成的主流意识是法国大革命和美国《独立宣言》追求确立的自由、平等、博爱、民主、法治。党的十八大提炼的三个层次二十四字核心价值观（国家层面的"富强、民主、文明、和谐"；社会层面的"自由、平等、公正、法治"；个人层面的"爱国、敬业、诚信、友善"）里，实际上包容了所有自文艺复兴以来人类文明不断提升的主流要素。必须承认无论是西方还是东方，某些属于人性的东西是相通的，比如孔孟之道里的"己所不欲，勿施于人"就完全立得住，是普适的，只要明确这个立场，就一定会引到按照人类社会文明发展的取向来处理人际关系。所以从另外一个角度来说，虽然"现代化"这种主流意识带有一定的西方色彩，但不能简单地认为这就是西方中心论，不能在文明比较的情况下认为西方的都立得住，东方的都立不住，而是需要具体分析的。东方的一些东西，在我们合理地发掘它的积极因素之后，要使之更好地跟外部世界互动，形成"美美与共、天下大同"的境界。虽然道路很漫长，但是趋势越来越清楚：在全球化时代、互联网时代，如果不寻求多赢、共赢，可能会处处碰壁，甚至碰得头破血流。相反，如果更多地强调"己

第二章 供给侧结构性改革：改革深水区攻坚克难的系统工程

所不欲，勿施于人"，讲民主法治和相互尊重，那可能就是增加朋友、减少敌人，在中国的和平发展中走通"人类命运共同体"的共赢、多赢之路。

人们说到的"现代化"横向比较的概念，是不断动态推进的组合，这个动态推进也需要依靠一些基本原理去实现，比如"自由"应是法治限制之下的，否则无法处理个体自由间的冲突；"民主"要避免出现"多数人的暴政"。共和基础上的民主是承认所有参与主体的诉求都应该得到尊重和表达，然后做理性的讨论，寻求最大公约数。共和一定是汇集了一切人类文明发展积极成果的"包容性发展"的境界。

所以"现代化"不是一个应该贴东方还是西方标签的问题，而应该在全球化新阶段东、西方互动的过程中不断提升其综合境界。公共资源、公共权利的配置即公共事务的处理是社会发展在哪个阶段都躲不开的，比较初级的解决形式叫"宫廷解决"。氏族公社后期开始私有制因素影响公共权力的使用之后，带来了冲突，进入阶级国家状态，权力和利益冲突的宫廷解决就是宫廷政变式的你死我活，比如中国历史上大大小小的几十次改朝换代，很多皇帝就是在你死我活之中把对手包括亲兄弟统统杀光，自己才能坐稳江山巩固权力。这种残酷的宫廷解决显然不符合人类文明发展趋向。第二个阶段的解决方式叫"广场解决"。为使更多的人知情，大家在广场上一起来做"群体事件"式的解决，但是广场解决的实际结果往往达不到一个平衡点，所以一旦无法解决，就会由广场解决转变为"战场解决"。近些年最典型的就是在中东和埃及等地发生的一系列演变事件，广场的派别对抗演变成夺人性命的流血事件。现代人类文明最值得推崇的解决方式是"会场解决"。最典型的是美国宪法的酝酿过程，美国的开国元勋们在费城会场里讨论一百多天，从议事规则一点一点抠起，最后抠出美国宪法。"会场解决"后没有简单的谁输谁赢，或者说输方不一定永远是输方，下一轮可以按规则再来。这有点类似于奥林匹克，大家遵从一个中立的公正裁判。中国要真正走向现代社会，不是贴东西方标签的问题，而是在看到前边的探索之后，把各种各样人类文明提升的要素，真正综合在一个现代国家治理的制度联结里，形成一种可持续的制度安排。这其中有很多重要的探索，也有种种细节的问题。试以一句话概括：简单的单线文明论、西方中心论是带有片面性的，但要承认文艺复兴直接引导了带有偶然性、但实际上决定其后世界全貌的工业革命，以及一些特定的因素汇集支撑美国形成一个世界头号强国的全套要素组合。中国的伟大民族复兴，要认同"顺之则昌，逆之则亡"的世界潮流，争取达到把中西方所有的文明要素组合在一起、融汇在一起的可持续发展状态。

（二）现代发展理念：以创新为"第一动力"、改革为"关键一招"的守正出奇

党的十八大之后，"全面深化改革"和"全面依法治国"的部署又继续推进到党的十八届五中全会提出的以创新发展为"第一动力"，结合协调、绿色、开放发展而统一于共享发展的系统化的现代发展理念。在此背景下，决策层十分清晰地表述了"着力推进供给侧结构性改革"的指导性意见。把供给管理依其内在规律摆在长期视野中，更多加以强调和优化，是合乎逻辑地服务实现

第二章 供给侧结构性改革：改革深水区攻坚克难的系统工程

中国现代化伟业之全局战略。作为一个转轨中的发展中大国，我们要追求的必然是经过"追赶－赶超"过程而达到后来居上的现代化"伟大民族复兴"。中国"三步走"的现代化之路，其实就是邓小平设计的从追赶到赶超而和平崛起的现代化过程。"中国梦"作为第三步战略目标实现之时一个非常形象化的表述，其实现过程中，过去我们更多依靠了"后发优势"，而推进到认识、适应还必须加以引领的"新常态"新阶段，并面临"强起来"新时代需完成的现代化历史飞跃任务，现在一定要努力转为更多地争取供给侧发力的"先发优势"。我们认为，大思路定位必然是以供给侧改革、创新引出整个供给体系质量、效率和综合功能、绩效的总体跃升，体现为以改革为现代化"关键一招"的制度供给"守正出奇"。

所谓"守正"，就是政府更好发挥作用的前提是要充分认识、适应和尊重市场规律，对市场要怀有敬畏之心，充分尊重市场机制在资源配置中总体而言的决定性作用。这是人类历史上各经济体长期实践反复证明了的"共性"规律。所谓"出奇"，就是还必须充分认识和把握中国特色社会主义市场经济发展中必然要处理的特定"个性"，在关于国情、阶段、相关制约条件、发展机遇的通盘理解与判断基础上，不是简单照搬他国的经验和自己过去的经验，而是建设性、创新性地打开"有效市场＋有为、有限政府"合成的有效供给体系的潜能、潜力空间，在政府履行职能方面有意识地把"总量型"需求管理与"结构型"供给管理结合，特别是把"理性供给管理"作为"十三五"及中长期中国经济升级发展、可持续发展的内在要求和具有"矛盾的主要方面"分量的重要组成部分。"供给侧结构性改革"命题，承前启后、继往开来地紧密结合"有效制度供给"这一改革的关键。守正出奇的含义，一言以蔽之，就是实施理性的供给侧改革创新，以形成有效制度供给为统领的供给体系，更好地解放生产力来回应需求侧的演变，而在创新驱动中继续超常规实现经济、社会的发展。中央决策层实已把"供给侧改革"这样一个视角，从学理层面提升到中国特色社会主义政治经济学对于政府科学决策的支撑。未来中国在供给侧改革视角上的开拓进取，也正是践行制度供给为龙头、现代化为主轴的创新发展过程。中国在工业革命后严重落伍、积贫积弱、救亡图存、牺牲奋斗的求发展之路上，终于走到了以改革开放实现"伟大民族复兴"战略目标的"强起来"时代的门槛。而"行百里者半九十"，按照最高决策层规划的"新的两步走"达于"中国梦"的梦想成真，必须以供给侧结构性改革作为构建现代化经济体系的主线而攻坚克难。

中等收入陷阱、修昔底德陷阱、民粹主义为基础的福利陷阱及塔西佗陷阱等，虽然都只是比喻，却寓含着不可忽视的挑战：走向"强起来"的新时代，中国必须以新旧动力的转换，形成抑制和化解凸显的矛盾和对冲下行因素，有后劲跨越此类陷阱的质量升级版可持续发展。新供给经济学于此种挑战面前，基于经受考验、使中国冲过"历史三峡"的现代化诉求所形成的思路，可表达为"守正出奇"地把"有效市场"与"有为、有限的政府"两方面的作用，于创新中优化结合——基于竞争，但不局限于"完全竞争"的理论假设。

前文已强调，"守正"首先就是强调我们必须认识、顺应乃至

第二章 供给侧结构性改革：改革深水区攻坚克难的系统工程

敬畏市场在资源配置中的决定性作用，要让它充分起作用。这样一个认识来之不易，是十八届三中全会的"60条"明确地表述出来的，后面跟着的"出奇"，就是中国并不能止步于应用一般市场经济的常规发展经验，而必须以政府理性的供给管理，在承担一定风险的情况下，寻求出奇而制胜的创新型超常规发展。中国如果满足于常规发展，实际上是不太可能达到自己的现代化战略目标的。国际竞争的环境，种种的制约条件，必须使我们进一步深刻领会邓小平所勾画的三步走现代化战略和中央现在进一步具体化的新的两步走战略所蕴含的十分深刻的追赶－赶超战略思维（对这种战略思维的学理依据，我们已有依照学术规范提出的论证）。那么，我们必须寻求的"出奇制胜"的创新型超常规发展中，具体的制度机制创新，就必然是一系列带有双轨制特征的特定制度与机制安排。比如，产业政策的选择性设计和它市场化的合理运用——中国的经济学研究者关于产业政策的讨论，我们认为还需要进一步深化：产业政策的必要性是不能否定的，但最关键的是如何科学制定这种产业政策的后面，还必须有跟市场机制对接的机制性创新，这是产业政策的关键。又比如，金融创新发展中和商业性融资并存的政策性融资也是不可回避的，而且是我们认为必须提到战略层面来把握的挑战性任务。再比如，住房制度和不动产业界保障轨与市场轨的统筹必须全面优化，否则我们根本无法构建完成中央所说的房地产市场健康发展必须要有基础性制度支撑的长效机制。收入分配领域里有力、有效、有度的再分配，也需要区别对待，必须面对复杂的结构性问题找到尽可能高水平的解决方案，要在这方面解决一系列的冲破既得利益阻碍、攻坚克难的问题。

　　这种守正出奇寻求创新成果的通道，势必是比较狭窄的，很容易出现双轨运行中的种种纠结、矛盾、扭曲，处理得不好，设租、寻租等问题会不断困扰我们，但是把这条路走通，却是在中国和平发展过程中达到现代化愿景目标的希望之所在。我们要把相对窄的这条路走通，才能使中国在追赶和赶超的超常规发展中冲过"历史三峡"。我们认为其中最关键的，就在于以尽可能高水平的实质性的全面配套改革，来构建创新发展的制度环境，在新旧动力转换中实现动力体系的转型升级，以此来保障"守正出奇"的成功率，从而最终实现以人为本、惠及全球的中国经济社会的现代化。

五、供给侧改革中，财税改革是形成有效制度供给体系的关键性组成部分和全面改革的支撑

　　前文已述，供给侧结构性改革，就是改革开放的承前启后和继往开来，是在深水区攻坚克难的系统工程。财税改革在中国改革开放历史进程中，在几轮重要的改革推进之中，都合乎逻辑地充当了突破口、先行军的作用。改革所要促进的经济社会转轨，是要通过制度建设，形成建设现代化经济体、现代社会的有效制度供给。在20世纪70年代末，中共中央决定改革开放的大政方针之后，中国的改革需要在具体的历史制约条件之下走渐进之路，所以改革开放大政方针一旦确定，跟着就要考虑渐进的过程中，选择哪个领域的改革作为宏观层面的突破口。在整个国民经济不能够"停车检修"、需要继续以计划体制维系社会再生产运行的这

第二章 供给侧结构性改革：改革深水区攻坚克难的系统工程

样一个制约条件之下，中国的决策层合乎逻辑地选择了先从宏观层面的财政分权改革入手，呼应微观层面的农村改革，企业已有的企业基金、利润分成等分权改革试点，以及当时"局部撞击反射式"的建立特区等。区域试验，在全局上改变了过去的"划分收支，一年一定"为基本特征、有明显高度集中倾向的财政体制，转为"划分收支，分级包干"的"分灶吃饭"财政体制。这个宏观层面改革突破口的选择，适应了中国按照渐进改革，推动经济社会转轨的客观需要，打开了后续宏观层面一系列的改革，如计划体制、物资流通体制、投资体制、金融体制、人事管理制度等领域深化改革的弹性空间。在财政向下分权的框架之下，实际上形成了地方积极性大大提高的地方竞争，在双轨制基本特征之下，迅速调动了中国经济运行中"多个积极性"的活力与潜力，从而打开了一轮以分权改革带动经济超常规发展的历史进程。当然，在后面的反复探索中，分灶吃饭的局限性显露出来之后，又必须按照升级了的社会主义市场经济目标模式，组织进行更带有全面配套改革特征的新一轮改革措施。那就是在1992年邓小平南方谈话之后，紧锣密鼓地准备了以财政分税制为核心内容的财税配套改革方案。经过1993年紧张的筹备、努力争取地方对中央改革决心给予基本认同之后，1994年终于推出了和社会主义市场经济客观要求与间接调控体系客观要求内在契合的分税制改革，形成了中国改革进程中足以影响整个全局制度框架的里程碑式的制度变革。与1980年的"分灶吃饭"相似，1994年的财税配套改革，又是在非常关键的历史节点上，以财税的改革为有效制度供给体系的升级，做出了合乎逻辑的、历史性的制度建设贡献。

在党的十八大之后，最高决策层形成了经济、政治、社会、文化、生态文明"五位一体"总体布局的战略指导方针。十八届三中全会对全面改革做出了带有顶层规划性质的重要部署——十八届三中全会关于全面深化体制改革的决定（被称为"60条"），合乎逻辑地强调了财政是国家治理的基础和重要支柱。而60条公布之后，中央政治局首先审批通过的，是列在各个配套改革方案之首的财税配套改革方案。

于是，我们可以说财税改革再次在中国整个改革事业的推进过程中，发挥了突破口和重点推进事项的积极作用。所以我们能够很清晰地从中国改革实践中看出，财税改革由于其特定的对于国家治理的关键意义，必然构成供给侧结构性改革概念之下打造有效制度供给通盘体系的关键性组成部分。前面所强调的财政在一轮一轮的改革推进中充当先锋作用的同时，我们还可以从另外一个视角看到，财政也在一轮一轮的改革中间，为支撑全局发挥着所谓"殿后"的作用。既为先锋，又为殿后，足以体现财税改革通过优化公共资源配置的有效制度供给，对于全面改革所达到的解放生产力，形成有效制度供给体系的全面支撑作用。

财税改革是全面改革的支撑——清楚地把握了这一点，我们在把供给侧结构性改革作为构建中国现代化经济体系的主线和把深化改革作为中国实现现代化的"关键一招"向前推进的过程中，当然就要紧紧地把握好以财税改革服务和支撑全局的供给侧结构性改革这样一个内洽关系，充分地发挥财税改革应当发挥的对于供给侧改革的一体化支撑作用。

第三章 回顾：中国改革开放后财税改革重要进展与现存问题分析

改革开放之后，中国的财政体制随着经济社会发展和体制转轨的需要，经历了包干制试点、分灶吃饭、多种地方包干以及分税制几个阶段的改革变迁。

一、财政体制改革的探索过程

根据中国共产常十一届三中全会的指导精神，财政体制改革在改革开放新时期于宏观层面做出突破口率先动作，改变原来"总额分成，一年一定"的高度集中体制，转而向地方分权，并要求继续向企业分权。改革的意向是：既要有利于促进经济的调整和发展，又要有利于财政的平衡稳定；既要有利于调节和保护各方面的经济利益，又要有利于促使微观经济活动符合宏观决策的要求；在确保中央必不可少的开支的前提下，明确划分各级财政的权力和责任，做到权责结合，各司其职，各尽其责，充分发挥中央和地方两个积极性，共同承担国家财政收支的责任，支持搞活企业，保证和促进整个国民经济持续、稳定、协调发展。在改革初始阶段，财政体制改革先行的"分灶吃饭"（即划分收支、分级包干）制度安排的激励效果是十分明显的：一方面，打破了"大一统"的高度集权格局，扩大了地方配置资源的权力，形成了各地方政府在其隶属关系内及在体制边界外开展创新的空间和积极性；另一方面，国民收入分配格局分权取向的重大变化，促进了多元化市场主体的形成和有力配合了后续的计划、价格、物资、人事等方面的渐进改革，打开了市场化机制（包括各种生产要素的价格形成机制）渐进形成的弹性空间。

（一）1980年以前对财政体制改革的初步探索

在1980年"分灶吃饭"之前的一段时间，中国财政体制已经进行了一些新的探索。

1. 江苏省的包干制试点

早在1970年，国务院在《第四个五年计划发展纲要（草案）》中就提出为了充分调动地方的积极性，要把大部分企业、事业单位下放到地方管理。与此相适应的是，财政管理体制也要进行比较大的改革，提出了收支大包干。"文革"结束后，为了探索财政体制的新路子，1976年11月国务院主持江苏省财政、物资管理体制改革会议，决定从1977年开始在江苏试行比例包干的办法。

江苏包干体制的主要特点是：按收支总数确定比例包干，几年不变。地方自主权扩大，可以统筹安排本地区的支出，改变长期以来由中央各部门下达指标的做法。在条块关系上，这是把过去的以"条条"为主改变为以"块块"为主，从而调动地方当家理财的积极性,也避免一年一度在预算指标上争多论少的矛盾。该省体制执行到1980年到期,从1981年起,基本上改按全国体制来处理。

2. 多种分成体制的探索

1978年,在10个省、市试行"增收分成,收支挂钩"体制,后又改为"收支挂钩,超收分成"体制。"增收分成,收支挂钩"体制的主要内容是:(1)地方预算支出仍同地方负责组织的收入挂钩,实行总额分成;(2)地方预算收支指标及中央和地方的收入分成比例,仍是一年一定;(3)地方机动财力的提取,按当年实际收入比上年增长部分确定的分成比例计算,实现地方机动财力与地方预算收入增长部分挂钩,地方多增收可以多得机动财力。这个体制只执行了一年,其后除江苏实行"固定比例包干"体制,五个少数民族自治区和云南、青海实行民族自治地方的财政管理体制以外,其他各省、市暂时改为"收支挂钩,超收分成"的办法。

在20世纪70年代特别是1977—1978年,我国对财政体制改革进行的初步探索,为1980年以后的改革积累了一定的经验。

(二)1980年分灶吃饭的财政体制

从1980年起,国家下放财权,在预算管理体制上实行"划分收支,分级包干"的办法,俗称"分灶吃饭"体制。其基本内容是:按经济管理体制规定的隶属关系,明确划分中央和地方的收支范围,收入实行分类分成,分为中央固定收入、地方固定收入、固定比例分成收入和调剂收入。中央和地方的支出范围按企事业单位的隶属关系划分;地方的预算支出首先用地方的固定收入和固定比例分成收入抵补,有余者上缴中央,不足者从调剂收入中解决,并确定相应的调剂分成比例。若三项收入仍不足以平衡地方预算支出，由中央按差额给予定额补助。中央与地方对收入的各项分成比例或补助定额确定后，原则上五年不变，地方在划定的收支范围内自求平衡。

1. "分灶吃饭"财政体制实施初期的差异化做法

由于中国各地实情不同，"分灶吃饭"的做法在各地不尽相同。除了北京、天津、上海三大市以外，各地做法大致有以下几种：

（1）对广东、福建两省实行"划分收支，定额上交或定额补助"的特殊照顾办法。广东、福建两省靠近港澳，华侨多，资源比较丰富，具有加快经济发展的特定条件。因此中央对两省的对外经济活动实行特殊政策和灵活措施，给地方更多的自主权，规定在财政收入中除中央直属企业、事业单位的收入和关税划归中央以外，其余收入均作为地方收入。在财政支出方面，除中央直属企业、事业单位的支出归中央外，其余支出均作为地方支出。按照上述划分收支的范围，以这两省1979年财政收支决算数字为基数，确定一个上交或补助的数额，五年不变。执行中收入增加或支出结余部分全部留归地方使用。具体而言，对广东实行"划分收支，定额上交"的包干办法，对福建实行"划分收支，定额补助"的包干办法。

（2）对四川、陕西、甘肃、河南、湖北、湖南、安徽、江西、山东、陕西、河北、辽宁、黑龙江、吉林、浙江等省实行"划分收支，分级包干"办法，即按照隶属关系，明确划分中央和地方的收支范围。"分级包干"，就是按照划分的收支范围，以1979年收入预计数字为基数计算，地方收入大于支出的，多余部分按比例上交；支出大于收入的，不足部分由中央从工商税中确定一定比例进行调剂；个别地方将工商税全部留下，收入仍小于支出的，由中央给以定额补助。分成比例和补助数额确定以后，五年不变。在包干的五年中，地方多收了可以多支，少收了就要少支，自行安排预算，自求收支平衡。

（3）内蒙古、新疆、西藏、宁夏、广西五个少数民族自治区和云南、青海、贵州少数民族比较多的三个省，仍然实行民族自治地方的财政体制，保留原来对民族自治地区的特殊照顾，并做出两条改进以体现特定支持：一条是对这些地区也采取包干办法，参照上述第二种办法划分收支范围，确定中央补助的数额，并由一年一定改为一定五年不变；另一条是地方收入增长的部分全部留给地方，中央对民族自治区的补助数额，每年递增 10%。

（4）江苏省 1980 年继续试行固定比例包干办法。

2. "分灶吃饭"财政体制的调整和改进

"分灶吃饭"的财政体制在执行过程中也逐渐暴露出一些缺陷，如"统收"的局面已被打破，而"统支"的局面却没有完全打破，地方发生一些当地财力解决不了的事情还是向中央要求支持。中央财政收入逐年下降，而中央财政支出却未减少，致使中央财政相当困难，国家重点建设资金缺乏保障，以致中央财政不得不向地方财政借款以弥补缺口。因此，1983 年在总结前三年实践的基础上，对分灶吃饭的财政体制又做了一些调整和改进：

（1）从 1983 年起，除广东、福建两省继续实行大包干财政体制外，其他相当一部分省、市、自治区实行收入按固定比例总额分成的包干办法。

（2）由于国家预算出现大额赤字，中央财政困难，将中央财政向地方财政的借款改为调减地方的支出包干基数,或者减少补助数额予以解决。

(3)将卷烟和酒两种产品的工商税划归中央财政收入。

(4)凡是中央投资兴建的大中型企业的收入,属中央财政收入;中央与地方共同投资兴建的大中型企业的收入,按投资比例分成。

(5)从1983年起,将县办工业企业亏损由中央财政分担80%、县财政负担20%的分担办法,改为由中央财政和县财政各负担一半的办法。

(三)1985年分级包干的财政体制

经过1983年、1984年两步企业"利改税"改革后,税收成为国家财政收入的主要形式,因此,中央决定从1985年起实行"划分税种,核定收支,分级包干"的预算管理体制。其主要内容包括:按税种设置和企业隶属关系将收入分为中央固定收入、地方固定收入、中央和地方共享收入。仍按隶属关系划分中央财政支出和地方财政支出,对不宜实行包干的专项支出,由中央专项拨款安排。按基数核定的地方预算收支,凡是固定收入大于支出的,定额上交中央,固定收入小于支出的,从中央和地方共享收入中确定一个分成比例留给地方,地方固定收入和中央地方共享收入全留地方仍不足以抵补其支出的,由中央定额补助。收入分配办法确定以后,一定五年不变,地方多收多支、少收少支、自求平衡。

在1985年和1986年两年内,除了中央财政固定收入不参与分成外,把地方财政固定收入和中央、地方共享收入加在一起,同地方财政支出挂钩,确定一个分成比例,实行总额分成。

广东、福建两省继续实行财政大包干办法，原定上交或补助的数额，应根据上述收支划分范围和利改税第二步改革后的收入转移情况，进行相应的调整。

对民族自治区和视同民族地区待遇的省，按照中央财政核定的定额补助数额，在五年内继续实行每年递增 10% 的办法。

经国务院批准实行经济体制改革综合试点的重庆、武汉、沈阳、大连、哈尔滨、西安、广州等城市，在国家计划中单列以后，也实行全国统一的财政管理体制。

在财政体制执行过程中，如企业、事业单位的隶属关系改变，应相应地调整地方的分成比例和上交、补助数额，或者单独进行结算。由于国家调整价格，提高职工工资和其他经济改革措施而引起财政收支的变动，除国务院另有规定外，一律不再调整地方的分成比例和上交、补助数额。中央各部门未经国务院批准和财政部同意，均不得对地方下达减收增支的措施。

（四）1988 年实行多种形式的财政包干体制

1985 年实行的"划分税种、核定收支、分级包干"的体制，存在着"鞭打快牛"的弊病：地方留成比例小，不利于调动地方发展经济和组织收入的积极性，有的地区甚至出现了财政收入下滑的情况。另一方面，中央财政经过几年下放财权，中央本级直接组织的收入占全国财政收入的比例逐年下降，中央负担的支出有增无减，连年发生赤字，不得不再次调整体制。1988 年 7 月 28 日，国务院发布《关于地方实行财政包干办法的决定》，从 1988 年开始执行。这实际上是一个过渡性的财政体制。全国 39 个省、自治区、直辖市和计划单列市，除广州、西安两市财政关系仍分别与广东、陕西两省联系外，对其余37个地区分别实行不同形式的包干办法。

1. "收入递增包干"办法

该办法以1987年决算收入和地方应得的支出财力为基数，参照各地近几年的收入增长情况，确定地方收入递增率（环比）和留成、上交比例。在递增率以内的收入，按确定的留成、上交比例，实行中央与地方分成；超过递增率的收入，全部留给地方；收入达不到递增率，影响上交中央的部分，由地方用自有财力补足。

2. 总额分成办法

该办法根据前两年的财政收支情况核定收支基数，以地方支出占总收入的比重，确定地方的留成和上交中央比例。

3. 总额分成加增长分成办法

这是指在上述总额分成办法的基础上，收入比上年增长的部分，另加分成比例，即每年以上年实际收入为基数，基数部分按总额分成比例分成，增长部分除按总额分成比例分成外，另加"增长分成"比例。

4. 上交额递增包干方法

该方法以1987年上交中央的收入为基数，每年按一定比例递增上交额。

5. 定额上交办法

该办法是按原来核定的收支基数，收大于支的部分，确定固定的上交数额。

6. 定额补助办法

该办法按原来核定的收支基数，支大于收的部分实行固定数额补助。

各省、自治区和直辖市、计划单列市、县的财政管理体制，由各地人民政府根据国务院的上述决定精神和当地的情况自行研究决定。

表3-1 多种形式财政包干体制一览表

包干方式	内容	省、市、自治区名称
收入递增包干	以1987年决算收入和地方应得的支出财力为基数，参照各地近几年的收入增长情况，确定地方收入递增率（环比）和留成、上交比例。	北京市：4%和50%； 河北省：4.5%和70%； 辽宁省：（不包括沈阳和大连）3.5%和58.25%； 沈阳市：4%和30.29%； 哈尔滨市：5%和45%； 江苏省：5%和41%； 浙江省：（不包括宁波市）6.5%和61.47%； 宁波市：5.3%和27.93%； 河南省：5%和80%； 重庆市：4%和33.5%。
总额分成	根据前两年的财政收支情况，核定收支基数，以地方支出占总收入的比重，确定地方的留成和上交中央比例。	天津市：46.5%； 山西省：87.55%； 安徽省：77.55%。
总额分成加增长分成	在"总额分成"办法的基础上，收入比上年增长的部分，另定分成比例，即每年以上年实际收入为基数，基数部分按总额分成比例分成，增长部分除按总额分成比例分成外，另加"增长分成"比例。	大连市：27.74%和27.26%； 青岛市：16%和34%； 武汉市：17%和25%。

(续表)

包干方式	内容	省、市、自治区名称
上交额递增包干	以1987年上交中央的收入为基数，每年按一定比例递增上交额。	广东省：14.13亿元和9%； 湖南省：8亿元和7%。
定额上交	按原来核定的收支基数，收大于支的部分，确定固定的上交数额。	上海市：105亿元； 山东省（不包括青岛市）：289亿元； 黑龙江省（不包括哈尔滨市）：2.99亿元。
定额补助	按原来核定的收支基数，支大于收的部分，实行固定数额补助。	吉林省：1.07亿元； 江西省：0.45亿元； 福建省：0.5亿元（1989年开始执行）； 陕西省：1.2亿元； 甘肃省：1.25亿元； 海南省：1.38亿元； 内蒙古自治区：18.42亿元； 广西壮族自治区：6.08亿元； 贵州省：7.42亿元； 云南省：6.73亿元； 西藏自治区：8.98亿元； 青海省：6.56亿元； 宁夏回族自治区：5.33亿元； 新疆维吾尔自治区：15.29亿元； 湖北省（不包括武汉）：4.78%； 四川省（不包括重庆）：10.7%。

资料来源：国务院《关于地方实行财政包干办法的决定》，1988年7月28日。

二、"分灶吃饭"包干体制的主要问题

虽然20世纪80年代以后财政体制改革有上述进展，但直至

第三章　回顾：中国改革开放后财税改革重要进展与现存问题分析

1994年实行"分税制"改革前，普遍实行的"分灶吃饭"框架内的财政包干制，却始终未能消除传统体制弊病的症结，主要问题表现在：

（一）仍然束缚企业活力的发挥

各级政府"条块分割"地按照行政隶属关系控制企业，是传统体制的根本弊病所在。在改革开放之后实行的"分灶吃饭"财政体制中，由于是按照行政隶属关系组织各级政府的财政收入，因而这一弊病于政府财力分配中以体制因素形式得到延续，只不过在行政性分权格局中，行政隶属关系控制总的来说从"条条为主"变为"块块为主"，由行政部门单一的指令变为指令加上企业实际很难违拗的"商量"和暗示。相应而来的，是各级政府始终热衷于尽力多办"自己的企业"和对"自己的企业"过多干预与过多关照，"放权"难以真正放到企业——尽管国家"减税让利"走到了"山穷水尽"的地步，多数国有企业仍然迟迟不能"搞活"。搞不"活"的另一面是搞不"死"——企业经营不善，亏损严重，照样由政府搭救，基本上不存在规范的优胜劣汰、存量重组的机制，《破产法》对绝大多数国有企业来说形同一纸空文。也正是与行政隶属关系控制体系紧密相联，国营（国有）企业的行政级别，始终是对企业行为十分重大的影响因素，其厂长经理，总是作为行政系统"官本位"阶梯中某个台阶（级别）上的一员，这一身份与市场经济要求他们扮演的企业家身份，在不断地发生冲突。因为这两种身份必然要接受不同的信号导向，追求不同的目标，前者为行政系统的信号和官阶升迁的目标，而后者为市场的信号和企业长远赢利的目标。结果必然是形成企业的所谓"双重依赖"问题，而且在前述体制环境中，国有企业厂长经理对于上级行政主管的依赖（或跟从），必然是更为主导性的和"荣辱攸关"的。于是，企业自主经营仍步履维艰，大量的行政性直接控制或变相的行政性控制，以及各种老的、新的"大锅饭"，难以有效消除。

（二）强化地方封锁、地区分割的"诸侯经济"倾向，客观上助长了低水平重复建设和投资膨胀

"分灶吃饭"财政体制与过去的"总额分成"体制相比，固然提高了地方政府理财的积极性，但这种积极性在增加本级收入动机和扭曲的市场价格信号的导向下，必然倾向于多办"自己的企业"，多搞那些生产高税产品和预期价高利大产品的项目。因而地方政府热衷于大上基建项目，兴办一般赢利性项目，特别是加工工业项目，不惜大搞低水平的重复建厂，不顾规模经济效益和技术更新换代的要求，并且对本地生产的优质原料向其他地区实行封锁，对"自己的企业"生产的质次价高产品强行在本地安排销售和阻止其他地区的优质产品进入本地市场。国家对烟、酒等产品规定高税率，本来是要达到限制其生产、消费的"寓禁于征"的政策意图，但在这种体制下，高税率却成了地方政府多办小烟厂、小酒厂以增加本级收入的刺激因素，发生了明显的"逆调节"。遍地开花的"小纺织""小轧钢""小汽车（装配）"等项目均与体制因素有关。收入上交比重较高的地区，地方政府还有明显的"藏富于企业"的倾向，即对组织财政收入不积极，有意让企业多留利之后，再通过收费摊派等手段满足本级财力需要。尽管这些低

第三章　回顾：中国改革开放后财税改革重要进展与现存问题分析

水平重复建设、地区封锁、市场分割的做法，从每一个局部的角度，都可以举出一系列"正当理由"，但从全局看，它们却构成了推动投资膨胀、加剧结构失调的因素，对构建统一市场、提高整体效益、促进企业公平竞争和国民经济协调发展，产生了不利影响，并阻碍地方政府职能从注重投资于一般赢利性的企业，向注重基础设施、公共服务和发展第三产业的方面转变。

（三）中央和地方的关系仍缺乏规范性和稳定性

各级财政支配的财力在极大程度上取决于地方上交、中央补助或共享分成的比例和基数的高低，而这些比例和基数的核定又缺乏充分的客观性，难以避免种种"讨价还价"因素。各地都倾向于增加支出基数，压缩收入基数，提高分成比例。同时，预算支出虽"分级包干"，但在许多具体事项上并不能划清范围，结果"包而不干"，最后矛盾集中反映为中央财政"打破了统收，却实际并未打破统支"的困难局面；中央日子过不去，又反过来向地方财政寻求财力，"分灶"之后中央向地方借钱、调整基数和让地方"做贡献"的做法屡屡发生。

（四）国家财力分散，"两个比重"过低；地方缺少必要的设税权和稳定财源，中央缺乏必要的宏观调控主动权

由于在体制上不能保证政府财力必要的集中程度和中央与地方间合理、稳定的分配关系，一方面，在各行其是的减税让利超过合理数量界限的情况下，财政收入（不包括内外债）占国内生产总值的比重由1979年的28.4%滑落到1993年的12.6%；另一方面，随着地方分权，中央财政收入占全国财政收入的比重由 1979 年的 46.8% 下降为 1993 年的 31.6%。就财力分配关系而言，地方、中央各有突出问题：地方政府财权虽比改革前有所扩大，却没有从本地实际出发建立、健全地方税种的权力——在中国这样一个地区差异十分显著的大国，地方无设税权，不利于因地制宜地筹措财力和形成地方性的稳定财源。与此同时，就总体而言，中央财政本级组织的收入不能满足本级支出的需要，因而必须依靠地方财政上交的收入来平衡中央级收支。这种情况在世界各国是极罕见的，在很大程度上促成了中央政府调控能力的弱化和中央财政的被动局面，宏观政策意图的贯彻难以得到充分的财力保障。

总而言之，"分灶吃饭"代表的财力分配的"行政性分权"，还没有能够跳出传统体制把企业禁锢于"条块分割"行政隶属关系之中的形式，因而难以适应社会主义市场经济发展的客观要求。如果仅仅停留于这种体制，则将使深化改革遇到无法逾越的阻碍，所以必须跳出行政性分权思路，寻求实质性推进改革的新方向。

三、1994 年之后的攻坚克难

邓小平"南方谈话"之后，中共十四大确立了建立社会主义市场经济体制的总目标。为了适应社会主义市场经济建设发展的需要，在借鉴市场经济国家成功经验并充分考虑国情的基础上，我国于 1994 年进行了分税制财政体制改革。分税制财政体制改革突破了在"行政性分权"框架下"让利－放权"的传统改革思路，向构建市场经济条件下"经济性分权"的财政运行机制迈出了关

第三章 回顾：中国改革开放后财税改革重要进展与现存问题分析

键的一步，实际上拉开了制度化推进宏观间接调控而取代直接调控的大幕，也是中华人民共和国成立以来政府间财政关系方面涉及范围最广、调整力度最大、影响最为深远的重大制度创新，具有中国财税改革里程碑的历史意义。

（一）分税制改革开启经济性分权新阶段

1994年分税制改革实施前，已有近十年有关这一改革思路的研讨，并有部分地区以此为取向的试点。

1. 分税制财政体制的试点

由于1980年后"分灶吃饭"框架下屡做调整的财政体制在发挥其调动地方积极性等作用的同时，存在的缺陷也日趋明显，因此随着经济体制改革的深化，需要进一步改进。

早在20世纪80年代中期，在包干体制的改革与调整过程中，关于分税制改革的理论与政策探讨已开始进行。经过多年研讨，分税制财政体制终于提上了改革的日程。1990年3月第七届全国人民代表大会第三次会议上的政府工作报告中指出：在财政体制方面，在继续实行财政包干体制的情况下，区别不同地区和不同情况，积极进行分税制的试点改革。

财政部从1990年开始提出了分税制财政体制改革试点方案。1992年选择天津市、辽宁省、沈阳市、大连市、浙江省、武汉市、重庆市、青岛市、新疆维吾尔自治区等9个地方进行分税制试点。基本内容如下：

（1）明确划分中央和地方的财政收支。在财政收支范围的划分上，基本按照第二步利改税后实行的财政体制框架，但在固定收入和共享收入的内容上增加了税收成分，将各种收入划分为中央财政固定收入[①]、地方财政固定收入、中央和地方共享收入[②]；支出划分为中央财政支出、地方财政支出，其范围与财政包干体制一样，未作任何调整。

（2）确定补助或上交。试点地方的收支基数，以1989年的决算数为基础，进行必要的因素调整后加以确定。按照上述划定的收支范围进行计算，凡地方财政固定收入加上共享收入大于地方财政支出基数的部分，一律按5%的比例递增包干上交；凡地方财政固定收入加上共享收入小于地方财政支出基数的部分，由中央财政给予定额补助；对少数民族地区给予适当照顾。

（3）原来实行固定比例分成的收入及专项收入继续执行不变。中央和地方按固定比例分成的收入，包括能源交通重点建设基金、国家预算调节基金、耕地占用税、城镇土地使用税、保险公司上交收入，以及列收列支的专款收入（包括征收排污收入、征收城市水资源费收入、电力建设资金、社会保险基金、下放港口以港养港收入和教育费附加收入等），不列入"分税制"体制范围，仍按现行办法执行。外贸企业出口退税由中央和地方共同负担，其中中央财政负担80%，地方财政负担20%。卷烟和酒的产品税分成办法，由环比增长分成办法改为定比增长分成办法，增长分成

[①] 改变原来石油部、电力部、石化总公司、有色金属总公司所属企业产品税、增值税、营业税70%部分作为中央财政固定收入的办法，将其并入一般产品税、增值税、营业税中，实行新的中央和地方分成办法。
[②] 共享比例分为两档，少数民族地区实行中央和地方"二八"共享，其他地区一律实行"五五"共享。

比例不变。定比的基数按 1991 年实际征收额来核定。

虽然分税制体制仅在少数省、市、自治区试点，但是其意义是重大而深远的，为 1994 年正式实施的分税制改革积累了经验。

2. 选择分税制作为改革方向的基本原理

从整体配套的角度考虑财政体制改革的方向，应是使财政体制的目标模式适应社会主义市场经济的总体规定性，具备如下几方面的体制功能：

第一，有效地维护企业的商品生产经营者、法人主体地位和企业之间开展公平竞争的外部环境，贯彻国家宏观经济调控权、国有财产收益权和国有企业经营权实行分离的原则，从而一方面使企业得到自主经营、发挥活力的广阔天地，另一方面使国家掌握必要的宏观调控能力和应有的国有资产权益。

第二，正确地体现政府职能和正确地处理中央与地方间及不同区域间的利益分配关系，建立起稳定的财权与事权相顺应、财力与事权相匹配、分级运行而又统一协调的财政体系，从而使各级政府合理而有效地履行自身职责。

第三，有力地推动社会主义市场经济中财政资金的筹集、使用过程进入"生财有道、聚财有度、用财有方"的轨道，充分调动各方面的积极性和充分发挥资金的效益，从而通过初次分配和再分配中国家财力"取"与"予"的良性循环，卓有成效地为国民经济的良性循环、社会各项事业和公共服务的蓬勃发展服务。

符合上述要求的财政体制形式，是以分税制为基础的分级财政。

所谓分税制，其真正的含义在于作为财政收入来源的各个税种，原则上要分别划定为国税或地方税（不排除必要的共享税安排），企业均按照法律规定，既向中央政府交纳国税，又向地方政府交纳地方税。在这一格局中，各级政府可以主要根据以本级税收为主的收入，相应安排其支出，相对独立地组织本级预算平衡，做到"一级政权，一级事权，一级财权，一级税基，一级预算"。同时，中央和省级应保持必要的自上而下对转移支付的调控能力。

以分税制为基础的分级财政体制的关键内容和特点在于：一方面,它可以有效地淡化过去实行的各级政府对企业的"条块分割"式的行政隶属关系控制，企业将不再把税款只交给作为自己行政主管的特定一级政府（再由地方政府与中央政府分成），而是依法把不同的税交给不同的各级政府，从而有助于消除政府对"自己的企业"的过多干预和过多关照，促使各企业自主经营，站在"一条起跑线"上充分地展开公平竞争；另一方面，它可以清晰地划开中央、地方间的财源和财政收入，稳定地规范各级政府间的财力分配关系，在发挥中央、地方"两个积极性"的基础上形成各级预算各行其道的真正的分级财政。为更为具体地描述以分税制为基础的分级财政体制，现列举这一体制的要点如下：

（1）不再按照企业的行政隶属关系，而是按照税种划分中央财政和地方财政各自的收入，企业不分大小，不论级别，不看经济性质，不讲隶属关系，依法向中央、地方政府分别纳税，自主经营，公平竞争。法人税收与自然人（公民、居民）税收都合理纳入多税种、多环节征收的复合税制安排。

(2)中央、地方政府通过财政对经济实行的分级调控管理,将主要运用税收、债券、贴息等经济手段和调整企业外部条件的措施。同时,健全国有资产管理体系,按产权规范,以适当方式(如授权委托)管理、运营企业中的国有资产(资本),进而在宏观经济运行全局中,以财政、货币两大政策为主实行间接调控。

(3)在中央、地方间划分税种的同时,各级政府要调整和明确各自的事权,重新核定各级财政支出范围。与保证中央集中财力和实现全国性的经济调节关系密切的税种,应划为中央收入;与地方政府合理职能内洽、有利于地方发挥征管优势、宜由地方掌握的税种,应划为地方收入。除中央政府要承担一些大型、长周期、跨地区的重点建设项目的投资外,大量的一般营性利项目,应交给企业和企业联合体去办,地方财政则基本上不再承担营利项目的直接投资任务,而把支出重点放在基础设施、公用事业、公共服务配套条件等方面。

(4)中央财政承担调节地区间差异的责任,主要方式是通过自上而下的转移支付实行对地方政府的财力补助。各地具体补助数额的确定方法,要改传统的基数法为比较客观、严密的因素计分法。

(5)在各种配套条件基本到位之后,应形成大宗、稳定收入来源的地方税体系,并使地方政府具有一定的税种选择权、税率调整权,乃至从本地实际出发设立、开征某些地方税种的权力,因地制宜地为地区非营利设施建设和各项公共服务、事业发展提供必要的资金来源。

(6) 以上述几方面为基础，中央财政与地方财政间形成相对独立、自求平衡的中央预算和地方预算。中央预算中要掌握足够的转移支付资金。各级财政都要以法律形式强化其内部、外部的制度约束和责任约束。

总之，以分税制为基础的分级财政体制，可以三位一体地处理好国家（政府）与企业、中央与地方、公权体系与公民三大基本经济关系，适应社会主义市场经济发展的内在要求，所以它是深化财政体制改革的大方向，应成为财政改革与中长期整体改革相配套的轴心。

3. 1994年分税制财政体制改革出台过程概况

1993年4月22日，中共中央政治局常委会在专门听取财政部和国家税务局关于财税体制改革的汇报后指出：现在这种包干体制是一种不适应市场经济的落后体制，没有哪一个国家是这样搞的，财税体制已经到了非改不可的地步。4月28日，中共中央政治局常委会正式批准了税制改革的基本思路。当年11月，中共十四届三中全会《中共中央关于建立社会主义市场经济体制若干问题的决定》正式提出了分税制改革的内容。据此，国务院出台《关于实行分税制财政管理体制的决定》，决定从1994年1月1日起改革地方财政包干体制，对各省、自治区、直辖市及计划单列市实行分税制财政管理体制。

4. 分税制财政体制改革的主要内容

1994年开始实行的分税制财政管理体制，一方面是新中国成立以来涉及范围最广、调整力度最大、影响最为深远的一次财政体制改革，另一方面又由于多种制约因素的存在，是按照"存

第三章 回顾：中国改革开放后财税改革重要进展与现存问题分析

量不动、增量调整，逐步提高中央的宏观调控能力，建立合理的财政分配机制"原则设计的极其重视方案可行性的改革。在原包干体制确定的地方上交和中央补助基本不变、不触动地方既得利益的情况下，结合税制改革，对财政收入增量分配进行了重大改造。当时确定分税制财政体制改革的指导思想包括四个方面：

一是正确处理中央与地方的分配关系，调动两个积极性，促进国家财政收入的合理增长。既考虑地方利益，调动地方发展经济、增收节支的积极性，又逐步提高中央财政收入的比重，适当增加中央财力，提高中央政府的宏观调控能力。二是合理调节地区之间的财力分配。这既有利于经济发达地区继续保持较快的发展势头，又通过中央财政对地方的税收返还和转移支付制度，扶持经济不发达地区的发展和老工业基地的改造。三是坚持统一领导与分级管理相结合的原则。中央税、共享税及地方税的立法权都集中在中央。税收实行分级征管，税务机构分设，中央税和共享税由中央税务机构负责征收，地方税由地方税务机构负责征收。四是坚持整体设计与逐步推进相结合的原则，先把主要税种划分好，其他收入的划分逐步规范。

根据上述指导思想，1994年分税制改革的基本内容如下：

（1）支出划分

基本原则是：中央财政主要承担国家安全、外交和中央国家机关运转所需的经费，调整国民经济结构、协调地区发展、实施宏观调控所必需的支出及由中央直接管理的事业发展支出。地方财政主要承担本地区政权机关运转所需支出及本地区经济、事业发展所需支出。按照划分方案，中央财政支出主要有 13 个方面，地方财政支出也主要有 13 个方面，各自的支出范围如表 3-2 所示：

表 3-2　1994 年中央与地方支出划分表

中央财政支出	地方财政支出
国防费	地方行政管理费
武警经费	公检法支出
外交和援外支出	部分武警经费
中央级行政管理费	民兵事业费
中央统管的基本建设投资	地方统筹的基本建设投资
中央直属企业技改和新产品试制费	地方企业技改和新产品试制费
地质勘探费	支农支出
由中央财政安排的支农支出	城市维护建设支出
国内外债务的还本付息支出	地方文化支出
中央本级负担的公检法支出	地方教育支出
中央本级负担的文化支出	地方卫生科技支出
中央本级负担的教育支出	价格补贴支出
中央本级负担的卫生科技支出	其他支出

资料来源：《国务院关于实行分税制财政管理体制的决定》，载《中国财政年鉴》第 63 页，中国财政杂志社，1994 年。

（2）收入划分

原则是将维护国家权益、实施宏观调控所必需的税种划为中央税；将同经济发展直接相关的主要税种划为中央与地方共享税；将适合地方征管的税种划为地方税，并充实地方税税种，增加地方税收收入。按照划分方案，中央财政固定税收有 8 种，地方财政固定税收有 18 种，中央与地方共享税收有 3 种。具体税种如表 3-3 所示：

第三章 回顾：中国改革开放后财税改革重要进展与现存问题分析

表 3-3 1994 年中央与地方税收划分表

中央固定税收	地方固定税收	中央与地方共享税收
1. 关税 2. 海关代征的消费税和增值税 3. 消费税 4. 中央企业所得税 5. 地方银行和外资银行及非银行金融企业所得税 6. 铁道部门、各银行总行、各保险公司等集中交纳的营业税、所得税、利润和城市维护建设税 7. 中央企业上交的利润 8. 外贸企业的出口退税	1. 营业税（不含铁道部门、各银行总行、各保险公司集中交纳的营业税） 2. 地方企业所得税（不含地方银行和外资银行及非银行金融企业的所得税） 3. 地方企业上交利润 4. 个人所得税 5. 城镇土地使用税 6. 固定资产投资方向调节税 7. 城市维护建设税（不含铁道部门、各银行总行、各保险总公司集中交纳的部分） 8. 房产税 9. 车船使用税 10. 印花税 11. 屠宰税 12. 农牧业税 13. 农业特产税 14. 耕地占用税 15. 契税 16. 遗产和赠予税 17. 土地增值税 18. 国有土地有偿使用收入	1. 增值税 　中央分享 75% 　地方分享 25% 2. 资源税 　海洋石油资源税归中央，此外资源税归地方 3. 证券交易税 　中央分享 50% 　地方分享 50%

资料来源：《国务院关于实行分税制财政管理体制的决定》，载《中国财政年鉴》第 63 页，中国财政杂志社，1994 年。

（3）税收返还制度

为了尽量减少对地方财力的影响，调动地方政府的积极性，分税制改革制定了税收返还办法,即以 1993 年为基期年,按分税后地方净上交中央的收入数额,作为中央对地方的税收返还基数,基数部分全额返还地方。国务院还决定,不仅税收返还基数全额返还地方,1994 年以后还要给予一定的增长。具体办法是:从 1994 年开始,税收返还与消费税和增值税(75% 部分)的增长挂钩,每年递增返还。关于税收返还的比率,国务院国发〔1993〕85 号文件规定,按当年全国增值税和消费税平均增长率的 1：0.3 系数确定。1994 年 8 月,根据各方面的意见和要求,为了更充分地调动各地区组织中央收入的积极性,将税收返还的增长率改为按各地区分别缴入中央金库的"两税"增长率的 1：0.3 系数确定,即各地区"两税"每增长 1%,中央财政对该地区的税收返还增长 0.3%。

(4) 税制改革

1994 年税制改革主要包括三个方面的内容:一是建立以增值税为主体、消费税和营业税为补充的流转税制度。取消对外商投资企业征收的工商统一税。在商品的生产、批发零售和进口环节全面征收增值税,并选择少数最终消费品在征收增值税的基础上再征收消费税。对不实行增值税的劳务和第三产业征收营业税。二是改革和完善所得税制。统一内资企业所得税,实行 33% 的比例税率,对部分盈利水平较低的企业在一段时间内增设 27% 和 18% 两档照顾税率。取消国有企业调节税、能源交通重点建设基金、预算调节基金和企业承包办法。将个人所得税、个人收入调节税和城乡个体工商业户所得税合并,建立统一的个人所得税制。三是改革和完善其他税种,扩大资源税征收范围,开征证券交易税等。

取消集市交易税、奖金税等。将燃油特别税并入消费税，盐税并入资源税。

（5）税务机构分设

1993年以前，我国只有一套税务征收机构，中央税收主要依靠地方税务机构代为征收。考虑到在中央、地方财政体制按分税制实行重大改革后，原办法容易造成收入征管职责和权限划分不清，既不利于保障中央财政收入，也不利于调动地方组织收入的积极性，会带来改革的风险，因此分税制财政体制规定，与收入划分办法相配套，建立中央和地方两套税务机构分别征税，国家税务局和海关系统负责征收中央级固定收入和中央地方共享收入，包括消费税、铁道营业税、各银行总行和保险总公司营业税、海洋石油资源税、关税、海关代征消费税和增值税、地方和外资银行及非银行金融企业所得税、中央企业利润、增值税、证券交易税、中央企业所得税等其他各项中央预算固定收入；地方税务局负责征收地方级固定收入，包括营业税（除中央的营业税外）、资源税（除海洋石油资源税）、地方企业所得税、地方企业利润、地方其他各项税收等其他地方固定收入。

（6）解决原体制遗留问题

1994年实行分税制后，原包干体制的地方上交和补助办法基本不变，即原实行递增上交的地区，仍按原规定办法继续递增上交；原实行定额上交的地区，仍按原确定数额继续定额上交；原实行总额分成的地区和原分税制试点地区，改为一律实行递增上交，即以1993年实际上交数为基数，从1994年起按4%的递增率递增上交。后来为了进一步规范分税制体制，1995年对上述办法进行了调整，规定从1995年起，凡实行递增上交的地区，一律取消递增上交，改为按各地区1994年实际上交额实行定额上交。

（7）经济特区与开发区财政管理体制

改革开放后，为利用部分地区经济发展的优势，迅速提升国力，国家对经济特区等各类经济区域制定了一系列财税优惠政策，对促进对外经济贸易往来、吸引外来资金、发展高新技术、带动内地经济发展起到了积极作用。分税制财政体制改革充分考虑了经济特区和开发区的特点，对经济特区和开发区实行了一定时期的特殊财政体制。

（二）分税制财政体制的进一步完善

1994年分税制财政管理体制改革，根据市场经济的一般规则，将税种统一为中央税、地方税和中央与地方共享税，初步确定了省级政府为代表的中央与地方的分税框架。以极大的改革决心魄力和可行方案设计智慧推出的这一改革，取得了成功，既从市场经济基础层面提供了在公平竞争中真正搞活企业的新制度环境，又前所未有地消除了中央、地方间财力分配关系上的"体制周期"，形成较稳定、规范的政府之间"非讨价还价"式财政关系框架。其正面效应在其后的经济社会发展和财政状况向好等方面，有显著的表现。但由于多种主客观原因，1994年新体制仍有较浓重的过渡色彩，随着经济环境变化，在稳定分税制财政管理体制基本框架的基础上，其后又酌情对分税制及相关的转移支付制度等采取了一系列健全、调整和完善措施。

第三章 回顾：中国改革开放后财税改革重要进展与现存问题分析

1. 财政转移支付制度的建立和完善

政府间的财政转移支付制度是财政管理体制的重要组成部分。在按照社会主义市场经济客观要求建立和实行分税制财政体制的过程中，以科学、规范为取向建立健全转移支付制度并不断对其加以改进，促进了财政体制的动态优化和国家各项宏观经济政策的贯彻落实，有力推动了经济社会持续健康快速发展。

作为分税制改革的配套措施，1995年开始实施以"因素计分法"为技术路线的过渡期转移支付。随着经济社会形势的发展变化，结合分税制财政体制改革的逐步深入，中央财政不断改进完善对地方的财政转移支付制度。2002年我国实施所得税收入分享改革后，建立了转移支付、资金稳定增长机制，过渡期转移支付改称为"一般性转移支付"。中央对地方的转移支付主要分为两类：一是财力性转移支付，主要目标是增强财力薄弱地区地方政府的财力，促进基本公共服务均等化；二是专项转移支付，即中央政府对地方政府承担中央委托事务、中央地方共同事务及符合中央政策导向事务进行的补助。享受拨款的地方政府需要按照规定用途使用资金，实行专款专用。专项转移支付包括一般预算专项拨款、国债补助等。2009年，为了规范转移支付制度，原来的"财力性转移支付"改为"一般性转移支付"，其中又细分为多项内容。

2. 证券交易印花税、金融保险营业税分享办法调整

（1）调整证券交易印花税的中央与地方分享比例

实行分税制初期，证券交易印花税由中央与地方（上海市和深圳市）各分享50%。随着证券交易市场的发展，证券交易规模不断扩大，证券交易印花税大幅增长。为在妥善处理中央与地方的财政分配关系中增强中央的宏观调控能力，国务院决定自1997年1月1日起，将证券交易印花税收入的分享比例调整为中央80%，地方20%。后因证券交易印花税税率由原来对买卖双方各征收3‰调高到5‰，调高税率增加的收入全部作为中央收入，因此，中央与地方证券交易印花税分享比例折算为中央88%，地方12%。2000年国务院再次决定，从当年起分三年将证券交易印花税分享比例逐步调整到中央97%，地方3%。中央由此增加的收入主要用于支持西部贫困地区发展，并作为补充社会保障资金的一个来源。

（2）调整金融保险营业税收入划分

为了发挥税收的调控作用，进一步理顺国家与金融、保险企业之间的分配关系，促进金融保险企业间平等竞争，保证国家财政收入，国务院决定从1997年1月1日起，将金融保险营业税税率由5%提高到8%。提高营业税税率后，除各银行总行、保险总公司缴纳的营业税仍全部归中央收入外，其余金融、保险企业缴纳的营业税，按5%税率征收的部分，归地方财政，提高3个百分点征收的部分，归中央财政。为了支持金融保险行业的改革，从2001年起，国务院决定将金融保险业营业税税率每年下调1个百分点，分三年将金融保险业的营业税税率降至5%，中央分享部分也随之取消。

3. 改革出口退税负担机制

从1985年开始实行出口退税政策以来，中国的出口退税负担机制经历了多次变革。1985—1988年，中央外贸企业、工贸企业的退税由中央财政负担，而地方外贸企业、工贸企业的退税则由地方财政负担。从1988年开始，所有出口退税改由中央财政负担。

第三章 回顾：中国改革开放后财税改革重要进展与现存问题分析

1991年之后，地方财政又负担了地方外贸企业10%的出口退税。1993年地方财政的负担比例提高至20%。1994年分税制改革时，出口退税改由中央全部负担，并规定地方负担部分以1993年为基数专项上交，以后年度按此定额结算。

1998年实施积极财政政策后，由于提高出口退税率支持外贸出口的措施，导致出口退税额持续高速增长，且这一数字远远高于国内增值税收入额增长。尽管中央出口退税预算指标一再增加，但出口退税应退数和实退数仍存在差距，使得欠退税情况越来越严重。在这一背景下，经国务院批准，2004年1月1日起调整出口退税机制。一是适当降低出口退税率，本着"适度、稳妥、可行"的原则，区别不同产品调整退税率。二是加大中央财政对出口退税的支持力度。从2003年起，中央进口环节增值税、消费税收入增量首先用于出口退税。三是建立中央和地方共同负担出口退税的新机制。从2004年起，以2003年出口退税实退指标为基数，对超基数部分的应退税额，由中央和地方按75∶25的比例共同负担。四是推进外贸体制改革，调整出口产品结构。2005年进一步完善出口退税负担机制，其主要内容是：在维持2004年经国务院批准核定的各地出口退税基数不变的基础上，对超基数部分，从2005年1月1日起，中央、地方按照92.5∶7.5的比例负担；各省（自治区、直辖市）根据本地实际情况，自行制定省以下出口退税分担办法，但不得将出口退税负担分解到乡镇和企业，不得采取限制外购产品出口等干预外贸正常发展的措施；对所属市县出口退税负担不均衡等问题，由省级财政负担统筹解决；出口退税改由中央统一退库，地方部分年终专项上交。

2008年全球金融危机爆发。为稳定外贸出口，2008年8月起至2009年，国家重新对机电、劳动密集型、高新技术等产品的退税率作提高处理。2010年以后，出口退税政策以"有保有压"作为政策调整的指导思想，以引导为主，对"三高"即高耗能、高污染、资源消耗高的企业的出口采取政策性遏制，以"附加值高、技术含量高"的产品逐渐替代"附加值低、技术含量低"的产品，以此对企业的生产投资方向进行政策性调整，以求规避无效投资，避免出现产能过剩现象。随着"营改增"改革和试点范围的扩大，税务总局下发了《适用增值税零税率应税服务退税管理办法》，将跨境应税服务也纳入出口退税的覆盖范围，使我国相关企业在国际市场上的竞争力得到显著提高，为现代服务业的深入发展和调整出口贸易结构，特别是对促进服务贸易出口有很大的促进作用。

4. 实施所得税收入分享改革

（1）所得税收入分享改革的背景

企业所得税的前身是国营企业所得税。1983年财政部发布《关于对国营企业征收所得税的暂行规定》，对有盈利的国营大中型企业（包括金融、保险组织）均根据实现的利润按55%的税率征收所得税。对国营小型企业，根据实现利润按八级超额累进税率征收所得税。1984年9月，国务院发布《中华人民共和国国营企业所得税条例（草案）》，规定对盈利的国营大中型企业按照55%的固定比例税率计算缴纳所得税后，按照核定的调节税税率，计算缴纳调节税；对盈利的国营小型企业，按新的八级超额累进税率计算缴纳所得税后，一般由企业自负盈亏，国家不再拨款，税后利润较多的企业，国家可收取一定数额的承包费。其后所得税税

第三章 回顾：中国改革开放后财税改革重要进展与现存问题分析

率不断降低，1989年从55%减到35%，1991年又由35%降低到33%。1993年12月13日，我国开始实行统一的内资企业所得税，国有企业不再执行承包上缴所得税办法，取消了所得税税前还贷款的规定等。1994年实行分税制财政体制时，由于当时条件限制，所得税仍按企业产权隶属关系划分，即中央企业所得税作为中央固定收入，地方企业所得税作为地方固定收入。对此，有关部门的解释是当时政企分开正处于探索阶段，政府机构改革尚未进行，企业与主管部门利益关系密切，不按隶属关系划分所得税的改革阻力较大；加之1993年"两则"（企业财务通则、会计准则）才运行了半年，基数计算有一定困难，因此，暂维持原有的企业所得税划分格局。

1994年之后，按照企业隶属关系划分所得税的弊端日益显现，主要表现在：①延续了政府干预，不利于深化企业改革。按企业行政隶属关系划分企业所得税，政府往往从自身利益出发，对隶属关系不同的企业区别对待，强化政府对企业经营活动的直接干预和企业对政府的行政依附，不利于现代企业制度的建立和企业间的公平竞争，以及阻碍企业跨隶属关系、跨部门、跨地区的兼并重组。②存在收入混库问题，不利于征收管理。随着投资主体多元化，合资、合作、联营和相互参股等企业形式日渐增多，企业产权的隶属关系经常变化，难以准确界定，容易引起缴库混乱，不利于税收征管。此外，收入分布不均衡、地区间财力差距不断扩大也是倒逼企业所得税分享改革的一个非常重要的原因。针对这些问题，国务院决定从2002年1月1日起实施所得税收入分享改革，将按企业隶属关系等划分中央与地方所得税收入的办法，改为中央与地方按统一比例分享。

（2）所得税收入分享改革的指导思想和主要内容

所得税收入分享改革的指导思想，是根据社会主义市场经济发展的客观要求，并借鉴国际通行做法和经验，在保持分税制财政体制基本稳定的前提下，进一步规范中央与地方的财政分配关系，为企业改革发展和公平竞争创造良好环境，促进地区之间协调发展和经济结构合理调整和维护社会稳定，促进共同富裕。

所得税收入分享改革的主要内容包括：①除铁路运输、国家邮政、中国工商银行、中国农业银行、中国银行、中国建设银行、国家开发银行、中国农业发展银行、中国进出口银行及海洋石油天然气企业外，其他企业所得税和个人所得税收入实行中央与地方按统一比例分享。②中央保证各地区2001年地方实际所得税收入基数，实施增量分成。2002年所得税收入，中央与地方各分享50%；2003年中央分享60%、地方分享40%，2003年以后年度，根据实际情况确定中央和地方的分享比例。③中央因改革所得税收入分享办法增加的收入，全部用于对地方主要是中西部地区的一般性转移支付。④为了保证所得税收入分享改革的顺利实施，妥善处理地区间利益分配关系，跨地区经营企业集中缴纳的所得税中地方分享部分，按分公司（子公司）所在地的企业经营收入、职工人数和资产总额三个因素在相关地区间分配，其权重分别为0.35、0.35和0.3。

（三）公共财政框架的建立与完善

1. 提出公共财政的背景

中国"公共财政"的概念是在经济、社会转轨中就财政转

第三章　回顾：中国改革开放后财税改革重要进展与现存问题分析

型而提出的。在传统经济体制向社会主义市场经济体制的转变过程中，客观地需要形成一个财政职能和财政形态调整的基本导向——在经过十余年的探索之后，这个导向被概括为公共财政的导向，于1998年由财政部门的领导同志和国务院领导同志明确提出。其后，关于建立公共财政框架的要求，写入了中共中央全会的文件和国家发展计划文件。从原来的供给型财政、生产建设型财政、转轨过程中探索的"振兴财政"，一步一步转变而提出来的公共财政，是适应时代要求、能够与新时期社会主义市场经济新体制和总体经济社会发展要求相适应、相匹配的财政形态。

2. 公共财政的基本特征

公共财政的表述，顾名思义，其关键的内在导向是强调财政的公共性，由此，公共财政所应具备的基本特征，至少应体现在如下四个方面：

第一，要以满足社会公共需要作为财政分配的主要目标和工作重心。这方面的核心问题，是怎样正确处理公共性和阶级性的关系。简言之，20世纪80年代改革开放之后，中国所发生的历史性转变的基点，就是如实承认我们必须以经济建设为中心而绝不能"以阶级斗争为纲"，后又进一步提升到科学发展观，即由经济建设为中心、发展是硬道理这样一种正确认识，再进一步提升到经济、社会、自然全面协调的科学发展是硬道理的提法。这个大思路、大方向，决定着我们整个国家的命运，也必然要求我们摒弃阶级斗争思维，理直气壮地以财政分配去追求社会和谐、全面小康、共同富裕。列宁曾经指出：建立社会主义政权以后，国家在一定意义上演变为准国家、半国家——也就是进入所谓国家消亡过程。现在看来，虽然这将是一个漫长的历史过程，但社会生活中阶级性的内容的确已经和正在逐渐淡薄，必须抓住主导性的公共需要，强调把满足社会公共需要作为财政体系的主要目标和工作重心。

第二个基本特征是财政应以提供市场不能有效提供的公共产品和公共服务作为满足社会公共需要的基本方式。这个基本特征所内含的实质性问题，是合理把握政府和市场的分工合作关系。市场应是资源配置的基础机制，但它也存在失灵的领域，需要政府相应地干预、调节，其中非常重要的就是要提供那些市场不能有效提供的公共产品和公共服务。只有这样，政府和市场形成合理的相辅相成的分工互补关系，才能有利于生产力的充分解放、资源配置的全面优化与社会总体效益和总体福利的最大化。

第三个基本特征是要以公民权利平等、政治权力制衡为前提的规范的公共选择，作为财政分配（亦即公共资源配置）的决策与监督机制。这个基本特征的实质内容，就是以理财的民主化、法治化，保障决策的科学化以及公共需要满足的最大化。规范的公共选择也是政治文明建设的一个基本路径。公共财政和我们原来没有进入到这个状态的财政相比，以及新旧状态下财政的相关决策机制相比将会有的本质性的改进，可归结为在公共事务民主化和政治文明互动的提升过程中，真正建立一套权力制衡的规范公共选择的制度框架。在中国经济社会急剧转轨，"黄金发展期"和"矛盾凸显期"一并到来的阶段上，各种矛盾错综复杂地交织在一起，需要我们从制度角度积极考虑怎样运用政治文明发展方向上的制度空间，缓解矛盾，处理好公共事务，尽量全面地体现公众意愿，争取相对顺利而避免以比较大的社会代价来完成现代化过程。

第四个基本特征是公共财政在管理运行上要以现代意义的具有公开性、透明度、完整性、事前确定、严格执行的预算作为基本管理制度。这里的"公开性"仍和公共财政表述有直接的呼应，以其为逻辑开端、具备完整性与规范性的现代意义的预算，将成为公共财政所有理念、原则、目标和制度要素的实现载体。这个特征的实质内容，是以力求周密、完善的理财制度，防范公共权力的扭曲，规范政府行为，贯彻公众意愿和追求公众利益最大化。

3. 构建和发展公共财政框架的主导因素

第一，在政府和财政的基本职能中收缩生产建设职能。

按照公共财政发展的要求，在政府和财政的基本职能中，需要继续收缩生产建设职能。从长期目标看，地方政府和财政应该逐步退出一般竞争性的投资领域，中央政府则可有限介入竞争性领域，即一些长周期、跨地区、特大型的对于生产力布局优化、产业结构升级和长远发展有战略性意义的重大项目（如宝钢、三峡工程、京九铁路等）。如果中央政府有限参与，地方政府退出一般竞争性领域以后，财政体制问题中的事权纠葛在最重要、最棘手的"投资权"上就可以基本厘清。在此基础上，可由粗到细逐步形成中央和地方各级较详尽的事权明细单，分清哪些事权由哪级政府独立承担，哪些事权由哪几级政府共同承担及如何共同承担，进而可寻求使公共财政中的财权配置与事权配置较好地呼应、各级财力能够与事权相匹配的制度安排。

第二，合理掌握财政分配顺序和轻重缓急。

财政分配所面临的需要与可能之间的矛盾是永恒的,任何情况下,包括财力充足时,仍需处理轻重缓急、排序、优先保证、"有保有压"等具体问题。在公共财政的框架下合理掌握财政分配顺序,首先应是保证国家机器在效能前提下的正常运转(在转轨过程中要结合精简机构等基本问题逐步解决效能问题),其次排在前面的应是满足公共需要即公共产品和服务的提供,如生态环境保护、国土整治、反周期调控、社会保障体系等(纯粹公共产品的提供又应排在准公共产品之前,因为其需要完全依靠政府财力)。公共产品和服务提供到位了,社会的投资条件、生存环境的水准就能提高,从而反过来促使微观市场主体的活力不断增强,以及经济发展的可持续与社会生活的和谐。然后才是政策倾斜方面和重点建设方面的事项。

第三,逐步形成规范的公共选择机制和体制。

财力分配和政策安排如何把握轻重缓急,做出合理决策,不能只由少数政府官员决定,必须越来越多地依靠法治化的程序、规范的公共选择机制来形成决策方案,提高决策水平,体现法治化、民主化和科学化。这些机制的具体化又必须依托于一个能够与社会主义市场经济通盘模式相契合的体制框架之上,而这个体制只能是以分税制为基础的分级财政体制。

第四,形成理财系统为公众服务的意识和规范。

政府各个部门特别是财政部门、税收部门,要形成理财系统为公众服务的意识和制度规范。意识是从思想教育和观念转变的角度而言,而制度规范则要进一步稳定地落实在一些有约束力的规则和典章之上,并体现在以现代信息技术支撑的"金财工程""金税工程"等的操作和运行上,使整个财税业务管理流程越来越细化,减少非规范因素的干扰。制度规范和为公众服务的意识综合在一起,会使公共权力所应追求的目标被扭曲的可能性越来越少。

第五,转变和创新理财的方式。

在体现产业政策、加强国有资产管理等这些中国的公共财政无法回避的事项的处理上,要寻求一系列新的方式。比如政策倾斜方面要努力发展"四两拨千斤"的政策工具(如税收支出、贴息、信用担保等)以及合理运用政府特许权拉动、引致民间资金的BOT、TOT和参股等方式。另外,要对实行政策倾斜的项目形成严格的专家可行性论证、集体决策制度和有效的多重审计监督体系,把政策倾斜中通过"设租寻租"以徇私的可能性压到最低限度。

第六,形成协调配套的规范化复式预算体系。

形成一个以公共收支预算、国有经营性资本预算、社会保障预算、政府基金预算等复式预算形式(或称为一个预算体系)来协调、配套的公共财政管理体系,即必须以一个系统工程的形式使一般的公共收支、经营性的国有资产(资本)、社会保障收支、政府基金收支等能够相对独立地各行其道,在预算上做出相对独立的反映和管理,同时又在公共财政框架下通过预算体系内部的协调配套相互衔接,统筹协调,以制度形式来实现管理的科学化、精细化,追求和贯彻公共财政的社会公共目标。

4. 公共财政制度建设的管理体制依托和管理改革事项简况

1998年提出在中国建设公共财政框架,是与邓小平1992年南方谈话后确立社会主义市场经济目标模式、1994年顺势推出分税制重大改革一脉相承而来的。市场经济所客观要求的宏观"间接调控"框架，合乎逻辑地引出了我国财政体制从"分灶吃饭（地方包干）"的行政性分权转为分税分级形式的"经济性分权"的里程碑式的改革。1994年建立的分税制框架下，政府企业关系终于跳出了行政隶属关系控制范式，政府不再按照企业的行政隶属关系组织财政收入，而是所有企业不论大小、不分行政级别、不问经济性质（国有或非国有），一律依法向不同层级政府缴纳国税与地方税，一律真正"在一条起跑线上"公平竞争，同时中央与地方之间也不再存在所谓的"体制周期"，形成了前所未有的稳定、规范的"分税制"为基础的分级财政。这个改革成果，成为进一步展开公共财政改革的体制依托。

自1998年提出建立公共财政框架以来，在中国的财政体系内积极推进了一系列改革措施，以求实施公共财政所要求的制度创新和管理创新、技术创新。其主要内容有：

第一，实行部门预算（综合预算）改革。

部门预算的核心要求是各部门在编报预算时，要把其所掌握的所有政府性财力，包括预算内资金和预算外资金，一古脑儿地全部编入，实现和保证预算的完整性。1999年开始着手这一改革，数年间，与社会主义市场经济体制相适应的部门预算框架已基本构成。改革还向纵深拓展，推进了项目预算滚动管理等。部门预算改革使政府预算编制逐步向完整、透明、规范、公平、高效的方向发展，明显改变了我国预算编制方法陈旧，透明度不高，约束力较差的状况，为建设公共财政提供了最首要、最基础的制度保障。

第二，实行单一账户的国库集中收付改革，建立了有利于对

第三章 回顾：中国改革开放后财税改革重要进展与现存问题分析

财政资金实行全程监督、追求高效运作的国库集中收付制度。

2001年8月从中央部门开始实施这一改革，到2008年已全面推行，在所有中央部门及所属1万多个基层预算单位实施；中央级一般预算资金、政府性基金及国有资本经营预算资金全部实行国库集中支付，并将改革逐步扩大到部分中央补助地方的专项转移支付资金；绝大多数中央预算部门在本级推行了公务卡改革试点，进一步规范和减少现金支出。地方层面的这项改革也取得长足进展。

第三，推行"收支两条线"改革。

近年"收支两条线"改革的基本内容，是使公权单位的各项收费和罚没收入等，不再与本单位支出、福利待遇挂钩，而是进入财政专户和归为预算统筹，执收单位的支出另由预算规范地做出安排。在这一改革中，收费基金管理得到规范，到期政府性基金项目得到清理，还在治理教育乱收费、减轻农民负担等方面取得进展。总体上，要将行政事业性收费、政府性基金、国有资源（资产）有偿使用收入、国有资本经营收益、彩票公益金、罚没收入等政府非税收入都纳入"收支两条线"管理范围。

第四，推行以招投标集中采购为代表形式的政府采购制度改革。

我国1999年开始在中央单位部门预算中增加了政府集中采购内容，现已在各级国家机关、事业单位和团体组织中全面推行政府采购制度改革，并在《2005年中央单位政府集中采购目录及标准》中明确了部分政府集中采购项目的适用范围，扩大了部门集中采购项目，增强了可操作性。现行的对政府大宗采购事项采取公开招投标的方式，使政府采购行为得到了与市场机制兼容的约束和优化，提高了资金的使用效率，明显地抑止了腐败行为，提高了调控水平。全国政府采购规模从2000年的328亿元，增加到2008年的5990.9亿元和2010年的约8000亿元，资金节约率达11%左右。

第五，积极深化细化财政转移支付制度改革。

我国财政转移支付制度在1994年"分税制"改革后实现了重大进步，并在其后建设公共财政框架的过程中进一步改进完善。近年来，我国财政转移支付体系不断完善，尤其是财力性转移支付的确立和完善，改变了分税制财政管理体制改革前中央财政与地方财政"一对一"谈判、"讨价还价"的财政管理体制模式，增强了财政管理体制的系统性、合理性，减少了地方补助数额确定过程中的随意性。转移支付规模不断扩大，支持了中西部经济欠发达地区行政运转和社会事业发展，促进了地区间基本公共服务的均等化。同时，以专项转移支付重点支持经济社会发展的薄弱环节，主要用于支农、教科文卫、社会保障等事关民生领域的支出，体现公共财政的要求。

第六，实施与国际通行标准接轨的政府收支分类改革。

2007年1月1日我国实施的政府收支分类改革，使预算收支的分类和科目体系与国际通行标准接轨，也是公共财政体系框架的一项基础建设，其内容包括对政府收入进行统一分类、建立新的政府支出功能分类体系和新型支出经济分类体系等。财政部门将按照新的政府收支科目编制预算。2007年11月，财政部和中国人民银行结合国有资本经营预算改革，对2008年政府收支分类科目进行了调整。此后，根据改革需要，不断对政府收支分类科目进行修订。下一步，将继续深化政府收支分类改革，建立统一规范、各级财政共同执行的政府收支科目体系。

第七，研讨和探索财政绩效评估制度方法和绩效预算的逐步构建。

注重绩效是预算改革深化的必然要求，意在切实提高政府管理效能和财政资金有效性。近年财政部门积极研究制定规范的绩效评价管理办法，力求明确绩效评价的范围、对象和内容，争取初步建立绩效评估体系，逐步将绩效预算的理念和方法引入我国的财政支出管理中。目前中央财政和不少地方都已经选择若干项目开始进行预算绩效评价的试点，在总结各部门预算绩效评价工作经验的基础上，将适当扩大试点范围，尝试将绩效评价的结果与部门预算编制相结合，改变以往预算资金安排中"重分配，轻管理"的现象。

第八，积极实施"金财工程（政府财政管理信息系统）"。

我国财政部门组织实施"金财工程"即"政府财政管理信息系统（GFMIS）"的建设，是旨在建立一个全面反映政府财力，支撑公共财政科学决策的财政管理和财政监督的信息平台，以实现从中央到地方的部门预算编审系统的修改完善、技术支持和应用服务。"金财工程"的规划和实施是财政管理体制改革中的一项重大工程，其全面推广可以使各级财政管理部门提高预算收支管理水平，以客观的、制度性的规范来消除主观的、利益驱动或人为失误带来的制度扭曲和公共资金效益损失，显著提高公共财政运行的绩效。

（四）适应国家治理现代化的财税改革新进展

党的十八届三中全会《决定》提出，全面深化改革的总目标是完善和发展中国特色社会主义制度，推进国家治理体系和治理能力现代化，并在国家治理现代化的核心概念下提出"财政是国家治理的基础和重要支柱"。这既具有严谨的学理支撑，更有重大的现实意义。

1. 新时期财税改革三大方面的进展

2014年6月30日，中共中央政治局会议审议通过的《深化财税体制改革总体方案》重点包括三个方面内容：改进预算管理制度、深化税收制度改革、调整中央和地方政府间财政关系。

（1）预算管理改革

——提高预算的透明度和完整性

预算要进一步提高透明度，而且要保持它的完整性，即十八大所指的"全口径预算"。所有的政府财力统统要进入预算体系，不再承认任何"预算外"的概念。

——形成预算体系，重点支出一般不再作"挂钩"处理

以一般公共收支预算、国有资本经营预算、社会保障预算和基金预算形成预算体系，并明确一个新原则，就是过去"挂钩"处理的一些重点领域的支出安排，今后不再继续。未来重点领域仍然还是重点，但资金的安排将按照更加科学合理的统筹协调方式处理。

——推出跨年度滚动预算

要求编制跨年度中期预算。从2015年开始，中央层级将按3

第三章　回顾：中国改革开放后财税改革重要进展与现存问题分析

年滚动方式编制，地方层级通过部分地区先行先试，最后统一规则。编制和发展完善中期滚动预算，需要以信息系统和预测能力为支持，即积极建立三至五年、引入权责发生制的跨年度预算（可先从中央级和若干地区的三年滚动预算编制入手），以利瞻前顾后，科学统筹协调各年度的财力分配，提升预算运行绩效水平。

——完善转移支付

原则是提高一般性转移支付比重，压缩专项转移支付项目，大力强化和优化中央、省两级自上而下的转移支付，整合专项转移支付并取消"地方资金配套"附带条件，逐步推进财政转移支付的法治化进程。

——加强预算执行管理

要建立科学合理的预算执行进度考核机制，实施预算执行进度的通报制度和监督检查制度，有效控制新增结转结余资金；加大审计监督力度。在国家对地方和部门开展重点督查中，盘活财政存量资金成为重要内容。

——规范地方债务

第一，确定地方政府债务限额，做好限额管理与预算管理的衔接，保障地方政府债务余额不超过法定的"天花板"上限要求。第二，规范预算编制和批复的流程。规定"将一般债务收支纳入一般公共预算管理，将专项债务收支纳入政府性基金预算管理"。第三，严格预算执行，遵守"地方政府举债应当有偿还计划和偿还资金来源，市县级政府确需举借债务的由省级政府代为举借"的规定。第四，非政府债券形式存量债务纳入预算管理。第五，强化监督管理。

——规范税收优惠

按照统一税制、公平税负、促进公平竞争的原则，加强对税收优惠特别是区域税收优惠政策的规范管理。首先，构建一套完整规范的税收优惠政策管理法律体系，清理过多过剩的区域税收优惠。其次，各地方政府需要将国家确定的税收优惠政策贯彻执行，引导"新经济"的健康发展，对科研人员制定相应的优惠政策以鼓励科研人员进行自主创新创业，同时加大对市场化应用科研成果的股权期权、分红奖励的税收优惠政策引导，以及加强税收优惠政策的社会导向功能。

（2）税制改革

——全面推进营改增改革

2016年5月1日，中国全面推开"营改增"改革。其政策效应在于，一是建立起比较完整的规范的消费型增值税制度。将建筑业、房地产业、金融业和生活服务业全部纳入试点范围，同时将不动产纳入范围，既完成了增值税"全面扩围"，也实现了"彻底转型"，从制度上消除重复征税。二是作为实施结构性减税的重要举措，有助于确保积极财政政策更加有效。三是推动现代国家治理体系的建设，使专业化、精细化分工的产业形态得到鼓励后加速发展，制造业也将更专注于主业，不断增强自主创新和科技研发的能力，有利于推动产业结构的转型升级。全面实施营改增，进一步营造了公平竞争的市场环境，将更好发挥市场在资源配置中的决定性作用。

——消费税改革

根据我国经济社会和税制改革的发展趋势，改革消费税的主要思路有：

第一，建立动态调整机制，合理扩大消费税征税范围。

一是对于我国现行消费税中的部分商品，已经逐步从高档消费品转为一般商品或生活必需品的，如中低档化妆品等，应逐步将其排除在征收范围之外。二是根据能耗和环境污染的标准的变化，逐步将更多的高耗能、高污染产品纳入消费税征收范围中。

第二，优化消费税税率结构，合理调整税率水平。

在税率形式上，部分消费品实行从价定率征收，部分实行从量定额征收，还有部分消费品则实行从量定额和从价定率相结合的复合征收，如烟、酒。在税率水平上，首先应当合理降低一部分消费品如普通化妆品等的税率水平。其次，部分商品的税率偏低，如烟、成品油、资源性产品等，可以适度提高其税率水平。最后，应当合理设计新增消费税征税对象的税率水平，其中对于高耗能、高污染产品来说，税率的设计应当起到一定程度上促进节约资源和保护生态环境的作用，同时要考虑社会公众的收入水平和可接受程度等方面的因素；对于高档消费品来说，税率水平的设计可参照已征税奢侈品的税率进行确定；对于娱乐消费行为来说，税率水平需要在娱乐业营业税改征增值税后的增值税税率水平基础上适当增加。

第三，基于征管可行性，逐步调整消费税征收环节。

现行消费税的征收环节主要是生产（委托加工）和进口，只对少数商品在其他环节进行征收。为配合地方税体系建设，对于已经具备在零售环节进行征收条件的商品，可改为在零售环节征收；目前在零售环节征收尚不具备条件的商品，可根据实际情况考虑在批发环节或生产环节征收，随着未来相关外部条件的具备，适时将消费税征收环节后移到零售环节。当然，对于完全不适合在零售环节征收或征管成本过大的商品，仍然应该坚持在生产环节征收。

——资源税改革

在原油、天然气、煤炭等的资源税改革基础上，自2016年7月1日起，实施资源税从价计征改革及水资源税改革试点，要求在扩大资源税征收范围、全面清理涉及矿产资源的收费基金的同时，赋予地方适当的税政管理权。

第一，明确资源税性质，整合相关税种和收费，避免目标定位交叉导致课征对象重叠问题，注重各税、费之间的相互协调关系。第二，将资源税由价内税改为价外税，更有效地引导经济活动主体行为。由于资源性产品需求弹性较小，因此煤炭行业、石油天然气企业和有色金属采选企业均有较强的税负转嫁能力，可以通过价格上涨将部分税负转嫁给下游企业和最终消费者，为使资源税矫正外部成本的作用机制得以实现，应将现行资源税由价内税改为价外税。第三，逐步扩大水资源税试点的覆盖范围。

——环境税"费改税"的立法

2016年12月25日，《中华人民共和国环境保护税法》在十二届全国人大常委会第二十五次会议上获表决通过，于2018年1月1日起施行。

从中国经济发展方式转型的需要来看，环保税在减少环境污染、推进环境保护、推动经济结构调整，乃至国家治理现代化等方面，被寄予厚望，需要根据客观经济社会形势变化不断完善税制要素设计，以更充分地发挥其应有的政策功能作用。

——关于房地产税立法的要求

十八届三中全会明确提出了加快房地产税立法并适时推进改革的要求，与落实"税收法定"原则相呼应。中国需在总结上海、重庆试点及十市"空转模拟评税"试点等经验的基础上，统筹整合、理顺房地产税费制度，将现行的房地产税收和某些合理的房地产方面的行政性收费一并合理化，改变重流转环节税收、轻保有环节税收的做法，将住房开发流转环节的部分税负转移到保有环节，赋予地方政府在税率范围内具体确定适用税率的税政管理权限，提高相关法规、资金、运行机制的透明度，在积极提高立法层次和不排除鼓励必要的先行先试的过程中，实质性推进居民住房保有环节税制改革和房地产相关税制改革。特指的房地产税改革将在"税收法定，立法先行"轨道上，聚焦中国住房保有环节税收调节"从无到有"的制度建设。广义的房地产税改革，则涉及与房地产相关的各类税费的配套改革。

虽然关于房地产税一向存在不同观点的激烈争议，中央加快立法的要求迟迟未能实际贯彻落实，但从走向现代国家需匹配现代税制的大方向来说，完成这一税收立法与税制改革任务是无可回避的制度变革。2018年，全国人大已将房地产税立法明确列入其立法规划。

——个人所得税的法律修订

我国个人所得税法自1980年实施之后，个税免征额仅调整过三次。2011年9月1日是从1600元上调至3500元，但延续了分类征收的个人所得税制，造成不同性质所得及不同收入纳税人之间的差别化税收待遇。这一方面存在横向不公平问题，即收入数量相同但是收入性质不同，从而导致缴纳不同的所得税，另一方面存在纵向不公平问题，即高收入阶层收入来源的多样性，使其无论是应税收入的确认方面还是各项费用扣除方面都能享受到更多的税收优惠，从而降低了高收入阶层个人所得税的应纳税义务。现实生活中高收入群体可以综合采用各种避税方式来规避税收负担，弱化了个人所得税的收入再分配功能。进一步通过修订个人所得税法实施的改革，需力求实现"综合与分类相结合"的改革方案，配之以提高"起征点"、实施专项扣除等制度设计，优化中国个人所得税的调节功能（2018年，个税修法改革终于在这个大方向上迈出了新一轮步伐。本书第五章中将专述）。

（3）优化调整中央地方体制，理顺事权

对于中央和地方事权的划分，十八届三中全会《决定》明确指出："适度加强中央事权和支出责任，国防、外交、国家安全、关系全国统一市场规则和管理等作为中央事权；部分社会保障、跨区域重大项目建设维护等作为中央和地方共同事权，逐步理顺事权关系；区域性公共服务作为地方事权。"在事权明晰化方面取得实质性进展，是现实生活的迫切要求。2016年国务院发出49号文件，即《关于推进中央与地方财政事权和支出责任划分改革的指导意见》后应考虑在《宪法》中明确中央和地方的专有事权、共同事权和委托事权等形态，对相关原则做出规定，并特别注重适度加强中央事权和支出责任的问题，逐步理顺共同事权中不同层级政府之间的事权分工合作关系。带有无外溢特征的区域性（辖区、社区）公共事务与服务，则应作为地方事权。专有事权、共同事权和委托事权，都应当对应各级政府情况形成一览无遗的明细单，对接工作操作和预算支出责任量化。2018年1月，国务院下发《基本公共服务领域中央与地方共同财政事权和支出责任划分改革方案》，将8大类18项基本公共服务事项纳入中央地方共同财政事权范围，制定了基础标准和支出责任分担方式，相应调整完善转移支付制度。

四、1999年后的三大突出问题分析

（一）突出问题之一："土地财政"

近些年来，在中国省以下地方政府层面不同程度地出现了政府支出对于土地资源相关收入依赖偏重的现象，并在公众视野内形成了"土地财政"这样一种带有贬义的称呼，引起了各界广泛关注。

从理论上说，土地作为基本的、稀缺的生产资料，所有权或使用权的占有者利用其参与社会经济活动并获得收益，是一种合理的经济行为；同样，政府作为公共产品（服务）的提供者，对于生产资料的交易、所得采取相应的税费措施，也属于以政控财、实现政府调控经济目的的合理内容。从法律框架看，我国实行土地公有制和土地用途管制制度，政府体系兼具土地资源管理的规划者、审批者、执行者乃至使用权的占有者等多重身份（权力并非集中于同一级或特定的某一政府），调控土地资源具有先天的强势地位。加之现阶段我国适逢城镇化、工业化高速发展阶段，土地作为政府配置资源手段的作用尤显重大。因此，无论是从经济

理论上还是从我国的法律规章上看，政府依靠土地优化资源配置、把土地作为调控经济的手段和形成政府收入的"生财"手段，本身并无问题。但是，由于相关的有效制度供给不足，约束和管理不到位，我国"土地财政"呈现的是土地收入从总量到结构皆有失衡、土地配置与财政分配事实上有所游离，基本格局中主要构成因素畸重畸轻的现状。这种"土地财政"不具备可持续性，且在不断积累一些棘手的社会经济矛盾。"土地财政"为人所诟病之处，首先在于地方政府过于倚重土地批租收入。有畸重，便难免有畸轻，并产生矛盾和问题。

1. 什么是"土地财政"

要直面全面深化财税体制改革中"土地财政"所带来的问题，首先必须了解何为"土地财政"。所谓"土地财政"，实际上是一种形象描述的概念，指的是政府依靠土地获得财政收入，具体到我国而言，这个概念描述的是政府通过出让土地而获得土地出让金所形成的财政收入。从收入归属方面来讲，土地出让金属于政府财政收入，但并不属于一般预算收入。

在2012年以前，我国政府财政收入还处于分为预算内收入和预算外收入两大种类来进行财政资金管理的阶段。土地出让金作为预算外收入，并没有统一的规定和管理办法，有的地方归财政部门管理，而有的地方则归国土部门管理。但在2006年，我国出台的《国务院关于加强土地调控有关问题的通知》（国发［2006］31号），已明确规定要规范土地出让收支管理，具体要求为："国有土地使用权出让总价款全额纳入地方预算，缴入地方国库，实行'收支两条线'管理。土地出让总价款必须首先按规定足额安

第三章 回顾：中国改革开放后财税改革重要进展与现存问题分析

排支付土地补偿费、安置补助费、地上附着物和青苗补偿费、拆迁补偿费及补助被征地农民社会保障所需资金的不足，其余资金应逐步提高用于农业土地开发和农村基础设施建设的比重，以及用于廉租住房建设和完善国有土地使用功能的配套设施建设。"自此，土地出让金须全额纳入地方预算管理，作为政府性基金预算收入的一部分。然而如上文所述，即使在2006年以后，土地出让金作为政府性基金收入的一部分，也只能算作广义的财政收入，还并不是十分规范的财政收入。换言之，我们可以更加清楚地认识到，土地出让金大都是隶属于地方政府来直接支配的，这部分收入大都不能实现人大审批或统筹使用。这是地方政府面临的实际问题，我国经济实践中，在不同的区域、不同的层级有不同的表现。

作为政府性基金预算收入的土地出让金所带来的"土地财政"这一概念，其实既不应具有简单的贬义，也不应具有简单的褒义。从我国的经济实践出发，"土地财政"出现的原因之一是我国的土地制度。在我国，土地的所有权和使用权是分离的：在所有权方面，我国的土地性质属于公有制（具体有国有制和劳动群众集体所有制）；在使用权方面，我国采用的是城镇土地批租制度（农村集体土地则主要是确权问题）。在这种城镇土地所有权和使用权分离的制度下，我国"土地财政"的出现有其合理性。

我国宪法明确规定："城市的土地属于国家所有。"这意味着依附于财产所有权的收益权理应由政府取得。土地所有权是物权的一种，其主体是土地所有者，客体是土地，它是土地所有制在法律上的表现。土地所有权通常由占有权、使用权、收益权和处分权等四项基本权能构成。如果说土地所有权是一级权能,则占有、使用、收益和处分等权利则是二级权能。二级权能具有相对独立性,它们在一定条件下同一级权能相分离时,一级权能不会因此而丧失。土地产权是由层次不同的多种权能构成,形成具有多层次、多权能的"土地产权约束"。对于所有权为国有的城市土地而言,其产权约束如图3-1所示。

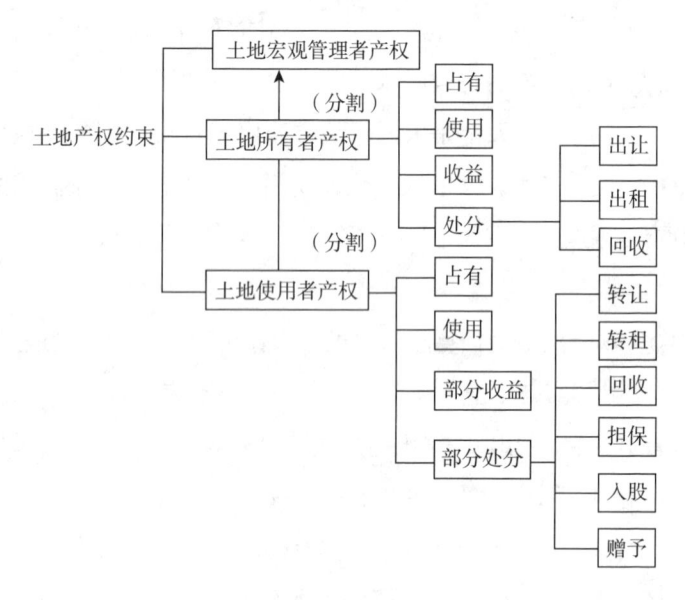

图3-1 中国国有土地产权约束示意图

注:该图由作者绘制。

其中,土地所有者拥有的土地收益权是指"依法收取土地所产生的自然或法定孳息和利益的权利,包括收获土地上生长的农作物,收取出租土地的地租等"。当前我国"土地财政"收入主要来源为土地出让金收入,而土地出让金是国家以土地所有者的身

第三章 回顾：中国改革开放后财税改革重要进展与现存问题分析

份将国有土地使用权在一定年限内让与土地使用者而收取的地租。因此，在城市土地国有制的制度安排下，政府以土地出让金方式获取出租土地使用权的租金无可厚非，相应"土地财政"的存在合理合法。

从我国经济生活中的基本逻辑关系考察，"土地财政"问题所反映的如下各个环节的联结在框架上原本无可厚非：工业化和第三产业的发展，必然导致城市（镇）建成区的扩大；建成区的扩大必然涉及国家征地问题；土地征为国有后，在开发环节上必然需要采用有偿出让使用权的方式，即"土地批租"方式，而"土地批租"的具体方式，最可匹配于市场经济客观要求的，必然是以公平竞争为取向的"招、拍、挂"等操作办法。

土地国有化并非鲜见，将土地收入作为城镇化基础设施融资渠道也并非我国所独有。联邦政府仍是美国绝对的"头号地主"，拥有的土地高达6.5亿英亩，约占全部国土的30%。联邦政府拥有82%的内华达州、68%的阿拉斯加州、64%的犹他州、63%的爱达荷州、61%的加州及将近一半的怀俄明州和俄勒冈州。再看加拿大，据统计，加拿大41%的土地为联邦所有，48%为各省所有；两者相加，高达89%的土地是属于政府的"皇家土地"（Crown Land），仅剩下11%为私人所有；从建国至1862年的近百年间，美国都是直接没收了印第安人的土地而不是征地拆迁。当时联邦法律规定创始十三州的新拓展地和新加入州的境内土地，都由联邦政府所有、管理和支配。公共土地收入和关税，构成了联邦收入的最主要部分，土地出售收入占联邦政府收入最高年份达到48%。反观中国，2012年中国税收收入11万亿元，如果达到当年美国同样的48%的比重，土地相关收入就应该相当于5万亿元，而实际上2012年中国"土地财政"总收入只有不到2.7万亿元。换句话说，当年美国直接没收的土地，就相当于我们今天征地拆迁拿的地，只是美国政府付出的是零成本，而中国政府要将土地拍卖款中的60%左右用作拆迁补偿款。按比例来讲，美国才是真正卖地起家的。

2. 收入比重高、结构失衡的土地收入现状

我国的土地收入现状如何呢？客观而言，主要表现在以下四个方面：

第一，我国土地使用权交易环节出让收入规模独大。现阶段我国政府的土地收入集中在地方土地开发一级市场的土地使用权交易即"批租"环节，土地使用权出让收入规模巨大。据财政部公布的全国财政决算数据，近五年来全国地方政府土地使用权出让金收入依次为：2009年15910.20亿元，2010年28197.7亿元，2011年31140.42亿元，2012年26652.40亿元，2013年39072.99亿元。和土地使用权交易环节土地出让收入的巨大规模相比，该环节的税收收入规模很小。

第二，我国土地使用权交易环节税收收入规模很小。目前，我国针对土地交易的税种主要是土地增值税、耕地占用税，还有土地及其附属物（即房产）交易环节的契税。

第三，土地交易环节和保有环节的收入高度不均衡。除上述结构性问题之外，着眼于全局，我们不难发现：一方面交易环节的土地出让收入独大，另一方面还要加上交易环节的相关税费——土地增值税、耕地占用税，以及土地复垦费、耕地开垦费、城市基础设施配套费等收费，其特点都是一次性交纳，总体规模

第三章　回顾：中国改革开放后财税改革重要进展与现存问题分析

更加庞大。反观我国土地保有环节，其税费则是很低或无税。这就造成了我国土地交易环节和保有环节收入的高度不均衡。目前我国土地（及其附属物）上保有环节的税种只有房产税和城镇土地使用税，两税均只对经营性房屋征收，规模较小。

第四，我国土地收入存在多重结构性问题。政府收入中土地使用权出让收入比例连年攀升、增长幅度远超税收收入，东、中、西部间规模差异悬殊。2007年以来在我国政府收入中，土地使用权出让收入占比较高，增幅最快（平均为67%）。相反，作为市场经济国家最为倚重的、相对而言最为公平、稳定、规范的税收收入，其占比却呈下降趋势，增幅（平均为17%）也远远不及土地使用权出让收入。另据有关部门统计，近些年的土地出让收入总量中，近七成发生于沿海发达地区，特别是在一些大城市，而中部只有约两成，西部则为一成左右，表现出不同区域的悬殊差异。从这个意义上说，所谓"土地财政"，在我国大部分地方政府辖区，其实颇有些"枉得虚名"。

3. "土地财政"引发的矛盾与问题

以上土地收入现状引发了许多矛盾与问题。

第一，土地使用权出让收入独大、保有环节税制缺失，易助推地价房价双高，地方经济易被房地产市场"绑架"。由于土地收入集中在土地开发及其附属物的交易环节，在地方主要官员"政绩考核"压力和动力作用等因素影响之下，地方政府对"一次性"的土地出让收入预期很高，并往往很乐于通过房产地价相互激励的攀爬高价来实现，客观上使得地方政府对于推高地价、房价具备足够的动力。但"土地批租"方式"一次把钱拿足"用于在任期内尽快贯彻区域发展战略意图出政绩之时，却使得其后的十几届政府在任期内再无可能以同样方式拿到可观财力，这就带来"短期行为"偏向和过程"难以为继"的长期问题。加之土地及其附属物（即不动产）保有环节税收缺失，对于市场买方而言，预期持有成本为零，一次出价几乎一劳永逸，在无保有（持有）成本的情况下，开发后的产成品（如住房）的购买意愿、投机意愿便十分强烈，更是成为助推地价房价的动力。在这些因素的综合作用下，房地产市场对于地方政府收入客观上形成了某种"绑架"效应：当市场流动性充裕、房地产交易活跃时，地方政府收入自然受益于高地价和高房价并继而会投入其支出来支持战略重点；而当楼市出现降温，土地交易冷清时，地方政府出于对收入的考虑，便面临巨大压力，甚至会采取强政策性的救地市、救房市措施。而在中央调控不利于房地产市场升温的情况下，地方政府和中央政府的博弈就难以避免，易出现调控效果耗损、政策效果大打折扣的现象。

第二，"土地财政"并没有等幅提高政府"基本公共服务"能力，土地配置和财政分配很大程度上处于游离状态。"土地批租"形成政府收入后，在扣除成本补偿性支出和垫付必需的"七通一平"等前期开发费用后，方有一部分成为地方可统筹使用的财力。此外，按照国家和各省、直辖市规定，土地出让收入还要按比例扣除规定计提项目，强制用于特定的补助被征地农民社保支出、廉租住房保障资金、教育基金、水利建设基金等。这些计提项目在各省市执行的标准不完全相同，在全国的地方土地出让支出数据中也缺乏细致反映。从调研及内部粗算资料看，包括征地和拆迁补偿

第三章 回顾：中国改革开放后财税改革重要进展与现存问题分析

支出、规定计提项目、缴纳新增建设用地使用费、业务费及土地初步整理等在内的必要成本支出要占到土地批租毛收入的70%—75%。即在相对规范管理的前提下，扣除成本和较多计提后，大约只有25%的土地出让收入可以作为地方政府可支配财力中的"活钱"。在关于土地收益提取10%作为教育支出等规定实施后，这一比重可能降低。但是，这部分财力对于地方市县政府，并非会必然"增强基层政府提供公共服务的能力"，因为土地的配置与所生之"财"和财政分配事实上往往处于游离状态。首先，这部分可用财力的收支过去大都是在公共财政框架之外管理。自土地"生财"的起点，从开发规划、审批、招拍挂到具体征收，大都不受财政制度框架约束，财政部门介入很有限。其次，从支出方向和重点上看土地资产由政府统一配置，受"GDP政绩观"和事权界限不清等因素的共同作用，多数市县政府在将其用于城市建设、社会事业发展、产业园区时，虽大都在国家法律规章认可范围之内，对于加速我国城镇化、工业化进程发挥了重要作用，但未必与地方财政本应突出的基本公共服务稳定挂钩，批租收入"活钱"部分的使用，即地方政府可自主支配灵活使用的土地之财"活钱"部分，也往往主要是解决"发展问题"（即"搞投资"），直接用于提高基本公共服务水平的支出内容少，改善民生的作用往往有限。从这个意义上说，舆论大有指责之意的"土地财政"资源分配，其实际内容有很大成分事实上是游离于财政分配之外的。此外，土地出让收入在地区分布上也存在着很大差异。按照财政部汇总的《全国土地出让收支基本情况》（2009年），分地区看，全国土地出让收入约三分之二来自沿海省份。这一格局势必加剧地区间社会经济发展的不均衡，并加剧政府财力上的不均衡，不利于基本公共服务均等化目标的落实。

第三，"土地财政"在加大地方政府调控资源能力的同时，隐含对市场和经济秩序的一些扭曲式干扰与短期行为。我们必须承认，"土地财政"对于补充地方财力，加速我国城市化工业化进程，促进区域经济发展，发挥了重要作用。"土地"和"不动产"可带来的丰厚收益，确实已经成为地方政府参与资源配置的主要能动手段。但其负面作用也比较明显，相应的配套体制和管理框架尚无法保证能够防止政府在运用土地资源中的越位行为（即使在政府性基金预算管理框架下，财力管理的规范性有所提高，但土地所生之财扣除成本补偿性支出和规定计提项目支出外，其支配权还是主要在于地方政府领导决策人物）。土地可以去融资、招商引资，在这些行为中，受不当"政绩观"的影响，不可避免发生某些短期行为对市场、经济秩序的干预。以最近的新一轮产业转移而言，很多企业面向中西部多家政府进行一对多谈判，谁的优惠多，企业就最终选择哪里，而土地往往就是政府的最后筹码，特别是不规范的操作经常出现。国家虽要求"任何地区、部门和单位都不得以'招商引资'、'旧城改造'、'国有企业改制'等各种名义减免土地出让收入，实行'零地价'，甚至'负地价'，或者以土地换项目、先征后返、补贴等形式变相减免土地出让收入"，但此类现象在实际操作中屡禁不止，城市的几乎所有大投资、大项目背后都土地的影子。另外，地方政府依靠土地收入构建"融资平台"借债、偿账的现象广泛发生，巧立名目进行大量融资等现象普遍存在。

第四，我国现行"土地财政"格局难以持续。土地是最为典型的稀缺资源，在我国进入中等收入阶段"矛盾凸显期"后，其稀缺性在工业化、城市化开发中愈发突出，加之我国严格的"耕地红线"制度，国有建设用地的供应对应于需求必然越来越趋紧张，以土地出让收入独大的"土地财政"格局在地方辖区地皮的自然限制下，必然无法长久持续。加之"一次拿足"机制引发的短期行为和"单打一"凭借"土地批租"支持地方战略中的扭曲，都会对于某些业已抬头的社会矛盾火上浇油，增加社会生活中的"火药味"和"维稳"难度，形成发展进程难以为继的制约与威胁。

4. 认识"土地财政"的扭曲逻辑

"土地财政"在现实中的扭曲主要表现为：征地纠纷、过度土地抵押融资、官商勾结托市、"土地财政"演变为房地产财政、资金使用不规范带来的腐败等。这些不尽如人意的表现，与财税制度有效供给不足有关。

第一，政府间支出责任划分不明确，政府支出边界不清晰，公共服务相关的权责利制度安排不到位。从1994年分税制管理体制改革以来，从中央到地方优化体制的内在逻辑是形成事权合理化基础上其与财权、财力的顺应关系。但目前事权的界定、支出责任的划分依然进步有限，政府和市场的边界不清晰，各级政府间的事权和支出责任不清晰。我国宪法和有关法律法规对各级政府的事权只做了原则性规定，政府间支出责任的具体划分缺乏法律依据。现行财政管理体制对各级政府的基础设施和基础产业建设、支持农业、文教科卫等事业发展方面的支出责任的划分尚不具体，实际执行中出现大量的交叉、重叠、错位问题。各地省、市、县、乡政府间支出责任划分更为模糊，地区之间差别较大，基础教育、医疗卫生等最基本的公共服务及农业等法定支出主要由县乡政府提供，县乡支出责任偏大，相应基本公共服务均等化的贯彻落实中相关的政府间权、责、利的制度安排并不到位。

第二，省以下财政体制还不完善，分税制尚未贯通。现行省以下财政体制存在一些明显需要改进的方面。一是省以下各级收入划分很不统一，五花八门复杂易变，影响了统一市场机制功能的发挥。目前，省以下分税制尚未贯通，在收入划分方面"因地而异"，不少地区仍然保留一些按企业隶属关系划分收入的做法，客观上影响了企业之间的公平竞争与生产要素的合理流动，不利于资源的合理配置和产业结构的优化。二是基层财政保障能力仍然较弱。2005年实施"三奖一补"政策后，形成了中央地方各级政府共同缓解县乡财政困难的机制，调动了县乡基层财政的积极性，基层财政困难有所缓解，但是，县乡财政总体支出水平仍然偏低，特别是随着近年一系列民生政策的出台和相关支出标准的提高，一些县乡的财力仍然捉襟见肘，基层政府对于义务教育、农业、医疗卫生等民生支出重点的保障力度仍然明显不足。

第三，税制存在缺位、滞后，客观上使"土地财政"的畸重畸轻现象普遍发生。

首先，地方税体系建设迟迟不到位。现行税制是1994年配合分税制财政管理体制出台的。1993年党的十四届三中全会上

第三章 回顾：中国改革开放后财税改革重要进展与现存问题分析

就明确提出要"建立中央税收和地方税收体系。充实地方税税种，增加地方税收收入"。但是，十多年过去了，我国的地方税体系建设仍然没有明显进展。目前看，五级政府间的收入划分以共享收入为主，增值税、所得税、资源税等大宗税种均已共享。从长期看，这并不利于分税制财政体制基本框架的稳定。级次越低的政府，越是缺乏稳定增长的主体税种，过长的收入划分链条延至县乡两级，财源的规范性和支撑力已相当低下。地方的税收收入中，大宗税种仅有营业税（2013年营业税收入占地方税收收入不足25%），且随着营改增范围不断扩大，营业税将不复存在。尽管目前纳入营改增范围的行业和纳税人的增值税收入仍归地方，但可以预见的是，这种"同一税种双收入分享体制"的格局仅为过渡时期的权宜之策。因此，设置、培养后营业税时期的地方稳定税源，构建可持续的地方税体系的任务迫在眉睫。

其次，土地税制设计明显滞后，特别是在不动产保有环节的税制缺位是重大缺陷。靠土地生财本无可厚非，但是如何生财却有科学性、规范性的内在规律。我国税制改革在土地和不动产领域明显滞后，特别是保有环节的税制缺失和城镇化、工业化飞速发展的现实极其不相适应。我国城镇土地使用税设立的时间是1988年，房产税是1986年，耕地占用税是1985年，土地增值税是1994年，契税是1997年，设立最短的税种距今也有16年，而我国国有土地资产管理与土地市场建设的飞速发展，恰恰是在近十年来发生的。1998年修改的《土地管理法》和颁布的《土地管理法实施条例》确立了土地用途管制制度和土地有偿使用制度。

此后，土地的市场化配置范围不断扩大，土地收购储备制度广泛实施，国有建设土地使用权招标拍卖挂牌出让逐步推开，国有土地管理制度体系不断改进。但是，税制方面没有相应的跟进和调整。2004年，国务院出台《关于深化改革严格土地管理的决定》提出，"在加强耕地占用税、城镇土地使用税、土地增值税征收管理的同时，进一步调整和完善相关税制，加大对建设用地取得和保有环节的税收调节力度"，但迄今并无大的进展。

上海、重庆2011年先行先试的房产税改革，代表着在不动产保有环节构建属于直接税的财产税制并以其覆盖一部分非经营性消费住房的方向，内在逻辑是打造地方税体系中的主体税种并使之形成与地方政府职能合理化、行为长期化的"内治"机制。这一改革要修成正果，可能尚需时日，但其大方向应当得到充分肯定。十八届三中全会强调的"加快房地产税立法并适时推进改革"，需要化解阻力贯彻落实。

需要在此特别强调的是，城市土地国有制下开征房地产税不存在法理上的障碍。关于房地产税，国内舆论界普遍流传的一种观点是认为在我国开征房产税存在法理上的障碍，认为城市土地国有化制度安排下，无法比照国际上他国在私有土地上开征房地产税的经验，以及认为政府已经收取了土地出让金后，不可以再征收房产税。

其实从国际经验（如工业革命的发祥地英国）看，房地产税可以对私有土地、公有土地一视同仁地全覆盖。比如，英国的土地可区分为中央政府持有、地方政府持有、公共组织持有及私人持有等。从划分标准上看，英国土地主要分为两种：一是无条件

第三章　回顾：中国改革开放后财税改革重要进展与现存问题分析

持有土地（Freehold Land），实质上就是私有土地；二是契约持有土地（Leasehold Land）是根据地契的年期确定可持有该土地的年限，在英国这种持有年期最长可达999年。然而，无论土地所有权存在怎样的区别，保有环节的房产税对英国国土范围内土地的全覆盖是毫无疑义的。这种情况实际上已经说明了中国当前社会上广泛流行的如下说法并不成立，即"国外房产税征收的前提是土地私有，而我国土地为国家所有，再征此税存在法理上的硬障碍"。

此外，我国改革实践中国有企业"利改税"的自身经验也可援引：虽然终极产权是国有的，但掌握使用权的主体（不论企业或个人）是具有自身相对独立物质利益的主体，根据客观需要完全可以在通过立法程序后，以税收手段对利益主体的利益情况施加调节，以利公平竞争或优化再分配。当时的改革要求国有企业与其他企业一样上缴所得税，逻辑上同样面临自身财产所有权属于国家而在此基础上仍要向国家缴纳所得税的问题。政府要求国有企业上缴利润体现其所有者身份，而要求国有企业缴纳所得税是其管理者身份的体现，所以才形成目前国有企业缴纳利润和企业所得税并行的格局。立足现今回顾历史，我们可清晰地知道：当时要发展商品经济（即市场经济），就必须抛开所有权终极归属而正视"所有权与经营权的分离"，将所有不同性质的企业放入一样的环境中去公平竞争，企业自身毕竟有相对独立的物质利益和运营机制。这与企业姓国姓私无关，只要是在市场经济条件下运行，就应当一视同仁地进行税收调节。

至于土地出让金（土地批租收入）和房地产税有"重复征收"

的法理障碍的观点，也是完全不成立的。实际上，政府收取土地出让金和房产税的身份不同。政府以所有者身份收取土地出让金，而以管理者身份征收房产税，二者并行不悖，从来不是二者只能择其一的关系，而是合理协调的关系。政府的这两种身份既有国际经验可借鉴，也有本国自身改革案例可援引。

由此可见，如果挣脱"民粹主义"情愫绑架，对所谓"房产税存在法理上的硬障碍"这一观点进行理性思考，那么房产税在英国的实践以及我国国企"利改税"改革的实践，至少可以为我们带来这样的启示：其一，英国等国的实践表明，保有环节房产税对于一国范围内土地的全覆盖并不应以土地所有权不同为由而予以否定，在土地不同所有权的基础上，该税种面临的应当是"如何设定权变因子而区别对待"的问题，却不是"是否开征"的问题；其二，我国国企"利改税"改革表明，以国家为主体的税收分配，并不会因为其纳税主体的财产终极所有权属于国家而放弃其在市场经济体制下对该纳税主体进行的调节；其三，归根结底，税种产生与发展的合理性，仅通过舶来的模式或表象的形式而判定是与非显然不尽合理，而应当探究该税收制度下，作为其理论支撑的思想所阐发的其对经济发展、社会进步意义的逻辑是否成立、是否可行、是否有效，而在此思想与理论基础上派生出的制度，可考虑通过比较分析，从卓越者中汲取精华而合理地、创造性地借鉴，方能因地制宜、行之有效。

第四，专项转移支付无助于提高地方政府的可支配财力，专项的配套要求过多反而增加了地方财政支出压力。我国转移支付制度建设已取得显著进展，但迄今专项转移支付仍占据很大比重。

第三章 回顾：中国改革开放后财税改革重要进展与现存问题分析

一方面专项转移支付并不形成地方政府的可支配财力，另一方面专项转移支付中所要求的地方专款配套过多，加重了地方财政的负担。尤其在欠发达地区，"配套"要求其实是逼着地方弄虚作假和"刮地皮"，负面影响很大。中央级专款是贯彻中央层面的政策意图的重要方式，但是专款配套目前却缺乏规范的设计程序和统一政策，一些部门自行出台配套要求，迫使不少地方挤占正常财政支出，而一些中西部地区的基层财政不得不向银行和非金融机构借款配套，土地则成为抵押物。此外，中央或省级一些部门法律或法规，要求地方对农业、教育、科技、计划生育、社会保障、文体、卫生等的有关支出要高于财政经常性收入的增长或达到财政支出的一定比例，从而肢解了地方政府的财政分配自主权，也影响了地方财政预算的统筹平衡。

第五，地方政府阳光融资发债机制进展缓慢，政府信用被"土地信用"强制替代。我国地方政府事实上已经形成了大量隐性债务，由于缺乏合理的制度渠道，债务的产生与管理多年间实际上由潜规则主导，"土地信用"的利用成为地方政府常见方式。近年来，在中央层面的重视下，各种规范、约束地方政府债务的文件陆续出台，地方政府债务管理逐步建立明晰规则，原有的举债方式、路径往往不再适用。从2009年起，中央财政连续三年每年为地方政府代理发行2000亿元债务，事实上结束了我国地方不得发行债务的历史，其后新修订的《预算法》允许地方政府阳光化地有限制地发债，但如何处理地方可能出现的新式隐性债务，如何"堵不如疏"地规范、引导、约束地方政府阳光融资，相关的体制机制仍需进一步发展健全。

第六，对于"土地财政"种种不尽如人意的表现，如果按照去伪存真、揭示深层原因舍末逐本的研究方法来分析其背后"扭曲"的逻辑，便会发现:（1）转轨、赶超和快速城镇化使中国政府的事权范围比任何国家、任何历史时期都要广泛，这无疑对政府的支出责任提出了巨大挑战和更高的要求，收支矛盾也异常尖锐，这是"土地财政"面临的现实前提;（2）在政绩考核、重视工业发展以及地方政府间竞争发展经济的驱动下，政府倾向于以零地价或低于成本价的方式出让工业用地，相应将工业用基础设施投入的成本压力转移给商用和住宅用地;（3）不允许地方政府发债、房地产保有环节税收制度缺失，限制了政府融资的途径和未来预期，政府便会想方设法最大化当期利益，最大化商用和住宅土地出让收入，利用土地作为抵押物进行不规范融资，最大化地"圈地卖钱"，忽视"养地升值"机制;（4）土地出让收入资金管理不规范导致资金使用随意、浪费，产生腐败。可以认为，上述四因是"土地财政"异化的主因。其中的逻辑关系可用图3-2予以描述。

实际上，在上述"土地财政"的扭曲和异化中，尤为需要重点关注的是"工业地价"倒挂带来的工业用地的浪费，进而对中国极其有限的土地资源配置的扭曲。"我国居住用地与工业用地比是1.5∶1，许多城市的工业用地甚至超过居住用地，而日本三大都市圈居住用地是3700平方千米，工业用地是600平方千米，比例约为6∶1，法国大巴黎地区居住用地是1100平方千米，工业用地是205平方千米，比例约为5∶1。"各类工业园、开发区遍地开花，大量工业用地闲置。这从另外一个角度也说明了土地资源配置市场化改革的必要性。

从图 3-2 中还可以看出，造成"土地财政"扭曲异化的原因，一部分是短期内难以根本改变的现实，如赶超战略、转轨经济和快速城镇化，一些是在逐渐完善中，如政绩考核和工业优先战略。还有一部分是可以通过有效制度供给而加以规避的。突出和典型的就是财税制度供给，近年也呈现出向好的发展趋势。如修订后的《预算法》允许地方政府"有限制地发债"和以财政部等管理部门正在力推的 PPP，也大大拓宽了地方政府融资渠道；新预算法明确预算编制的全口径和基金预算需报人大审批，并建立基金预算与一般性预算资金的协调使用机制等。十八届三中全会明确提出："加快房地产税立法并适时推进改革。"

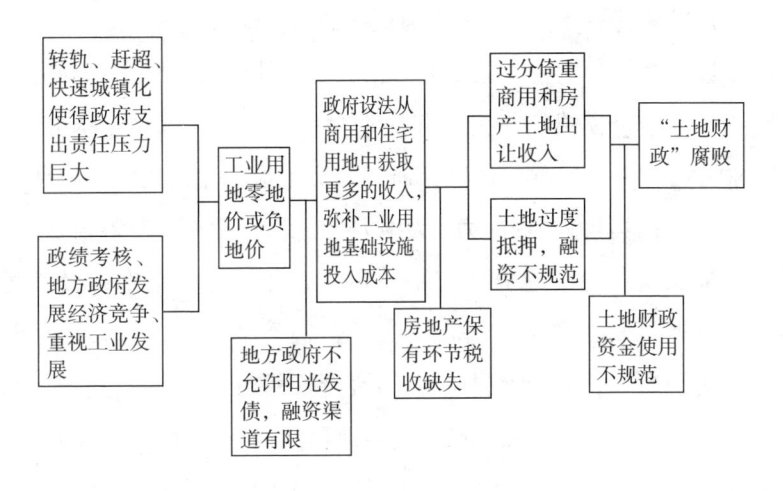

图 3-2 中国"土地财政"的扭曲逻辑

注：该图由作者绘制。

对于消解"土地财政"扭曲逻辑较为迫切且能够有所作为的

是统筹房地产税费制度改革，均衡土地出让、房地产开发、交易、保有环节税费。从减少"土地财政"负面效果来看，房地产税更具有一种抑制地方政府"圈地卖钱"动机，激励地方政府"养地升值"积极性，进而提高我国城镇化过程中稀缺土地资源利用率的特别重要的意义。同时，它对地方税体系完善、提高直接税占比、缩减收入（财产）分配差距均具有非常重要的意义。

（二）突出问题之二：隐性负债

20世纪90年代中后期以来，地方政府实际负债的规模、风险和相关管理与制度建设问题，持续成为与财政领域密切相关的热点问题，也明显带有"影响全局"的分量。

1. 以融资平台和土地财政为依托的融资模式

过去很长时期中，在不允许借债的法律约束下，我国地方政府的债务融资模式往往为发起成立投融资企业，称为投资公司、路桥公司、资产运营公司等，通过划拨土地、注入股权、收费权等资产，使其具备融资能力，为地方公共基础设施建设筹措资金。这里采取宽口径的地方融资平台定义，即包含城市基础设施建设、各类开发区和园区平台、交通运输类融资平台、公用事业类融资平台、土地储备中心、国有资产管理中心等。其中，判断融资平台的关键标准，在于其当前募集资金的投向是否为公共服务相关的建设项目，以及未来偿债资金的来源是否与政府资产或担保有关。

目前，城镇化的方式主要包括：第一，通过设立开发区，吸引制造业企业并带动周边的基础设施建设，但是由于国家对开发区的清理和限制，开发区的增长数量有所下降；第二，通过旧城改造，在新城建设过程中迅速改变城市面貌；第三，通过各种项目（如园博会、运动会、景点设计等），在较短的时期内改善景区周围的基础设施，吸引居民和商家入驻；第四，与房地产开发商一起进行城市规划，房地产开发商缴纳的土地出让金绝大部分都返还用于拆迁补偿、安置房建设、基础设施建设等。这些城镇化方式中，都需要地方政府前期投入资金，即借助平台公司进行融资。平台公司融资主要有三种形式：一是银行项目贷款；二是发行"城投债"、公司债、项目债；三是融资租赁、项目融资、信托私募等资本市场融资。在这几种方式中，银行贷款所占的比重最高，土地抵押是获得银行贷款的常用方式。

第一，以土地抵押获得银行贷款。银行与地方政府的合作可以追溯到20世纪90年代后期兴起的"打捆贷款"，其特点是政府承诺、财政兜底、市场化运作，是地方融资平台的初始融资模式。一般的做法是，在土地储备中由土地管理部门根据规划确定储备土地的供应用途、年限等，向土地储备中心发放土地使用权证，以此作为向银行申请土地抵押贷款的凭证。土地储备中心还可以在储备土地的收益权上设立抵押，向政府控股的开发区或平台公司进行贷款担保。这些土地抵押贷款为地方融资平台公司运营、地方基础设施投入、各种开发园区建设等发挥了重要作用。贷款的偿还除了依靠项目本身产生的收益（基础设施等公益性项目的收益很低），更主要是希望通过开发区招商引资带动当地工业、商业的发展，由未来土地相关税收增加和土地增值来埋单。图3-3描述了这种"时间换空间"的融资方式。

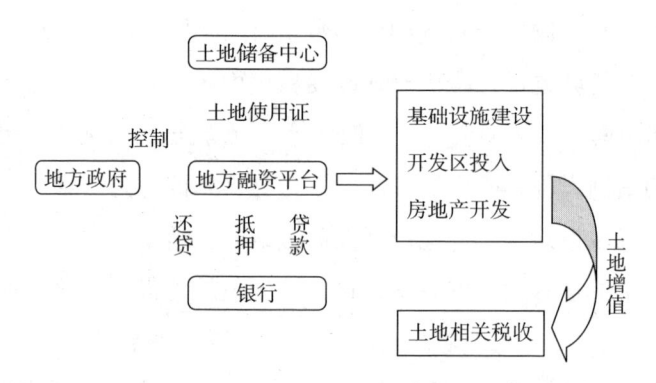

```
                    ┌─────────────┐
                    │  土地储备中心  │
                    └─────────────┘
                           │
                       土地使用证        ┌──────────────┐
          控制          ↓              │ 基础设施建设    │
  ┌────────┐      ┌──────────┐  ⇒    │ 开发区投入     │
  │ 地方政府 │      │ 地方融资平台│       │ 房地产开发     │   土
  └────────┘      └──────────┘        └──────────────┘   地
                  还  抵  贷                                增
                  贷  押  款                                值
                  款                  ┌──────────────┐
                    ┌──────┐         │  土地相关税收  │
                    │ 银行 │          └──────────────┘
                    └──────┘
```

图3-3 地方融资平台公司通过土地抵押借款及还款流程

注：该图由作者绘制。

也就是说，土地抵押贷款所依赖的还款主要来源于未来土地增值收益的实现，并且由于中国尚没有开征房地产保有环节的税收，收益实现主要来自于商、住用地一次性的土地出让收入。2012年年底，4个省本级、17个省会城市本级承诺以土地出让收入为偿债来源的债务余额为7746.97亿元，比2010年增长了1183.97亿元，占这些地区政府负有偿还责任债务余额的54.64%。而上述地区2012年的土地出让收入比2010年减少了135.05亿元。这些地区2012年以土地出让收入为偿债来源的债务需偿还本息2315.73亿元，为当年可支配土地出让收入的1.25倍。

第二，以土地收入为担保发行城投债。在成功发行城投债的30个省（及自治区、直辖市）中，呈现出显著的地区差异（见图3-4）。部分地区发债数量超过20只或者融资金额超过200亿元，包括北京市、上海市、天津市、重庆市、浙江省、安徽省、江苏省和湖南省，最多的江苏省各级政府的投融资企业共发行56只债券，融资789亿元。相反，甘肃省、陕西省、青海省、宁夏回族自治区、贵州省和山西省等西部省份发债数量极为有限，一般不超过1—2只。

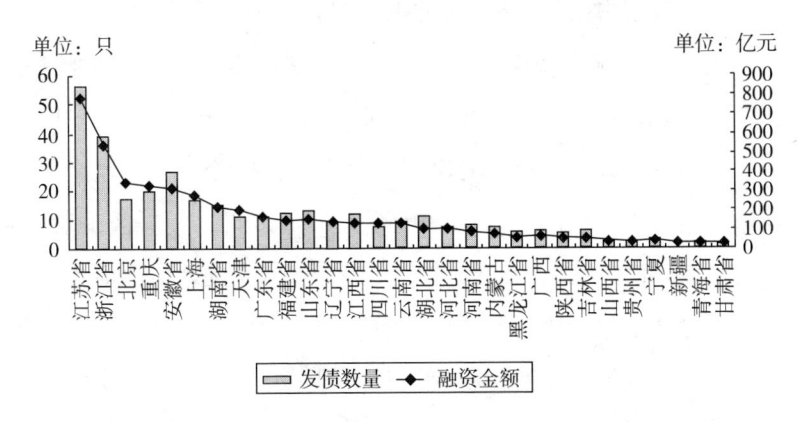

图3-4 各省政府投融资平台2002—2010年发行债券数量和规模

（数据来源：wind数据库）

土地资产和收益是平台公司发行城投债的重要担保。不少城投债的公告中显示，有的直接以地方政府的土地或资产担保，有的由投融资平台公司之间相互担保，还有的则由为平台公司提供了贷款的银行进行担保。由于相对银行贷款，城投债的债权人更加广泛，土地担保的变现更加困难。实际上，地方融资平台的发债成本一直高于企业债券的平均水平。2008年，地方投融资平台发行债券的平均票面利率为6.19%，同期所有企业债券的平均票面利率为5.95%；2009年，地方投融资平台发行债券的平均票面利率为5.88%,同期所有企业债券的平均票面利率为5.70%；2010年，地方投融资平台发行债券的平均票面利率为5.72%，同期所有企业债券的平均票面利率为5.63%。并且，由于2010年下半年开始出现的一些地方融资平台信用事件，2011和2012年城投债的票面利率进一步上升。

2. 中国政府债务全景图中的地方政府债务

根据中国最高决策层的部署，国家审计署于2013年8月至9月组织全国审计机关54400万名审计人员，按照"见人、见账、见物、逐笔、逐项审核"的原则，对中央、31个省（自治区、直辖市）和5个计划单列市、391个市（地、州、盟、区）、2778个县（市、区、旗）、33091个乡（镇、苏木）的政府性债务情况进行了全面审计。内容包括政府负有偿还责任的债务，以及债务人出现债务偿还困难时，政府需履行担保责任的债务（简称政府负有担保责任的债务）和债务人出现债务偿还困难时，政府可能承担一定救助责任的债务（简称政府可能承担一定救助责任的债务）。此次共审计62215个政府部门和机构、7170个融资平台公司、68621个经费补助事业单位、2235个公用事业单位和14219个其他单位，涉及730065个项目、2454635笔债务。对每笔债务，审计人员都依法进行了核实和取证，审计结果分别征求了有关部门、单位和地方各级政府的意见。

这次审计形成的全套信息，详见国家审计署于2013年12月30日发布的《全国政府性债务审计结果》公告（2013年第32号）。在所有关于中国政府债务情况的信息中，这是最具有"第一手材料"依据和完整的覆盖面、从而也可认为最具权威性的数据信息。详见专栏3-1。

第三章 回顾：中国改革开放后财税改革重要进展与现存问题分析

专栏 3-1 中国政府债务的总体规模与结构状况

（一）总量概况

截至 2013 年 6 月底，全国各级政府负有偿还责任的债务 206988.65 亿元，负有担保责任的债务 29256.49 亿元，可能承担一定救助责任的债务 66504.56 亿元（详见表 1）。

表 1 全国政府性债务规模情况表

单位：亿元

年度	政府层级	政府负有偿还责任的债务（政府直接债务）	政府或有债务——政府负有担保责任的债务	政府或有债务——政府可能承担一定救助责任的债务
2012 年底	中央	2835.71	21621.16	94376.72
2012 年底	地方	24871.29	37705.16	96281.87
2012 年底	合计	27707	59326.32	190658.6
2013 年 6 月底	中央	98129.48	2600.72	23110.84
2013 年 6 月底	地方	108859.2	26655.77	43393.72
2013 年 6 月底	合计	206988.7	29256.49	66504.56

（二）结构状况

1. 中央政府性债务构成概况

——中央财政债务

（1）政府负有偿还责任的债务 97360.94 亿元，主要是由中央财政资金偿还的国债债券、国际金融组织和外国政府贷款

81511.05 亿元，占 83.72%。其中特别国债 18202.28 亿元，分别用作中国投资有限责任公司资本金 15502.28 亿元，用于补充国有商业银行资本金 2700 亿元。

（2）政府负有担保责任的债务 2506.89 亿元。包括转贷给中央单位由非财政资金偿还的国债债券、国际金融组织和外国政府贷款 1416.89 亿元；中央汇金投资有限责任公司发行用于商业银行配股和中国出口信用保险公司注资，由财政部提供担保的债券 1090 亿元。

——中央部门及所属单位债务

（1）政府负有偿还责任的债务 768.54 亿元，主要是以国家重大水利工程建设基金偿还的南水北调工程建设贷款 537 亿元，占 69.87%。

（2）政府负有担保责任的债务 93.83 亿元，主要是中央单位举借由非财政资金偿还的债务。

（3）政府可能承担一定救助责任的债务 161.12 亿元，主要是中央所属高校、医院、科研院所的债务，分别为 85.80 亿元、23.11 亿元和 5.58 亿元，合计 114.49 亿元，占 71.06%。

——中国铁路总公司(原铁道部)通过发行政府支持债券或以铁路建设基金提供担保等方式举借 22949.72 亿元，用于铁路项目建设。如果铁路总公司出现偿债困难，政府可能承担一定的救助责任。截至 2013 年 6 月底，该公司汇总财务报表反映资产总额 46631.59 亿元，负债总额 29182.15 亿元。

2. 地方政府性债务构成概况

地方政府性债务在政府负有担保责任的债务中，包括全额拨款事业单位为其他单位提供担保形成的债务 383.52 亿元；在政府可能承担一定救助责任的债务中，包括地方政府通过国有独资或控股企业、自收自支事业单位等新的举债主体和通过BT（建设－移交）、融资租赁、垫资施工等新的举债方式为公益性项目举借，且由非财政资金偿还的债务 19730.13 亿元，具体情况是：

——从政府层级看，省级、市级、县级、乡镇政府负有偿还责任的债务分别为 17780.84 亿元、48434.61 亿元、39573.60 亿元和 3070.12 亿元（详见表 2）。

表 2 2013 年 6 月底地方各级政府性债务规模情况表

单位：亿元

政府层级	政府负有偿还责任的债务	政府或有债务	
		政府负有担保责任的债务	政府可能承担一定救助责任的债务
省级	17780.84	15627.58	18531.33
市级	48434.61	7424.13	17043.70
县级	39573.60	3488.04	7357.54
乡镇	3070.12	116.02	461.15
合计	108859.17	26655.77	43393.72

——从举借主体看，融资平台公司、政府部门和机构、经费补助事业单位是政府负有偿还责任债务的主要举借主体，分

别举借 40755.54 亿元、30913.38 亿元、17761.87 亿元（详见表3）；三类债务的大数与比例见图1。

表3 2013年6月底地方政府性债务余额举借主体情况表

单位：亿元

举债主体类别	政府负有偿还责任的债务	政府或有债务	
		政府负有担保责任的债务	政府可能承担一定救助责任的债务
融资平台公司	40755.54	8832.51	20116.37
政府部门和机构	30913.38	9684.2	0
经费补助事业单位	17761.87	1031.71	5157.1
国有独资或控股企业	11562.54	5754.14	14039.26
自收自支事业单位	3462.91	377.92	2184.63
其他单位	3162.64	831.42	0
公用事业单位	1240.29	143.87	1896.36
合计	108859.17	26655.77	43393.72

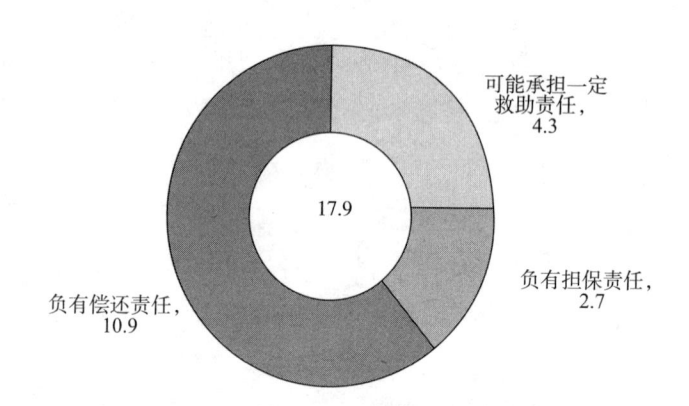

图1 全国地方政府性债务概况（单位：万亿元）

注：较2010年6月末增加7.2万亿元。

第三章 回顾：中国改革开放后财税改革重要进展与现存问题分析

——从债务资金来源看，银行贷款、BT、发行债券是政府负有偿还责任债务的主要来源，分别为55252.45亿元、12146.30亿元和11658.67亿元（详见表4）。

表4 2013年6月底地方政府性债务资金来源情况表

单位：亿元

债权人类别	政府负有偿还责任的债务	政府或有债务	
		政府负有担保责任的债务	政府可能承担一定救助责任的债务
银行贷款	55252.45	19085.18	26849.76
BT	12146.30	465.05	2152.16
发行债券	11658.67	1673.58	5124.66
其中：地方政府债券	6146.28	489.74	0.00
企业债券	4590.09	808.62	3428.66
中期票据	575.44	344.82	1019.88
短期融资券	123.53	9.13	222.64
应付未付款项	7781.90	90.98	701.89
信托融资	7620.33	2527.33	4104.67
其他单位和个人借款	6679.41	552.79	1159.39
垫资施工、延期付款	3269.21	12.71	476.67
证券、保险业和其他金融机构融资	2000.29	309.93	1055.91
国债、外债等财政转贷	1326.21	1707.52	0.00
融资租赁	751.17	193.05	1374.72
集资	373.23	37.65	393.89
合计	108859.17	26655.77	43393.72

——从债务资金投向看，主要用于基础设施建设和公益性项目，迎合了地方经济社会发展的资金需要，推动了民生改善和社会事业发展，而且形成了大量优质资产，大多有经营收入作为偿债来源。在已支出的政府负有偿还责任的债务101188.77亿元中，用于市政建设、土地收储、交通运输设施建设、保障性住房、教科文卫、农林水利建设、生态建设和环境保护等基础性、公益性项目的支出为87806.13亿元，占86.77%（详见表5和图2）。

表5　2013年6月底地方政府性债务余额支出投向情况表

单位：亿元

债务支出投向类别	政府负有偿还责任的债务	政府或有债务	
		政府负有担保责任的债务	政府可能承担一定救助责任的债务
市政建设	37935.06	5265.29	14830.29
土地收储	16892.67	1078.08	821.31
交通运输设施建设	13943.06	13188.99	13795.32
保障性住房	6851.71	1420.38	2675.74
教科文卫	4878.77	752.55	4094.25
农林水利建设	4085.97	580.17	768.25
生态建设和环境保护	3218.89	434.60	886.43
工业和能源	1227.07	805.04	260.45
其他	12155.57	2110.29	2552.27
合计	101188.77	25635.39	40684.31

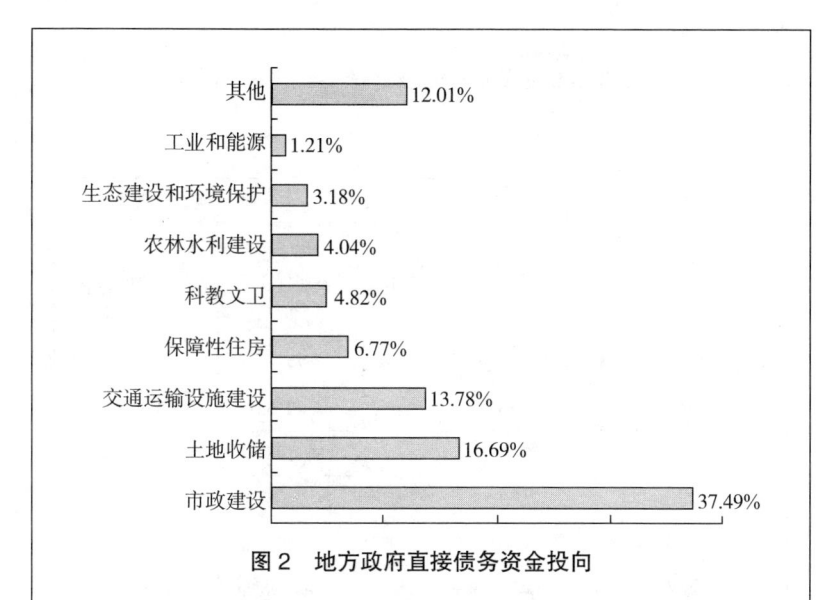

第三章 回顾：中国改革开放后财税改革重要进展与现存问题分析

类别	百分比
其他	12.01%
工业和能源	1.21%
生态建设和环境保护	3.18%
农林水利建设	4.04%
科教文卫	4.82%
保障性住房	6.77%
交通运输设施建设	13.78%
土地收储	16.69%
市政建设	37.49%

图 2　地方政府直接债务资金投向

其中，用于土地收储的债务形成大量土地储备资产，审计抽查的 34 个重点城市的市本级截至 2013 年 6 月底储备土地 16.02 万公顷；用于城市轨道交通、水热电气等市政建设和高速公路、铁路、机场等交通运输设施建设的债务，不仅形成了相应资产，而且大多有较好的经营性收入；用于公租房、廉租房、经济适用房等保障性住房的债务，也有相应的资产、租金和售房收入。

——从未来偿债年度看，2013 年 7 月至 12 月、2014 年到期需偿还的政府负有偿还责任债务分别占 22.92% 和 21.89%，2015 年、2016 年和 2017 年到期需偿还的分别占 17.06%、11.58% 和 7.79%，2018 年及以后到期需偿还的占 18.76%（详见表 6）。

表 6　2013 年 6 月底地方政府性债务余额未来偿债情况表

单位：亿元

偿债年度	政府负有偿还责任的债务		政府或有债务	
	金额	比重	政府负有担保责任的债务	政府可能承担一定救助责任的债务
2013 年 7 月至 12 月	24949.06	22.92%	2472.69	5522.67
2014 年	23826.39	21.89%	4373.05	7481.69
2015 年	18577.91	17.06%	3198.42	5994.78
2016 年	12608.53	11.58%	2606.26	4206.51
2017 年	8477.55	7.79%	2298.60	3519.02
2018 年及以后	20419.73	18.76%	11706.75	16669.05
合计	108859.17	100.00%	26655.77	43393.72

3. 地方政府债务管理的国际经验

美国、日本、法国、德国等发达国家的地方政府融资体系都很发达，地方债已成为政府公债的重要内容。随着市场经济的加速发展，一些新兴的工业化国家和其他发展较快的发展中国家的地方债务规模不断膨胀，对社会经济的影响也不可小觑。本部分对美国、日本等发达国家，新兴工业化国家韩国和具有代表性的发展中国家巴西和哥伦比亚等国家的地方债管理情况进行梳理分析，进而提出完善我国地方债管理的有益借鉴和启示。

第一，美国地方政府债务管理情况。美国是一个市场经济制度比较完善而且财政经济实力强大的联邦制国家，各州和地方政府拥有自身的财政体制，同时得到联邦政府的大量财力支持。州政府的大部分收入来自销售税和所得税，地方政府则主要依靠房产税。美国地方政府主要通过发行市政债券、银行借款和融资租赁等形式进行债务融资。其中，市政债券是美国地方政府债务的最重要形式。美国是发行地方公债较早的国家，也是地方债务规模较大的国家。20世纪60年代以来，美国地方政府债务呈大幅度增长趋势。债务规模与地方政府的经济和财政收入规模一直保持着相对稳定的比例。对地方政府而言，地方市政机构承担的直接债务比例较低，因政府担保而形成的或有债务比例较高。美国州与地方政府发行的短期债券按其用途可分为预付税款券、预付收入券、城市改造工程债券等。预付税款券和预付收入券这两种债券都是为弥补州和地方政府财政收支不同步所产生的差额而发行的。城市改造工程债券是城市改造机构为城市改造工程筹集短期资金所发行的短期债券，这种债券一般由州和地方政府作担保。州和地方政府公债的绝大部分是一年以上期限的长期债券，典型的有10年、20年甚至30年，从历史上看，长期债务占美国地方政府债务的90%以上。长期债券包括普通责任债券和收入债券。普通责任债券依据发行者的信用，即税收来偿付债务和利息。收入债券依据政府企业某项特定的收入来偿付债务及利息。地方公债几乎全部由居民户、基金机构、商业银行和保险公司购买。美国通过制定和完善相关法律法规，加强法律约束，提高地方政府发行市政债券的透明度。美国州与地方政府必须遵循政府会计准则委员会在《政府会计、审计和财务报告》（1983）中确立的政府债务报告基本准则，根据准则记录和报告政府债务。在市政债券存续期内对于城市财政和法律状况发生的任何重大变化,市政当局都必须及时披露相关信息。

第二,日本地方债管理。日本是实行地方自治制度的单一制国家。1879年,日本确立了"举借地方政府债务必须通过议会决定"的原则,1888—1890年间先后颁布《市制及镇村制》《府县制》《郡制》,地方政府债务管理制度不断完善。1940年,首次实行地方政府债务年度总额控制,发债主体以大城市为主,发行对象为实力雄厚的大银行及信托投资公司。早在明治三十二年(1999年)的法律条文中,就承认了府县一级政府的举债权,但举债的具体事项,如举债额、偿还方式等须经内务大臣和大藏大臣批准。目前,日本地方政府债务的发行主体为都、道、府、县及市、町、村等,此外,日本地方自治法二百八十三条和三百一十四条第二款也赋予了特别地区、地方公共团体联合组织及地方开发事业等特殊地方公共团体举债权。日本的地方政府债务总体规模较小,政府债务主要集中在中央,地方政府借款约占地方政府总收入的9%。地方债券分为地方公债与地方公企业债两种基本类型,地方公债是真正的政府债务,表现为地方政府的直接债务;而地方公企业债既具有部分政府债券的性质,也具有部分企业债券的性质,因此并不构成政府的直接债务,但无疑是政府的或有债务。日本地方公债和地方公企业债的比例大致为5:1。地方政府债务主要有两种举借方式,即发行债券和借款。发行债券有公募和私募两种方式,1979年之前大多数都是以私募方式发行,1979年以后公募方式的使用开始增多。日本地方政府债务资金来源主要包括中央政府、公营企业金融公库、银行和其他资金等。日本地方政府债务资金主要用于建设性支出，不能用于经常性支出。

第三，韩国地方债的情况。韩国是新兴工业化国家，根据韩国地方财政法第七条的规定，地方政府原则上不能举债，但同时又规定：在必要的情况下，对不可避免的地方债可作特殊对待而允许举借。具体规定的借债范围包括：一是具有长期效益的公共工程项目；二是具有充分投资回报且能还本付息的项目；三是抵御自然灾害的项目和灾后重建的项目；四是筹集用于前一轮举债还本付息的资金；五是其他改进居民福利状况的项目。地方举债必须获得中央政府批准。根据举债的不同目的，韩国地方债可分为一般账户债、特别账户债和公共企业债。一般账户债所筹资金主要用于道路及桥梁建设、公共设施修缮和救灾项目。特别账户债所筹资金主要用于住宅、供水排水和乡村企业等项目。公共企业债所筹资金主要用于地铁、水厂等项目。地方债的筹资来源主要是借款和发债券。借款可向中央政府、地方公共基金、金融机构和国外举借；债券可分为常规债券、义务债券、合同商债券和外国债券。

（三）突出问题之三：基层财政困难

中国在经历了 40 余年改革开放的转轨——经济管理模式和经济增长模式的"两个转变"之后，正在合乎逻辑地进入一个更为深刻的社会变革时期。毫无疑问，这种转轨给中国人民带来了巨大的物质福利。然而同样不能忽视的是，转轨又渐续地引发了一系列新的压力。近年来非常突出的一个现象就是"三农"（农村、农业、农民）问题的尖锐化和以此为背景而凸显的县、乡基层政权财政困难问题。

1. 基层财政困难现象

基层财政困难问题是在 1994 年改革之后逐渐形成强烈反映，于 2000 年左右以矛盾爆发式凸显的形式集中反映出来的。当时全国 2000 多个县中，有 1000 多个存在欠发工资问题，不和谐特征非常明显：在我国综合国力不断提升、全国财政收入强劲增长、地方财政总收入不断提高的情况下，县乡基层财政却出现了严重的困难，欠发达地区对此反应更为强烈。基层财政困难的严重程度，在一些地方甚至达到了影响基层稳定和政权正常运转的地步，县乡公用经费严重不足，公务员发不出工资，更不必提办事的各项经费（包括公检法的办案经费）了。对于基层财政困难的问题，坊间还盛传过一段话，形象地概括了县乡财政的尴尬局面：中央财政蒸蒸日上，省级财政稳稳当当，市级财政勉勉强强，县级财政摇摇晃晃，乡级财政哭爹喊娘。尽管这段话可能在某种程度上带有片面性，却彰显了县乡财政困难这一无可回避的事实。

从 2003 年第十届全国人民代表大会常务委员会第三次会议上审计署发布的数据来看，截至 2002 年底，全国乡镇一级平均负债已经超过 400 万元，总额在 2200 亿元左右。从财政部核定的情况来看，2003 年财政困难县为 791 个，占县级单位总数的 28%。此外，根据《中国县（市）社会经济统计概要》的数据，在 1995 年，全国 2159 个县级财政中，有赤字的仅为 132 个，占比是 6.1%；至 1999 年，全国 2030 个县级单位中，有赤字的县达到 706 个，财政补贴县 914 个，两者共计 1620 个，占比达到了 80% 以上。2012 年，《瞭望》新闻周刊对全国 8 个省份 300 名

第三章　回顾：中国改革开放后财税改革重要进展与现存问题分析

乡镇党委书记的调查问卷显示，东部地区乡镇债务额大多在千万元以上，有的超过亿元，个别的在十亿元以上；中部地区乡镇的债务大多在百万元左右，少数乡镇债务超过千万元；西部地区乡镇的债务额多在百万元左右。尽管从官方角度而言，这一数据可能欠缺准确度，但却不得不承认其确在数量级方面对我国基层财政困难现状的反映。此外，在基层财政如此困难的情况下，利用有限财政资金盲目追逐 GDP，搞政绩工程、形象工程，继续超额举债等的乡镇亦不在少数，使基层财政困难的情况趋于恶化。

基层财政困难带来的负面影响已经严重制约我国乡镇发展：第一，影响我国乡镇行政工作的正常运转。调研中不难发现，以中西部地区为主要代表的贫困县、乡，日常行政工作的开展和运转已经在很大程度上受到影响，情况恶劣时，甚至连日常运转也需要依靠举债，或通过变卖乡镇所有的房产车产等来维持。第二，影响基层公务人员队伍稳定。目前，我国乡镇公务人员工资低是一个普遍现象，部分贫困乡镇甚至连这样低等级的工资也难以负担，不能保障每月工资的按时发放。待遇低、工资拖欠等情况逼迫基层公务人员为生计采取其他措施，做兼职或脱离公务人员队伍等现象普遍存在。第三，影响政府形象，容易成为腐败的温床。面对基层财政困难，部分基层政府可选择的解决方法并不多，要么是通过拖欠款项等方式达成提供公共服务的目的，要么是通过"人情债"，以招商引资等方式挪用，或者以个人关系挪借私人款项形成"化缘财政"。这些方式一方面难以真正从根本上缓解基层财政困难，更多的是"杯水车薪"且"拆东墙补西墙"，另一方面严重影响了政府形象，并由于缺乏相关约束和监管机制导致腐败的滋生。第四，导致地方隐性债务的扩大。基层财政困难下，有些乡镇政府往往选择盲目买卖土地等短期行为，或选择不计后果地盲目举债，导致基层政府的财政发展难以持续，旧债未还又添新债，隐性债务不断扩大。

2. 关于"分税制"的争论与回应

在分税制改革运行一段时间之后，企业公平竞争环境显著改善、活力上升，中央、地方财政总收入均随GDP强劲增长而明显增加，但在GDP、全国财政总收入和地方政府财政（会计）收入均上升的同时，一种可观察到的传导关系逐步显现，即：在外部竞争和生产过剩压力下，原体制空间内农业的创收功能愈益降低→农村人口收入增长明显降低→基层政权财源捉襟见肘、财政困难→财政困难压力未能促成政府真正精简机构提高效能，却刺激了基层政府的乱收费——脱开正轨的乱收费愈演愈烈而"民怨沸腾"→决策层不得不下决心实施税费改革→税费改革试点暴露的矛盾问题"牵一发而动全身"地引出了系统性、全方位实施制度创新的客观要求。在上面这个一环扣一环的链式关系中所反映出的实质内容，主要是我国经济社会结构转型中，市场配置资源机制不可逆转地成长，县、乡基层所依托的农业、农村、农民的比较利益下降，其过程本身必然要求制度转型的呼应与配套，而来自制度创新方面的有效支持明显不足。换言之，制度的创新和转型是在"治本"的深层次上解决结构变迁中的重大矛盾问题（如基层财政困难问题）的关键要素。

以分税制为基础的分级财政体制在我国的推行，自1994年以来已逾20年，在取得应当充分肯定的积极成效的同时，也显露和

第三章　回顾：中国改革开放后财税改革重要进展与现存问题分析

积累了一些问题，引发了一些诘难和怀疑，甚至是"重启集权时代"的抨击。

若干年前，面对地方县乡财政困难的问题，有一种意见是认为分税制只适宜中央和省级之间，而省以下不宜提倡都搞分税制，主张区分发达地区和落后地区，后者不搞分税制。这种思路和主张，可简称为"纵向分两段，横向分两块（类）"。实际上类似的主张，自1994年实施分税制改革后，特别是在县乡财政困难问题凸显之后，经常有所反映，地方工作的一些同志对此往往产生共鸣。但有必要指出，这一认识忽略了市场经济新体制所要求的总体配套，背离了配套改革中"治本为上"的思路和原则，实际上属于一种使财政体制格局重回"条块分割""多种形式包干"的思维方向，所以是不妥的。在中国的渐进改革中，采取种种过渡措施，以"分类指导"方式逐步完成省以下分税分级财政体制的构建，是一种必然的选择，但分类指导中，绝不应当把种种条件约束之下不得已的过渡安排，放大到否定分税制最基本的一体化制度框架的层面（参见专栏3-2）。

专栏3-2　深化分税制改革中如何把握"因地制宜"

对症下药，治本为上：积极推行"扁平化"改革试验，进而为分税制在省以下的贯彻创造配套条件。现实生活中市场经济的发展，已越来越清晰地把实施进一步的配套改革以理顺省以下财税体制的迫切性摆在我们面前，也把应当抓住的主导因素提示给了我们。在采取一些调动基层积极性、挖掘潜力以增收和精简机构、缓解基层财政困难的可行措施之外，从中长期看，我们特别需要把握"治本为上"的要领，积极、稳妥、系统地改造省以下体制安排。其中有所作为的要点，正如党的十六届五中全会《关于制定国民经济和社会发展第十一个五年规划的建议》中指出的，"理顺省级以下财政管理体制，有条件的地方可实行省级直接对县的管理体制"，并要"巩固农村税费改革成果，全面推进农村综合改革，基本完成乡镇机构、农村义务教育和县乡财政管理体制等改革任务"。

"省管县"和"乡财县管"等改革试验，其基本导向是力求实现省以下财政层级的减少即扁平化，其内在逻辑是进而引致政府层级的减少和扁平化。改革中，市、县行政不同级而财政同级，不会发生实质性的法律障碍；"乡财县管"后何时考虑变乡镇为县级政府派出机构，也可与法律的修订配套联动。我们如在"地市级"和"乡镇级"这两个层级的财政改革上"修成正果"，则有望进一步推进到贯彻落实五中全会"减少行政层级"的要求，实现中央、省、市县三级架构，即乡镇政权组织变为县级政府的派出机构；地级能不设的不设，如需设立则作为省级政府的派出机构。这可以使省以下的分税制，由原来五级架构下的"无解"，变为三级架构下的柳暗花明、豁然开朗，从而有力促使事权的划分清晰化、合理化和构建与事权相匹配的分级财税体制，明显降低行政体系的运行成本，更好地促进县域经济发展，再配之以中央、省两级自上而下转移支付

第三章　回顾：中国改革开放后财税改革重要进展与现存问题分析

制度的加强与完善，必将有效地、决定性地缓解基层财政困难，形成有利于欠发达地区进入"长治久安"的机制。按照三级架构和"一级政权、一级事权、一级财权、一级税基、一级预算、一级产权、一级举债权"的原则，塑造与市场经济相合的分税分级财政体制，是使基层财政真正解困的治本之路。今后一段时间，我们应当抓住"扁平化"改革这个始发环节，并积极推动相关制度创新，为分税制在省以下的贯彻落实创造条件。

如何把握分类指导，因地制宜：合理区别对待之中，渐进走向总体的规范化制度安排。

我国各地情况千差万别，"省管县"和"乡财县管"的改革，都不宜"一刀切"地简单硬性推行，而应强调因地制宜、分类指导。管理半径过大的省份，省管县需要更多的行政区划变革配套因素；发达地区工商业已很繁荣的乡镇，目前不宜照搬"乡财县管"办法；边远、地广人稀区域的体制问题，有待专门研究而必须与内地区别对待，等等。

但我认为，所有这些分类指导、区别对待，是不宜归之于"纵向分两段、横向分两块"的思路的。

从纵向说，省以下体制的方向不应是"不宜提倡都搞分税制"，而应是创造条件在配套改革、制度创新中力求逐步脱离十余年来实际上滞留于非分税制的困局，争取实质性地贯彻分税制，其要点除了推进"扁平化"改革之外，还包括逐渐构建各级，特别是市县级的税基，使各级政府都能在合理事权定位上依托制度安排取得相对而言大宗、稳定的收入来源。对现行的

"共享税",也应积极创造条件分解到国税、省税、基层地方税三个方向上去(但在多种制约因素下,可以在较长时期内维持增值税的"共享税"地位)。市县级的财源支柱,可考虑顺应工业化、城镇化、市场化的大趋势,通过物业税(房地产税)来逐步塑造。十六届三中全会《关于完善社会主义市场经济体制若干问题的决定》中"实施城镇建设税费改革,条件具备时对不动产开征统一规范的物业税,相应取消有关收费"的要求,和现已启动的物业税初期试点,都预示这个制度创新空间正在打开。

从横向说,如以"发达地区和落后地区"或"农业依赖型县乡和非农业依赖型县乡"为划分,选择性地走分税制与非分税制的不同路径,既不符合培育统一市场要求消除"块块"制度壁垒和十六届三中全会"创造条件逐步实现城乡税制统一"的取向,也很难具备实际工作中合理的可操作性,一旦想依靠某些指标作为实行不同体制的依据,实际上就很容易陷于"讨价还价"的陷阱和发生较严重的扭曲变形。一个可类比的例子是:试想如接受不少欠发达地区的同志提出的"增值税中央地方分享比率应一地一率"的建议,那么分税制基本框架可能就此出现"突破口"而一步步演变为支离破碎之状,重回中央与地方间五花八门的"分成"与"包干"。那将要付出多高的、无休止的谈判成本?如何防止"会哭的孩子有奶吃""跑步(部)前(钱)进的吃偏饭"的弊病再次严重起来?

从横向与纵向的协调来说,最重要的是积极发展和强化自上而下的"因素法"转移支付,同时也包括发展适当的"横向

第三章 回顾：中国改革开放后财税改革重要进展与现存问题分析

> 转移支付"（在我国这早已经以"对口支援"等方式存在），来动态地调控地区间差异，扶助欠发达地区。
>
> 总之，因地制宜、分类指导就其原则本身来看永远是成立的，就其表述而言，永远是正确的，但就财政体制改革而言，这一表述应主要是指处理好渐进改革中的过渡问题，是分税制推进中的"策略"和"操作"层面的要领，而从"基本框架"和"战略大方向"层面来说，还是要首先把握好市场经济新体制所要求的总体目标模式，使策略的掌握服从于、服务于战略取向，逐步打造一种合理、规范、稳定、长效、内部贯通的制度安排，逐步接近社会主义市场经济所要求的长远目标。
>
> 节选自《中央财经大学学报》2005年第12期，贾康文

事实上，1994年之后，虽然省以下财政体制改革的中央意图，是地方各级也走上分税制轨道，但在种种客观因素制约下，不仅是中西部欠发达地区，即使是在沿海发达地区，省以下也迟迟未能进入分税制体制状态。2013年后我们把各省级行政区关于省以下财政体制的官方文件收集整理后得出一览表（见表3-4），由此可知中国省以下其实还都是以分成制为主，并未能够把分税制向市、县、基层落实，有些省份干脆就在文件中规定"省以下不实行分税制"。所谓"中央与省搞分税制，省以下不搞分税制"，其实就是这些年中国省以下体制的实情，基层财政困难、土地财政、隐性负债等为人诟病的问题，可知恰是分税制在省以下贯彻落地受阻而带来的。把板子打在分税制身上，真是打错了地方！

表 3-4 2013 年省以下财政体制 *

地区	省份	现行体制颁布年份	是否按税种分税	主要税种的省级分成税种	省级主要分成税种的分成比例				
					增值税省级分成比例	营业税省级分成比例	企业所得税省级分成比例	个人所得税省级分成比例	其他税或费
东部	江苏	2008	是	增值税、企业所得税、耕地占用税、地方城镇土地使用税、土地增值税、房产税和契税	增量集中 12.5%	—	增量集中 20%	—	耕地占用税 50%、地方坡镇土地使用税 30%、土地增值税 30%、房产税 30%、契税 30%
	浙江**	2008	否	总额分成					增量部分省级总额分成 20%
	山东	2005	是	营业税、企业所得税、个人所得税	—	20%	8%	15%	新增土地有偿出让收入 5%
	广东	2011	是	营业税、企业所得税、个人所得税、土地增值税	—	50%	20%	20%	土地增值税 50%
	福建**	2002	否	总额分成					
	辽宁	2010	否	总额分成以 2008 年省市共享税收的决算数为基础,按 2006—2008 年 3 年均增长率,推算基期年(即 2009 年)省市共享税收基数。各市上交省级共享税收基数占各市共享税收总额的比例即为各市税分成上交省财力比例,一市一率。				

(续表)

省级主要分成税种的分成比例

地区	省份	现行体制颁布年份	是否按税种分税	主要税种的省级分成税种	增值税省级分成比例	营业税省级分成比例	企业所得税省级分成比例	个人所得税省级分成比例	其他税或费
中部	山西	2002	是	增值税、营业税、企业所得税、个人所得税、资源税、城镇土地使用税	8.75%	35%	14%	14%	资源税35%、城镇土地使用税35%
	吉林	2004	是	增值税、营业税、企业所得税、个人所得税	12.50%	50%	16%	16%	—
	黑龙江	2006	是	营业税	—	50%	—	—	—
	安徽	2004	是	企业所得税、个人所得税	—	—	15%	15%	—
	江西	2003	是	资源税、城镇土地使用税、印花税、土地增值税、个人所得税、房产税	—	—	—	16%	资源税、城镇土地使用税、印花税、土地增值税、房产税2002年存量的40%
	河南	2004	是	营业税、企业所得税、个人所得税增量省级分成	—	增量分成20%	增量分成20%	增量分成20%	—

(续表)

地区	省份	现行体制颁布年份	是否按税种分税	主要税种的省级分成税种	省级主要分成税种的分成比例					
					增值税省级分成比例	营业税省级分成比例	企业所得税省级分成比例	个人所得税省级分成比例	其他税或费
中部	湖北	2011	否	总额分成省在2002年财政管理体制下分享的税收，以2010年各市县核定省级税收为基数，与各市地方税收收入增长速度同增同减，不再分享增值税、营业税和所得税。	城建税、耕地占用税、印花税、资源税、城市教育费附加等继续实施定额上缴				
	湖南	2010	是	企业所得税、个人所得税、资源税、城镇土地使用税、土地增值税	4.25%	25%	12%	12%	资源税25%
	海南	2007	是	增值税、营业税、企业所得税、个人所得税、土地增值税和契税6项税收	海口市：13.75%	海口市：55%	海口市：22%	海口市：22%	海口市：土地增值税和契税55%
					三亚市：8.75%	三亚市：35%	三亚市：14%	三亚市：14%	三亚市：土地增值税和契税35%
					其他地区：6.25%	其他地区：25%	其他地区：10%	其他地区：10%	其他地区：土地增值税和契税25%
	河北	2005	是	增值税、营业税、企业所得税、个人所得税、排污费	10%	10%	20%	10%	排污费10%

（续表）

地区	省份	现行体制颁布年份	是否按税种分税	主要税种的省级分成税种	省级主要分成税种的分成比例				
					增值税省级分成比例	营业税省级分成比例	企业所得税省级分成比例	个人所得税省级分成比例	其他税或费
西部	四川	2000	是	增值税、营业税、个人所得税、资源税、房产税、印花税、城镇土地使用税、契税	8.75%	35%	—	14%	资源税、房产税、印花税、城镇土地使用税、契税 35%
	贵州	2013	是	增值税、资源税、城镇土地使用税	5%	20%	8%	8%	资源税、城镇土地使用税 20%
	云南	2005	是	企业所得税、个人所得税、耕地占用税、卷烟企业所县的教育费附加收入	—	—	24%	24%	耕地占用税 30%、卷烟企业实现的教育费附加 60%
	陕西	2004	是	增值税、营业税、城镇土地使用税、房产税、资源税	7.50%	30%	20%	20%	城镇土地使用税、房产税、资源税 30%
	甘肃	2003	是	增值税、营业税、企业所得税、个人所得税	经济条件好的地市省集中17.5%，其他地市省集中5%	30%	20%	20%	—
	青海	2004	是	增值税	12.50%	—	—	—	资源税、耕地占用税、土地使用税、固定资产投资方向调节税、外商企业所得税定额上缴（1997年基数）

(续表)

地区	省份	现行体制颁布年份	是否按税种分税	主要税种的省级分成税种	省级主要分成税种的分成比例			
					增值税省级分成比例	营业税省级分成比例	企业所得税省级分成比例	个人所得税省级分成比例	其他税或费

地区	省份	现行体制颁布年份	是否按税种分税	主要税种的省级分成税种	增值税省级分成比例	营业税省级分成比例	企业所得税省级分成比例	个人所得税省级分成比例	其他税或费
西部	宁夏	1995	是	企业所得税、个人所得税、房产税、土地使用税、资源税	—	—	20%	20%	房产税 30%、资源税 50%
	新疆	2004	是	资源税	—	—	—	—	资源税 75%
	广西	2005	是	增值税、营业税、企业所得税、个人所得税	8%	40%	10%	15%	—
	内蒙古	2012	是	增值税、营业税、企业所得税、个人所得税、资源税	7.5%	10%	10%	10%	资源税 65%

* 截至 2013 年 6 月。

** 浙江、福建两省采用总额分成的体制，总额分成的比例是 20%。辽宁新加入总额分成类型，按照一市一率的办法分成。

资料来源：样本省（区）财政体制文件。

注：与 2006 年的情况对比，26 个省区共有 9 个进行了体制调整，其中：东部 6 个省份有 4 个调整了体制，占比 66.7%；中部地区 10 个省份有 3 个调整了体制，占比 30%；西部地区 10 个省区有 2 个调整了体制，占比 20%。东部地区明显高于中西部地区。另外，浙江省对下分享比例和方法没有发生变化，但 2008 年省政府出台了一个调整体制的文件，对省对下转移支付进行了重新设计。

2006 年，有三个东部省份（江苏、浙江和福建）采用总额分成办法，统一分享比例 20%；到 2013 年有四个东部省份采用总额分成办法（浙江、福建、辽宁和湖北），江苏退出总额分成办法，采用分税种分成，而辽宁退出分税种分成，采用总额分成，总额分成率一市一率，湖北也从分税种分成改为总额分成。

从财力分配的角度看，实施调整的省区，其主要特点是向省级集中财力，如广东、内蒙古、贵州、海南、湖南。

第三章 回顾：中国改革开放后财税改革重要进展与现存问题分析

怎样构建一个合理的财政体制（就全局而言则是如何配套构建合理的经济管理体制），新中国成立之后已有几十年的探索。20世纪50年代前期形成了财政"分级"概念和初步层级框架；1958年和1970年，都曾有过大力度下放财权的试验，但由于多种原因，均表现为"放、乱、收、死"的循环而无法收效。改革开放后，改变"总额分成、一年一定"体制，前面的10余年中先后试行多种形式的"分级包干"办法（"分灶吃饭"可认为是其总称），在发挥了一定积极效应之后，其负面作用又很快放大。直至在明确树立了社会主义市场经济目标模式的90年代初（小平同志"南方谈话"之后），决策层下决心改"行政性分权"为"经济性分权"，即改走"包干制"之路为走分税制之路，并于1994年的财税配套改革中得以实施。

搞市场经济，为什么财政体制必须要搞分税制？对此早已有许多讨论。简而言之，财政体制如要适应市场经济的客观要求来"两位一体"地处理好政府与企业、中央与地方两大基本经济关系，除了分税制之外，别无他途。

许多同志谈到分税制时，往往只看到它是处理中央与地方关系的。其实在一定意义上说，对于整体改革更具前提意义的，首先是凭借分税制正确处理政府与企业的关系，即以分税制来革除按照企业行政隶属关系组织财政收入的旧体制症结，将企业置于不分大小、不论行政级别、依法纳税（该交国税的交国税，该交地方税的交地方税，所有企业在各级政府面前一视同仁）、公平竞争的地位，由此才解决了在我国打造市场经济微观基础的一个关键性难题，即"真正刷出让企业公平竞争的一条起跑线"。同时，分税制跳出了包干制下中央、地方"讨价还价"("一定 X 年不变")的"体制周期",可以形成稳定、规范的中央地方间、政府各层级间的财力分配关系和地方政府长期行为。

分税制对于中央、地方关系的处理,也是密切关联市场经济全局的,即在分税制体制框架下,各级政府的事权-财权-财力的配置,可望得到一种与市场经济逻辑贯通、顺理成章的安排:所谓事权,是要合理界定各级政府适应市场经济而既不"越位"也不"缺位"的职能边界;财权,是指在各财政层级上匹配与各级政府事权相呼应的税基,以及在统一税政格局中适当安排各地的税种选择权、税率调整权、收费权等。比如,中央政府为履行宏观调控职能,应当掌握有利于维护统一市场正常高效运行、流动性强、不宜分隔、具有宏观经济反周期"稳定器"功能的税种(个人所得税),以及有利于贯彻产业政策的税种(消费税等);地方政府为履行提供区域性公共产品和优化辖区投资环境的职能,应当掌握流动性弱、具有信息优势和征管优势,并能和自身职能形成良性循环的税种(不动产税等)。所以,我们绝不应认为财权的合理配置不重要,似乎可以跳过财权配置直接寻求"事权与财力的一致",因为财权(广义税基)的配置,是配合各级政府事权方面在统一市场中的合理分工、进而总体形成政府体系与市场之间合理分工,使政府能够稳定、规范地"以政控财、以财行政"的重要制度安排,是不可回避和不可忽视的。当然,即使较好地做到了事权与财权的呼应和匹配,也绝不等于做到了"事权与财力的一致",因为同样的税基,在发达和欠发达地区的丰裕程度很可能大不相同。体制设计中,必须在尽可能合理配置财权之后,再

第三章 回顾：中国改革开放后财税改革重要进展与现存问题分析

配之以合理、有力的自上而下的转移支付，以求近似地达到使欠发达地区政府的财力也能与事权大体相一致的结果。但是，我们不能用财权设置之后转移支付的重要性，来否定"财权设置"的重要性，因为它是使转移支付能够长效、良性运转的前置环节，是分税分级财政制度安排中不可缺少的重要组成部分。其实欠发达地区在一定历史阶段上，不论怎样的税基配置，都不可能做到自身财力完全支撑事权，但这不是表明财权的配置不重要，而是表明仅有财权配置还不够，如同不能以吃药的重要性否定吃饭的重要性，不能以外援的重要性否定自力更生的重要性。

　　总之，对于1994年分税制改革的大方向和基本制度成果，必须肯定和维护。当时，在中央与省为代表的"地方"之间先搭成分税制框架，并要求和寄希望于其后在动态中逐步解决省以下如何理顺体制、贯彻分税制的问题，是在正确的大方向之下合乎实际的过渡安排，意图是随着统一市场的逐步发育和完善，使分税制在省以下也逐步进入较为规范和贯通运行的境界。但前文已论及，实际情况是，1994年之后，省以下体制在分税制方向上却几乎没有取得实质性进展，"过渡性"有凝固之势，过渡中的一些负面因素在积累和放大，各种制约因素迫使中央与地方在税种划分总体框架上把"共享税"越搞越多；在地方的四个层级之间，则实际上搞成了一地一策、各不相同、五花八门、复杂易变的共享和分成，越靠近基层，越倾向于采用"讨价还价"的各种包干制和分成制。不仅在欠发达地区，即使在发达地区，县、乡层级上也没有能够真正搞分税制。总体而言，直到目前，可以说我国省以下财政体制并没有真正进入分税制轨道。所以，把1994年以后出现的县乡财政困难和"土地财政""隐性负债"等方面的问题归于分税制，把板子打在分税制头上，是打错了地方，这些问题恰恰主要是由于分税制改革深化受阻，在省以下迟迟不到位而造成的。

基于以上分析，如果我们以"跳出财政看财政"的全局思维和前瞻思维看问题，应当看到，在我国省以下推行与事权相匹配的分税分级财政体制的大方向和按照市场经济客观要求使分税制逐步贯通的决心，不可动摇。问题的关键和当务之急，是应努力解决如何过渡的问题，避免现行非规范状态的凝固化，抑制其副作用的放大。既然要搞分税制，不可避免要借鉴市场经济的国际经验，并立足中国国情找到实施方案。从前者说，在五级框架下搞分税制，无任何国际经验可循（国际经验的普遍模型是"三层级"）；从后者说，十余年的实践表明，我国把20多个税种在五个政府层级间按分税制要求切分是"无解"的（我和合作研究者曾在多篇文章中探讨分析过这些）。所以可以说，1994年后分税制在省以下贯彻落实受阻的主要"病理分析"其实并不复杂，问题的症结就表现在：五级财政、五级政府的框架，与分税制在省以下的落实之间，存在不相容的性质。且不说欠发达地区，即使是在发达区域，省以下的四级如何分税？按这些年的各地实践探索和现在的基本框架，是看不清方向和找不到摆脱"过渡态"的路径的。

3. 财权划分模式与"事权"（职责）划分模式不对称

1994年建立的财政管理体制重新界定了中央、地方政府之间的财权和事权范围，着眼点是增强中央政府的宏观调控能力，明确各级政府的责、权、钱。当时尚做不到配套确定省以下政府之间的财力分配框架，原本寄希望于通过逐步深化省以下体制改革，在动态中解决此问题。但由于省以下体制改革的深化近年来并未取得明显进展，财权划分模式与事权划分模式出现了两相背离的格局。这在很大程度上加剧了基层政府的财政困难。

在实行分税分级财政体制的国家里，中央适当集中财权是普遍的做法。但省以下政府之间的财权划分模式并不尽然相同，具体格局要依职责划分结构而定。我国实行分税制的主要意图之一是扭转过去中央财政收入占全部财政收入比重过低的局面（到2000年，中央财政收入占全部财政收入的比重为52.2%），这符合分级财政体制正常运行的基本要求。并且客观地说，与较充分发挥中央自上而下转移支付调节功能的要求相比，目前中央财力集中程度还不够，仍有待逐步提高。然而现在的问题是这种趋向被盲目推广和延伸，在省、市形成了上级政府都应集中资金的思维逻辑。1994年以来，中央的资金集中度实际是在下降（从1994年的55.7%下降到2000年的52.2%），而省级政府的集中程度不断提高，年均提高2%（从1994年的16.8%提高到2000年的28.8%）。市一级政府同样在想方设法提高集中程度。2000年地方财政净结余134亿元，而县、乡财政赤字有所增加。这些情况说明实际上财力在向省、市集中。

省以下政府层层向上集中资金，基本事权却有所下移，特别是县、乡两级政府履行事权所需财力与其可用财力高度不对称，成为现在的突出矛盾。按照事权划分规则，区域性公共物品由地方相应级次的政府提供。近年我国省级政府向上集中资金的过程中，县、乡两级政府仍一直要提供义务教育、本区域内基础设施、社会治安、环境保护、行政管理等多种地方公共物品，同时还要在一定程度上支持地方经济发展（而且往往尚未有效排除介入一般竞争性投资项目的"政绩"压力与内在冲动），而且县、乡两级政府所要履行的事权，大都刚性强、欠账多，所需支出基数大，增长也快，无法压缩。比如九年制义务教育，该项支出有法律依据，而且由于人口规模扩大较快和相关支出因素价格上升较快，所需资金膨胀更快，主要发生在县、乡两级财政；再比如基础设施建设，县级行政区域内长期以来农村各类基础设施严重不足，欠账累累，而农村工业化、城市化进程又要求配套完善基础设施，对县级政府来说这是非常沉重的负担，经济发达地区同样如此。我们在调查中了解到，浙江温岭市属于财政收入较充足地区，但该市的县城公用事业改造所需资金就远超过全市年财政支出总额；又比如财政供养人口，我国有2000多个县级行政区域，如果按每个县财政供养人口为7000人、每人年工资为7000元计算，所需财政支出就达1000亿元规模。事实上，省以下地方政府还要承担一些没有事前界定清楚的事权，比如社会保障。1994年推出分税制时，该项事权没有界定在多大程度上由省以下政府特别是县级政府来承担，现在实际上要求地方政府负责，对原本就"四面漏风"的县"吃饭财政"来说，又增加了一笔没米下锅的饭债。

显然，转轨时期工业化、城镇化推进和社会进步所需要的大量物质条件和社会条件是要由省以下地方政府来提供的，特别是县、乡两级政府承担着宽广、具体的政治责任和经济责任。在这种背景条件下，亟需在明确各级政府合理职能分工和建立科学有效的转移支付制度的配套条件下，使基层政权的事权、财权在合理化、法治化框架下协调，职责与财力对称。这本是"分税分级"财政体制的"精神实质"所在，一旦不能落实，则可能成为基层财政困难的重要原因。

4. 政府层级过多，大大降低了分税制收入划分的可行性

这一问题在前文中已有分析，在此可以作一小结：实行分税制财政管理体制，要求政府间的财政资金分配安排采用税种划分方法。我国目前有五级政府，是世界上主要国家中政府层级最多的国家之一。从国际经验看，政府层级多的国家，税种也比较多，这样有利于收入划分。但在任何一个国家里，税种数量都不可能过多，因为税种不应随意设置，那样势必扰乱市场经济运行并约束社会进步、损害社会效率与公平。而且市场经济近几十年的发展中，简并税种是主流趋势。也就是说，不论政府层级有多少，税种设置的科学性不能违背。我国现行税种有28个，和其他国家比，为数不算少。然而问题的焦点在于，这28种税要在五级政府之间划分，是世界上其他国家未曾遇到的难题。

显然，五级政府与28种税的对比状态，使得中国不可能像国外那样主要是完整地按税种划分收入，而只能走加大共享收入的道路。如果硬要完整地按税种划分收入，势必形成政府间收入分配高度不均衡，这是由各个税种收入的高度不均衡所决定的。然而必须看到，一味扩大共享部分又会反过来影响分税分级财政基本框架的稳定。近年我国共享部分的比重一增再增，下一步如把企业所得税和个人所得税也改为共享税,则数得着的大税种已全部共享。这在过渡状态下是一种策略性的选择,但从长远发展着眼作战略性考虑,还是要在将来创造条件把若干共享税分解、融合于国税和地方税之中,进而使分税制得到贯彻并真正加以稳固。

那么从长远考虑,具体而突出的矛盾马上表现在,设立了五级政府也就是需要把税源切成五个层次,而从税收的属性和各税种的不同特点看,分成三个层次相对容易,分成五个层次难上加难。依美国的经验,三级政府财源支柱的概况是:个人所得税和工薪税归联邦(中央),销售税和公司所得税归州(相当于我国省级),财产税归地方(基层政府)。这样的划分符合各税种的具体特点,也符合分税分级财政的内在要求,如以联邦为主掌握个人所得税,符合使劳动力在全国统一市场内自由流动、不出现地区阻碍的要求,也符合使该税成为经济"稳定器"的宏观调控要求;地方掌握财产税,既具有信息和管理优势,又符合使地方政府以关注和改善本地投资环境为重点的职能定位。但是很难设想,在我国以一个"地方政府"概念囊括省以下四级政府的特殊情况下,这些税种该怎么切分。不论怎样设计,看来都无法把"分税种形成不同层级政府收入"的分税制基本规定性,贯彻到一个五级政府的架构内去。换言之,这一架构使分税制在收入划分方面得不到最低限度的可行性。我国省以下体制的现状是五花八门,各地不一,有的安排了复杂易变的分享,有的则对县乡干脆实行包干制。总体而言,"讨价还价"色彩浓重,与分税制的距离还相当大,并且看不清缩小这种距离的前景与具体路径。与此同时,大环境中市场的发育和政府职能与管理规则的转变也未步调一致,这使各层次财源不对位,财力分配紊乱、低效,矛盾不断积累。这样看来,可知五级政府架构与分税分级财政的逐渐到位之间,存在不相容性。近些年间一些区域地方财政困难的加剧,在很大程度上正是由于这种不相容性日渐明朗和突出所致。

第四章　中国财税体制改革的基本概括和供给侧改革主线上财税改革的大思路

从中国财政体制改革的历程可见，我们已有近70年分权之路的探索、曲折和创新。在追求现代化"强起来"的新时代，必须以建立现代财政制度为目标，加快财税体制改革进程，以期适应发展新阶段的客观要求。

一、中国财税体制改革历程小结

如前文所述，1978年以来中国实行改革开放，开始了由计划经济向社会主义市场经济转变的经济、社会转型历程。40余年间，中国国民经济现代化建设取得了举世瞩目的伟大成就，正在大步迈向"两个一百年"奋斗目标。财政制度安排体现政府与市场、企业社会、纳税人的关系，以及中央与地方的关系，涉及经济、政治、文化、社会、生态文明等方面。1994年分税制改革适应社会主义市场经济客观要求，形成了我国现有财政制度的基本框架，也奠定了我国 20 年来社会经济高速发展的财政制度基础；同步推进的税收制度改革则进一步规范了政府与市场的关系，释放了微观市场主体的活力，提高了政府调控经济的能力；1998 年开始建立公共财政制度的探索将重点放在支出制度的完善和支出结构的调整上，财政支出重点进一步从经济建设领域转向民生领域。1999 年后启动预算制度改革，通过部门预算、国库集中收付和政府采购等制度的引入，初步构建了现代预算体系框架，预算的公开性、民主化程度显著提高。2014"全面改革元年"启动的财税配套改革，已取得初步成效，为建立现代财政制度奠定了基础。

二、在全面改革中深化财税改革的基本思路与要领

在中国现代化寻求"强起来"历史飞跃的新时代，需要果敢而慎重、坚定而持续地推进财税改革。党的十九大要求："加快建立现代财政制度，建立权责清晰、财力协调、区域均衡的中央和地方财政关系。建立全面规范透明、标准科学、约束有力的预算制度，全面实施绩效管理。深化税收制度改革，健全地方税体系。"

（一）总体思路

在"五位一体"总体布局和"四个全面"顶层设计框架下，对接现代化"目标导向"和化解矛盾制约的"问题导向"相结合的制度机制创新，财政体制改革将是全面深化改革中的关键之举。总体思路应是：在合理定位政府职能，实现其转变的前提下，配

合政府层级的扁平化和"大部制"取向下的整合与精简,建立中央、省、市县三层级的财政框架,合理划分三级事权和支出责任,改进转移支付制度,按"一级政权,一级事权,一级财权,一级税基,一级预算,一级产权,一级举债权"的原则形成体制安排,配之以中央、省两级自上而下的转移支付与必要而合理的地区间横向转移支付,建立内洽于市场经济体制的财权与事权相顺应、财力与支出责任相匹配的财政体制;深化预算管理制度的改革;实行促进"调结构,优功能"的税制改革;同时强化财税管理运行的绩效导向,服务于经济社会的现代化与长治久安。

(二)改革的基本目标

1. 明确界定政府职能与财政职能

政府与市场、社会之间关系的正确处理决定政府职能的合理化,政府职能、职责及履责权限决定政府支出责任。因此,财税体制改革的核心是正确处理政府与市场、社会的关系,划清政府与市场、社会的边界,尊重市场规律,以公众利益最大化和维护社会正义为基点,充分发挥市场在资源配置中的决定性作用,恰当、适度地更好发挥政府作用。应遵循"市场、社会优先"的原则,凡市场、社会能做好的就交由市场和社会去做;凡市场、社会能做但做不到位的,由政府发挥辅助作用;凡市场、社会做不到而为公众切实所需的,由政府牵头组织相关资源配置。还应创新政府履行职能方式,充分引入市场机制而积极发挥财政"四两拨千斤"的作用。

2. 完善政府间事权与支出责任划分

为更好服务于政府的履职,地方政府间事权与支出责任的合

第四章 中国财税体制改革的基本概括和供给侧改革主线上财税改革的大思路

理划分,是财权和财力配置与转移支付制度合理化的根本前提。必须在中国全面依法治国、积极完善立法的过程中合理划分各级政府间的事权。划分的基本原则是:第一,根据公共产品的层次性和受益范围及外溢性划分事权和支出责任。全国性公共产品和受益范围遍及全国的公共服务,应由中央政府提供;地方性公共产品和公共服务受益范围仅局限于地方的,应由地方政府提供;具有一定外溢性的地方性公共产品和公共服务,可由中央政府和地方政府联合提供,或中央政府补助地方政府提供,或直接由中央政府提供。值得注意的是,处理地方事务的外部性(外溢性),也可以借助于地方之间的协商与"横向转移支付"机制。第二,根据提供公共服务所涉及的信息复杂程度和效率区别划分事权和支出责任。考虑到信息处理的复杂性,地方政府对当地情况的了解远多于中央,因此由中央政府承担过多的事权与支出责任并不一定合理。在政府职责履行的效率上着眼,各国也不同程度地需借助于地方政府力量。同时,根据规模经济原则划分事权和支出责任,则可知某些职责若由地方政府承担可能不利于发挥规模经济效应,而如果由中央政府承担,则可以发挥规模经济节约成本的作用。因此,我国政府间事权与支出责任的划分应充分考虑这些相关因素。第三,根据激励相容原则划分事权和支出责任。如能以制度安排使行为人在追求自身利益的同时,也正好与实现全局的公共利益最大化目标相吻合,便称作"激励相容"。比如地方政府对辖区不动产的管理权与不动产税的征收权对其有"财源建设"的激励,同时又有利于政府职能合理化而增进整个社会的公众利益与长治久安,即做到了激励相容。第四,应尽量减少政府间共担事权的原则，尽可能做到各级政府事权大部分为独立承担的职责，最小化共同承担的事权，辅之以少量上级委托事权。

3. 结合税制改革，合理划分税基

政府所有的规制和行为，均应以不影响或尽量少影响生产要素自由流动和市场主体自主决策为标准，相应的收入（税基）划分，则需要考虑税种对生产要素流动影响及中央、地方分层级的宏观、中观调控功能实现等因素。税种在中央、地方间的划分即税基的配置，一般认为要遵循如下基本原则：与国家主权和全局性宏观调控功能关系密切，或税基覆盖统一市场而流动性大的税种，应划归中央；而与区域特征关系密切、税基无流动性或流动性弱，以及税基较为地域化、不会引起地区间过度税收竞争和需要"因地制宜"的税种，应划归地方。按此原则，如关税、个人所得税、增值税、社会保障税等应划归中央，如房地产税、资源税、特定区域性税种等应划归地方。

从各国具体实践情况看，在基本遵循上述原则的情况下，不同国家根据本国情况，对个别税种有一些变通。如美国的个人所得税为联邦政府和州、地方政府按照税基共享、分率计征方式进行收入共享（联邦级为主，实行超额累进税率；州与地方为辅，低税率乃至低水平比例税率）；英国将住宅类房产税（称为市政税）作为地方税，而将非住宅类房产税（称为营业税）作为中央税及中央向地方转移支付的来源，按照居民数向各地区返还。我国"94改革"后，面对多种制约条件，在收入划分上为考虑调动地方积极性，将税基大或较大的几个税种（增值税、企业所得税、个人所得税）作为共享税，这在一定程度上违背了收入划分的应有原则，结果是刺激地方政府承担较多的经济发展事权以及相互之间实行过度的税收竞争（表现为争上投资、争抢税源等）。因此，"分财权（税基）"和"分财力（收入）"，均有其需遵循的科学规律和所应依据的客观内洽机制，需做精细化设计。

4. 完善转移支付制度

无论是考虑到"实现共同富裕"的社会主义本质，还是法治社会下基于公民"人权平等"提出的"基本公共服务均等化"要求，都客观地需要运用转移支付制度手段对财政资金余缺自上而下地在政府间进行适当调节。这种转移支付有效运行的基本前提就是"纵向不均衡"地由中央取得与其宏观调控功能相称（大于本级支出需要）的财力，进而去调节各地区间的"横向不均衡"。在我国经过几十年"让一部分人和一部分地区先富起来"的发展之后，叠加了迥异的自然地理环境等因素，地区间经济发展水平差异巨大，"实现共同富裕"任重道远，新时期中央政府不可回避的一项重要责任，就是以合理方式"抽肥补瘦"，抑制地区间差距扩大——这种中央政府针对"横向不均衡"履行区域差异调节责任的物质前提，就是形成合理设计与可持续实施的中央、地方间"纵向不均衡"（中央掌握大于本级支出需要的财力）的财力分配框架。

我国转移支付制度建设目标包括平衡地方基本公共服务能力（一般性转移支付）和实现特定宏观调控目标（专项转移支付），需在其机制设计上逐步完善、动态优化。

5. 改进和完善预算管理制度

预算制度是现代财政制度的核心内容，预算管理改革要助推现代国家治理体系的建设，完善国家筹集、分配和使用资金的方式。良好的现代预算制度，应遵循多项国际公认的基本原则，包括全面性、原则性、合法性、灵活性、预见性、可审议性、真实性、透明度、信息量和诚信度。这也是我国预算管理制度改革完善的应有追求。比如，实现预算的全面性，即要求将所有的政府收入和使用情况纳入预算，建立全口径的公共预算体系；提高预算的透明度，即扩大各级政府预算公开的范围和详细程度，特别是三公经费等具体内容，以及政府间转移支付的计算确定方法等；增强预算的预见性，需实行中期财政规划管理，克服年度预算的短视性弊端，为适应新常态下宏观调控的改善提供有利条件，为支出结构的优化调整提供可操作的合理化方案。

（三）推进路径

根据"94改革"以来分税制深化改革不尽如人意的突出矛盾和真实问题，在提高国家治理能力和治理现代化背景下，建立现代财税体制的重点应包括：

1. 以政府扁平化改革为框架

在"最小一揽子"配套改革中积极、渐进推进省以下分税制的贯彻落实，通过省直管县、乡财县管和乡镇综合配套改革，在大面上将我国原来的五个政府层级扁平化为中央、省、市县三个层级（不同地区可有先有后），以此作为由"山重水复"变"柳暗花明"的一个框架基础。

其意义是促进1994年以后始终不能贯彻落实的省以下分税制的进行。原来省以下的分税，实际上没能"过渡"到位，变成了五花八门、复杂易变、讨价还价、弊病明显的分成制和包干制。

如果一旦分税制可以在省以下贯彻，其他的配套改革都可以有实质性的推进。过去我国约20种税怎么分的问题，多年探索，怎么都分不好；现在人们所抨击的很多地方政府的短期行为，与其合理职能相悖的表现，伴随制度条件的改变应都可以得到改造。

总体来看，我国的"省直管县"改革可分三步走：第一步是像目前各省的改革试点搞的那样，省主要对直管县的财政进行直管，并适当下放经济管理权，但仍维持市对县的行政领导地位；第二步是市和县分治，统一由省直管，重新定位市和县的功能，某些与市毗连的县可改为市辖区；第三步是市改革，在合理扩大市辖区范围的同时，合理调整机构和人员，总的方向应当是撤销传统意义上的管县的地级市（级别可保留，人员逐渐调整），全面落实市县分置，省直管县。在上述过程中，还可大力推进乡镇财政体制改革，对经济欠发达、财政收入规模小的乡镇，试行由县财政统一管理其财政收支的办法，对一般乡镇实行"乡财县管"方式，在保持乡镇资金所有权和使用权、财务审批权不变的前提下，采取"预算共编、账户统设、集中收付、采购统办、票据统管"的管理模式。

2. 以合理调整事权为匹配逻辑

在顶层规划下调整、理顺中央与地方事权划分，包括中央事权、地方事权、中央与地方共担事权、中央委托事权、中央引导与鼓励事权等，进而按照政府事务的属性和逻辑原理，合理而力求清晰地划分政府间支出责任，尽快启动由粗到细形成中央、省、市县三级事权与支出责任明细单的工作，并在其后动态优化和加强绩效考评约束。尽快将基础养老金、司法体系、食品药品安全、边防、海域、跨地区流域管理等划为中央事权。地方政府应退出一般竞争项目投资领域，同时规范省以下政府的事权划分边界。

3. 以税制改革为配合，完善政府间收入划分改革

以税制改革为配合，积极完善以税种配置为主的各级收入划分制度。大力推进资源税改革，以将"从价征收"机制覆盖到各类资源，进一步扩大资源税的征收范围。积极推进房地产税立法并适时、分步推进改革。开征独立的环境保护税，并将该税种收入划分地方。扩大消费税征收范围，调整部分税目的消费税征收环节，将部分消费税税目收入划归地方；将车辆购置税划归为地方收入；巩固"营改增"成果，将增值税中央增收部分作为中央增加对地方一般性转移支付的重要来源。

4. 以规范的转移支付制度体现事权优先原则

按照人口、地理、服务成本、功能区定位等因素优化转移支付的均等化公式，加强对欠发达地方政府的财力支持；适当降低专项转移支付占全部转移支付的比重，归并、整合专项中的相似内容或可归并项目；尽量提前其具体信息到达地方层面的时间，并原则上取消其"地方配套资金"要求，以利地方预算的通盘编制与严肃执行。此外，还应积极探索优化"对口支援"和"生态补偿"等地区间横向转移支付制度。

5. 以建立现代公共预算管理制度为基础性支撑

结合建立现代财政制度的要求，在全口径预算前提下从中央级开始积极试编3—5年中期滚动预算；把单一账户国库集中收付制发展为"横向到边、纵向到底"；配之以"金财工程""金税工程"式的全套现代化信息系统建设来支持、优化预算体系所代表的全社会公共资源配置的科学决策；落实新《预算法》关于地方债的

规定，加快地方阳光融资的公债、市政债制度建设步伐，逐步置换和替代透明度、规范性不足而风险防范成本高、难度大的地方融资平台等隐性负债；地方的国有资产管理体系建设也需结合国有资本经营预算制度建设而积极推进。

在"渐进改革"路径依赖和"建设法治国家""强化公众知情与参与"多重约束条件和逻辑取向下，逐步而积极、理性地推进财税法制建设，掌握好服务全局大前提下"在创新、发展中规范"与"在规范中创新、发展"的权衡点，强化优化顶层规划和继续鼓励先行先试，在经济社会转轨历史时期内，不断及时地将可以看准的稳定规则形成立法。

6. 以举债权和产权管理为重要组成要素

市场经济所要求的分税分级财政体制，内含地方适度举债的必要性和合理性。举债权是规范化的分税制体制下各级政府应有的财权，在大多数市场经济国家，地方政府债券市场已较为成熟和完善，成为地方融资的重要途径和资本市场的有机组成部分，在国家的经济发展尤其是地方经济的发展中发挥着十分重要的作用。新《预算法》赋予地方政府适度举债权，允许地方政府通过规范的法定程序，在保证透明度和受监督的条件下以适当规模举债，筹集必要的建设资金。这有利于地方政府在分级预算运行中应对短期内市政建设等方面的高额支出，把支出高峰平滑化分摊到较长时段中，并借力于社会资金和市场机制发挥提供准公共产品的职能，有效弥补地方政府收入的不足，为进一步深化财政体制改革拓宽路径。

产权管理是中央和地方政府间的重要事权划分内容之一。混合所有制作为"现代国家治理"的现代市场体系的产权制度基石，为国有经济部门改革和国有资产管理体系的重构打开空间，基于"现代国家治理－现代市场体系－现代企业制度－混合所有制"的逻辑链，十八届三中全会关于"混合所有制"认识的突破性表述，实际上强调了在现代国家治理的法治背景下，任何一个市场主体内部的产权可以按照股份制框架下的混合所有制来处理，实现最大包容性和共赢、多赢，实质性地推进改革。

（四）操作设计

财政是经济的重要组成部分，直接服务于转方式、调结构；财政也是行政和政治的组成部分，将制约或推动行政和政治体制改革；同时，财政又是社会、文化、生态各领域的重要支撑，牵一发而动全身。因此，在国家治理体系现代化进程中，建立现代财政制度、深化财税体制改革要从服务全局出发，在全面服务于经济、政治、社会、文化、生态各领域改革的基础上，在合理界定政府职能、理顺政府间财政关系、改革税收制度、优化支出结构、强化预算管理、规范政府债务、健全信息系统等方面形成可操作方案以求实质性推进。同时，完善财经法律体系，加强财税改革与价格、土地、金融、对外开放等项改革的配套联动。

1.形成科学规范的政府间财政分配关系

完善财政体制，总体应在合理界定政府与市场边界的基础上，科学划分政府间事权和支出责任，强化中央政府统一市场、社会保障、环境保护等与全局发展有关职能，弱化对地方政府的干预，适当调整政府间收入划分，健全统一规范透明的财政转移支付制度，进一步完善省以下财政体制，加强县级政府提供基本公共服务的财力保障能力。

——明确界定政府职能和职责范围，科学划分政府间事权与支出责任

理顺政府间财政关系的目标是在"扁平化"框架下建立中央、省、市县三级政府间职责与财权的划分体系。

按照职责的承担主体标准，可将政府职责分成四类：独立承担职责、共同承担职责、上级政府委托性职责和上级政府引导性职责。从国际政府间财政关系的借鉴来看，人类智慧的结晶和典型经验是：在各级政府间，"拿自己的财办自己的事，效率最高；拿别人的财办自己的事，效率其次；拿别人的财办别人的事，效率最低"。因此，处理政府间财政关系的总体原则是：减少职责共担，尽可能减少共享税；赋予各级政府相应的财权，以满足其承担职责的需要。

关于政府间职责和支出责任划分的设想方案及政府间职责与支出责任界定的一览表（初步设计），可分见专栏4-1和表4-1。

专栏4-1 政府间职责和支出责任划分设想方案

一、改革基本思路

第一，细化职责类型，尽可能做到各级政府明确拥有大部分独立承担的职责，减少共同承担的职责，辅之以少量上级委托性职责和引导性职责。

第二，将部分现有地方政府承担的职责，上收至中央政府，包括司法、民兵、边境、边防、海关、国税等中央执法机构的工作设施费用。

第三，中央政府本级独立承担的职责力争做到自己完成，少用共同承担的方式，按照区域或者省市两级建立自己的垂直派出机构，负责直接支出和委托支出的监督。

第四，按照国际通用的三级政府的行政架构来划分职责。以中央政府负责兜底，中央和省两级自上而下转移支付支持，使政府体系（包括边远、欠发达区域的地方政府）承担好提供基本公共服务的职责，如基础教育（中小学）、基本医疗、基本养老、基本住房、基本失业、基本公共卫生、基本就业、城乡居民最低生活保障。同时，做实市县级政府，明确其功能，定位于提供改善性公共服务、市域基础设施、当地治安。

二、划分方案

借鉴国际经验，按照受益范围、能力、效率、规模经济、外部性、信息充分性和激励相容为基本原则，各级政府的职责尽可能由本级政府承担，尽量减少职责共担，逐步改变中央下指令、地方执行的状况。中央政府单独承担的职责，由中央自身的机构完成；中央自身机构能力不足的，首先应加强中央自身能力建设。职责划分尽可能细化、可执行。中央政府着重抓大事、抓影响全局的事，地方政府不能履行的职责尽量交给地方。加快深化中央、省及省以下行政管理体制改革、行政区划调

第四章　中国财税体制改革的基本概括和供给侧改革主线上财税改革的大思路

整和财政体制改革，相应进行立法保障，提高政府间职责和事权划分的稳定性。

第一，中央政府的职责。一是国家主权和政权运转，包括加入国际组织，开展多边与全球性谈判及国际合作；实施外交、国防（军队）、国家安全、边防、海关、反恐；支出责任覆盖全国人民代表大会、中国人民政治协商会议、中央政府、法院、检察院、公安、消防、武警。二是民生保障和公共事业。保证饮水、空气、食品的安全性等人民群众基本生存条件；提供教育、公共卫生、医疗、文化、科技、社会保障的基本下限标准；国家级重点高等教育；国家级疾病防控、国家级三级甲等医院、重大公共卫生突发性事件；高能物理、航天、数学、力学等国家级和基础性科研项目；国家级自然保护区；三江源保护、三北防护林建设、荒漠化治理等跨区域环境保护。三是公共设施和市政工程。全国性跨地区跨流域水利设施、全国性电网、主干邮电通信网络、高速铁路和主干线普通铁路、国家级港口、全国性和区域性航空枢纽；跨区域资源保护与开发；原油、稀土、粮食等全国性战略物资储备。四是市场监管和经济调节。规范微观行为，维护市场秩序，保证微观主体运行的市场环境；调节经济周期、保持经济增长、调节产业结构、充分就业、稳定物价、国际收支平衡；国家经济和社会发展规划、全国性经济结构调整、财政与货币政策、金融监管、经济运行秩序及稳定；国家级农业开发；跨区域综合经济开发协作；调节国家、企业、个人分配占比结构，以及三部门内部的分配关系。调节政府层级间、产业行业间、个人间，以及城乡间、地区间分配关系。五是国有资产和公共资源。中央级金融和非金融企业国有资产；中央级行政事业单位国有资产；全国性和跨地区自然资源，包括国有土地、矿产、水源、森林、草原、滩涂、大气、空域。

　　第二，省级政府的职责。一是国家主权和政权运转。支出责任包括省级国际合作，省人民代表大会、省人民政治协商会议、省委、省政府、省级法院、省级检察院，省级公共安全（含警察）。二是民生保障和公共事业。在国家基本公共事业的下限标准之上，根据本省的财力状况，适当提高基本公共事业标准；省级高等和专业中等教育；省级疾病防控与环境卫生、健康医疗体系建设、省级医院、省级公共卫生突发性事件；科学研究与技术研发应用、省级科研项目；省级自然保护区；省域内和跨市县环境保护；基本住房保障。三是公共设施和市政工程。省域性和跨市县的基础设施建设与维护（包括水利设施、支线电力设施、支线邮电通信网络、国道及省道公路、支线普通铁路、港口、省级航空枢纽）；省域资源保护与利用；省域重要物资储备（粮、棉、食用油等）。四是市场监管和经济调节。省域市场秩序稳定、省级金融监管（省内非公众、非存款类金融机构监管及民间金融引导）；省级发展规划、省域经济结构调整；省级农业开发（包括省内山区、流域开发、省内扶贫）；全省范围内的数据统计；省域收入分配调整和就业促进。五是国有资产和公共资源。省级金融和非金融企业国有资产；省级行政事业单位国有资产；跨市县的自然资源。

第四章 中国财税体制改革的基本概括和供给侧改革主线上财税改革的大思路

第三，市县级政府的职责。一是国家主权和政权运转。支出责任包括市县人民代表大会、市县人民政治协商会议、市县委、市县政府、市县级法院、市县级检察院，维护辖区内治安和社会稳定。二是民生保障和公共事业。在国家基本公共事业的下限标准之上，根据本市县的财力状况，适当提高的的基本公共事业标准；二级医院；市县级文化体育设施；幼儿园教育、中小学教育、成人教育；人口和户籍管理；社区服务。三是公共设施和市政工程。地市县级基础设施建设（省道、市县级公路建设）；城市道路；辖区内公共交通网络建设与运营；城市和县域规划；市政公用事业（包括给水、排水、供电、供气、供热、公共交通、能源利用、园林绿化）、垃圾与污水治理、环境卫生、环境保护与污染治理。四是市场监管和经济调节。市县辖区内市场秩序稳定；市县级发展规划、市县经济结构调整；市县范围内的数据统计；市县辖区内就业促进。五是国有资产和公共资源。市县级金融和非金融企业国有资产；市县级行政事业单位国有资产；市县辖区内的自然资源。

第四，委托性职责与引导性职责。这部分职责较少，仅发挥辅助性作用，包括：一是委托性职责。由中央政府出资，省/市县政府负责协调推动和操作实施。这部分职责包括：城乡居民最低生活保障；小学和初中教育及校车；社区医院和乡镇卫生院；大灾大难救助和灾后重建；社会救济社会优抚；经济建设项目；人口普查；由省级政府出资，市县政府负责协调推动和操作实施。包括：基本住房保障；经济建设项目。

> 二是引导性职责。上级政府拿出一部分资金，下级政府配套一部分资金，以此鼓励引导下级政府承担某些职责。这部分职责包括：战略性新兴产业发展、具有地方特色的产业发展。

表 4-1　政府间职责和支出责任界定一览表（初步设计）

中央政府独立承担的职责	国家主权与政权运转	［1］国际合作、国际组织、国际事务和国际关系：加入国际组织，多边与全球性谈判，国际卫生、教育、科技、文化合作。 ［2］服务国家主权的职责：外交、国防（军队）、国家安全、边防、海关、反恐。 ［3］国家立法、司法、行政：支出责任覆盖全国人民代表大会、中国人民政治协商会议、中央政府、法院、检察院。 ［4］维护社会秩序的职责：公安、消防、武警。
	民生保障与公共事业	［5］人民群众基本生存条件：饮水、空气、食品安全。 ［6］基本民生保障：基本公共事业的基本下限标准，包括基础教育（如幼教、中小学、特殊教育）、基本公共卫生（如传染病、精神疾病防治）、基本医疗（如综合性医院和专科医院、社区医院、乡镇卫生院）、基本文化（群众文化、非物质文化遗产）、基本社会保障（基本养老保险、基本医疗保险、基本住房）。 ［7］一般公共服务：国家级重点高等教育；国家级疾病防控、国家级医院（三级甲等医院）、重大公共卫生突发性事件；国家级和基础性科研项目（例如高能物理、航天、数学、力学等）；国家级自然保护区；跨区域环境保护（例如三江源保护、三北防护林建设、荒漠化治理等）。

第四章　中国财税体制改革的基本概括和供给侧改革主线上财税改革的大思路

（续表）

中央政府独立承担的职责	公共设施与市政工程	[8]基础产业和基础设施：全国性和跨地区基础设施建设（全国性跨地区跨流域水利设施、全国性电网、主干邮电通信网络、高速铁路和主干线普通铁路、国家级港口、全国性和区域性航空枢纽）；跨区域资源保护与开发；全国性战略物资储备（例如原油、稀土、粮食等）。
	市场监管与经济调节	[9]市场规则：规范微观行为，维护市场秩序，保证微观主体运行的市场环境。 [10]宏观经济调节：调节经济周期、保持经济增长、调节产业结构、充分就业、稳定物价、国际收支平衡；国家经济和社会发展规划、全国性经济结构调整、财政与货币政策、金融监管、经济运行秩序及稳定；国家级农业开发（例如农业经济结构调整、土地整理、粮食收购、国家级扶贫）；全国范围内的基础数据统计；跨区域综合经济开发协作；其他跨区域合作事项。 [11]调节收入分配：调节国家、企业、个人分配占比结构，以及三部门内部的分配关系，调节政府层级间、产业行业间、个人间及城乡间、地区间分配关系；全国性就业和收入分配调节政策。
	国有资产与公共资源	[12]经营性国有资产：中央级金融和非金融企业。 [13]行政事业单位国有资产：中央级。 [14]自然资源：全国性和跨地区的自然资源，包括国有土地、矿产、水源、森林、草原、滩涂、大气、空域。
	委托省/市县政府执行的职责	[15]中央政府出资支持，省/市县政府负责协调推动和操作实施。包括：城乡居民最低生活保障；小学和初中教育及校车；社区医院和乡镇卫生院；大灾大难救助和灾后重建；社会救济社会优抚；经济建设项目；人口普查。

(续表)

省级政府独立承担与执行	国家主权与政权运转	[16]国际合作、国际组织、国际事务和国际关系：省级国际合作。 [17]国家立法、司法、行政：支出责任包括省人民代表大会、省人民政治协商会议、省委、省政府、省级法院、省级检察院。 [18]维护社会秩序的职责：省级公共安全（含警察）。
	民生保障与公共事业	[19]一般公共服务：在国家基本公共事业的下限标准之上，根据本省的财力状况，适当提高的基本公共事业标准；省级高等和专业中等教育；省级疾病防控与环境卫生、健康医疗体系建设、省级医院、省级公共卫生突发性事件；科学研究与技术研发应用、省级科研项目；省级自然保护区；省域内和跨市县环境保护（包括省内湖泊、河流、大气污染防治等）；基本住房保障。
	公共设施与市政工程	[20]基础产业和基础设施：省域性和跨市县的基础设施建设与维护（包括水利设施、支线电力设施、支线邮电通信网络、国道及省道公路、支线普通铁路、港口、省级航空枢纽）；省域资源保护与利用；省级重要物资储备（粮、棉、食用油等）。
	市场监管与经济调节	[21]市场规则：省域市场秩序稳定、省级金融监管（省域内非公众、非存款类金融机构监管及民间金融引导）。 [22]宏观经济调节：省级发展规划、省域经济结构调整；省级农业开发（包括省内山区、流域开发、省内扶贫）。全省范围内的数据统计；跨市县合作项目。 [23]调节收入分配：省域收入分配调整和就业促进。
	国有资产与公共资源	[24]经营性国有资产：省级金融和非金融企业。 [25]行政事业单位国有资产：省级。 [26]自然资源：跨市县的自然资源。
	委托市县政府执行的职责	[27]省级政府出资，市县政府负责协调推动和操作实施。包括：基本住房保障；经济建设项目。

第四章 中国财税体制改革的基本概括和供给侧改革主线上财税改革的大思路

（续表）

市县政府独立承担与执行	国家主权与政权运转	[28] 国家立法、司法、行政：支出责任包括市县人民代表大会、市县人民政治协商会议、市县委、市县政府、市县级法院、市县级检察院。 [29] 维护社会秩序的职责：辖区内治安和社会稳定。
	民生保障与公共事业	[30] 一般公共服务：在国家基本公共事业的下限标准之上，根据本市县的财力状况，适当提高的基本公共事业标准；二级医院；市县级文化体育设施；幼儿园教育、中小学教育、成人教育；人口和户籍管理；社区服务。
	公共设施与市政工程	[31] 市政公用设施：地市级基础设施建设（省道、市县级公路建设）；城市道路；辖区内公共交通网络建设与运营；城市和县域规划；市政公用事业（包括给水、排水、供电、供气、供热、公共交通、能源利用、园林绿化）、垃圾与污水治理、环境卫生、环境保护与污染治理。
	市场监管与经济调节	[32] 市场规则：维护市县辖区内市场秩序稳定。 [33] 宏观经济调节：市县级发展规划、市县经济结构调整；市县范围内的数据统计。 [34] 调节收入分配：市县辖区内的就业促进。
	国有资产与公共资源	[35] 经营性国有资产：市县级金融和非金融企业。 [36] 行政事业单位国有资产：市县级。 [37] 自然资源：市县辖区内的自然资源。

注：此外，还有一些引导性职责。它是指中央政府鼓励省/市县政府，或者省级政府鼓励市县政府承担的某些职责。这种情况下，上级政府拿出一部分资金，下级政府配套一部分资金，但引导性职责本身还是下级政府的职责，包括战略性新兴产业发展、具有地方特色的产业发展。

——从转变发展方式需要出发，完善政府间收入划分

与国际相比，现阶段我国中央政府的财力集中度并不高。在以调整事权和支出责任划分为改革基本方向的前提下，需要从完

善市场经济体制、转变发展方式角度出发，配套推进税制改革及对收入划分进行必要合理调整。

《中共中央关于全面深化改革若干重大问题的决定》提出："保持现有中央和地方财力格局总体稳定，结合税制改革，考虑税种属性，进一步理顺中央和地方收入划分。"这一要求综合考虑了我国地方政府承担事权和支出责任的实际情况，既有利于保证中央履行职能和实施重大决策，又有利于保障地方既得利益、培育地方主体税种、调动地方积极性，从而有利于形成改革共识、确保改革顺利进行。贯彻落实《中共中央关于全面深化改革若干重大问题的决定》要求，要根据税种属性特点，遵循公平、便利和效率等原则，合理划分税种，将收入周期性波动较大、具有较强再分配作用、税基分布不均衡、税基流动性较大、易转嫁的税种划为中央税，或中央分成比例多一些；将其余具有明显受益性、区域性特征，对宏观经济运行不产生直接重大影响的税种划为地方税，或地方分成比例多一些，以充分调动两个积极性，为实现"五位一体"的全面小康提供制度保障。具体来说，这包括以下方面：

（1）进一步完善中央与地方收入划分的基本思路

财政体制中的财权配置是保证各级政府有效履行职责的重要制度安排。财权划分总体上应考虑税种属性，兼顾各地区间利益分配关系，理顺中央与地方收入划分，促进经济发展方式转变与统一市场形成。总体上，应努力使税基划分科学化、合理化，酌情减少共享税，将税基流动性强、容易造成税源转移和跨地区间分配不公，有助于调节收入分配、推动经济发展方式转变、促进资源永续利用及统一市场形成的税种，确定为中央固定收入。具

第四章 中国财税体制改革的基本概括和供给侧改革主线上财税改革的大思路

体而言，中央政府为履行宏观调控功能，应当掌握有利于维护统一市场、流动性强、不宜分割、具有收入再分配和宏观经济"稳定器"功能的税种，如个人所得税；有利于贯彻产业政策的税种如消费税，以及与国家主权相关的税种，如关税。地方政府为履行提供区域性公共产品和优化辖区投资环境的职能，应当掌握流动性弱、具有信息优势和征管优势、能与履行职能形成激励相容、良性循环的税种，如不动产税等。

按照税收收入的内在属性，成熟市场经济国家一般将税基流动性较强、地区间分布不均衡、年度间波动较大及税负易转嫁、涉及收入分配等的税种，如增值税、所得税等，划分为中央政府收入；将税基较为地域化，信息能由地方政府较好掌握的税种收入，划归地方收入。

在进一步规范税费制度的前提下，现行政府间收入划分可以考虑进行以下调整：政府间收入划分要考虑税种属性、事权和支出责任划分状况、地区间财力差异程度等因素。中央财政集中的收入，既要保证中央履行职能和支出责任的需要，还要有利于有效实施宏观调控和促进基本公共服务均等化。可以考虑以下改革思路：增值税由中央与地方共享收入，改为中央收入，并由中央全额负担出口退税。为减少对地方收入的影响，可考虑在不改变中央和地方增值税分配格局的情况下，将地方分享的增值税收入根据人口等客观因素在地区间重新分配，改变目前按来源地分享增值税的状况；或者降低增值税税率，改为中央税，同时允许地方在不超过原增值税分享额度内开征零售环节销售税。这个税种在零售环节征收，不在生产和流通中课征，不含地方追求数量型扩张机制，是有利于促进实现城镇化的。地方可以根据当地特点，自定税目、税率，例如对基本食品不征税，对一般商品服务零售普遍实行低税率，对烟、酒等实行高税率等。累进制的所得税作为促进收入分配的项目，与经济周期关系密切，年度之间波动性强，通常不应作为地方政府收入，可考虑由中央、地方比例分成制改为中央、地方按核定税基分享制，地方按固定比例征税，中央征收累进税。资源税原则上适宜为中央收入，然而在我国，资源主要分布于中西部贫困地区，为支持这些地区发展，资源税可继续留给地方，但最好留在省本级，以免出现资源分布不均衡带来的财政分配不均衡，引发新的矛盾。此外，还要明确均衡性转移支付资金的来源，可以指定某一税种或某些税种的全部或一定比例，作为均衡性转移支付的资金来源。

（2）政府间收入划分具体方案设想

借鉴国际经验，按照"多专享税，少共享税"的思路，中央、省和市县三级政府收入的划分应坚持以下原则：一是以效率、公平、征管便利和收入充足为原则；二是要尽量减少共享税，切实增加各层级的专享收入规模；三是要扩大直接税和地方税。实际操作中要与税制改革和地方税体系建设相衔接，如考虑做大资源税、环境税、房产税和其他类型的财产税，增加直接税比重，支持地方税体系建设。政府间收入划分的具体方案详见表4-2。

一是完善中央税。主要是一般纳税人增值税、出口退税，海关代征进口环节消费税和增值税，关税，资源性消费税（烟、酒）、燃油消费税（如在生产环节征收）、船舶吨税、海洋油气资源税、内陆油气及特大型矿产类资源税（中央可适当分享）、个人所得税

第四章　中国财税体制改革的基本概括和供给侧改革主线上财税改革的大思路

（中央适当分享，比例宜在50%以上）、企业所得税（中央适当分享，如50%）、遗产税（尚未开征，中央适当分享）、证券交易印花税（维持现行分配比例）。基本养老保险缴费、基本医疗保险缴费；中央级政府性基金，其中土地出让金收入（中央适当集中，如30%）；中央级国有资本经营收益上缴部分；中央级非税收入。

二是调整并逐步减少中央和地方共享税。取消"两税"基数返还办法，取消增值税共享。在"营改增"试点过渡期结束后，停止试点行业增值税收入归地方的办法，其相应利益在扩大地方税、"营改增"后保留金融业与增值税链条无关或关联很小的生活性服务业营业税、规范中央和地方共享税费制度、改进转移支付制度等改革中予以保证。在企业所得税、个人所得税的中央和地方分享比例上，可适当调高地方分享部分，如企业所得税调整为五五分成。

三是稳定省级收入。小规模纳税人的增值税，金融业和生活性服务业营业税，成品油消费税（如在零售环节征收）、非资源性消费税（大排量汽车、高尔夫球场、奢侈品、鞭炮烟火、汽车轮胎、摩托车、一次性木制筷子、实木地板）、跨省内陆油气及大型矿产类资源税（省30%以下）、中小型矿产类资源税（省50%）、个人所得税（省50%）、企业所得税（省50%）。省级政府性基金，其中土地出让金收入（省30%）。省级国有资本经营收益上缴部分。中央级非税收入，包括牌照和停车场使用费（50%）。

四是充实市县级税收。这包括：烟叶税（市县60%）、小型汽车车船税、房产税、土地增值税、契税、耕地占用税、城镇土地使用税、城市维护建设税。市县级国有资本经营收益上缴部分。

211

市县级非税收入。土地出让金（市县40%）。

五是建立中央、地方共享费。将国有土地出让金扣除补偿性成本后的收入统一为土地使用费，作为中央和省、市县三级共享收入，具体共享比例待研究测算，与各项分配调整统筹考虑。

六是赋予地方一定税权，主要是一些地方税的选择权、税率调整权和特定约束条件下的因地制宜设税立法权等权限。

表4-2　政府间收入划分方案设想

政府级次	财政收入类型
中央政府	关税，海关代征进口环节消费税和增值税，增值税（不含纯零售环节）、出口退税(不含最终消费品)，资源性消费税(烟、酒)、燃油消费税（如在生产环节征收）、船舶吨税、海洋油气资源税、内陆油气及特大型矿产类资源税（中央适当分享）、个人所得税（中央50%以上）、企业所得税（中央50%）、遗产税（尚未开征）、证券交易印花税（维持现行分配比例）。基本养老保险缴费、基本医疗保险缴费。中央级政府性基金，其中土地出让金收入（中央逐步提高至30%左右）。中央级国有资本经营收益上缴部分。中央级非税收入。
省级政府	燃油消费税（如在零售环节征收）、非资源性消费税（大排量汽车、高尔夫球场等）、内陆油气及大型矿产类资源税（省30%以下）、中小型矿产类资源税（省50%以下）、个人所得税（省60%）、企业所得税（省60%—70%）、遗产税（尚未开征，省60%）、证券交易印花税（维持现行分配比例）、环境税（水资源、森林、滩涂，尚未开征）、增值税（纯零售环节）、出口退税（最终消费品）、营业税（营改增完成之后的生活性服务业）、烟叶税（省40%）、大中型汽车车船税。工伤保险缴费、生育保险缴费、失业保险缴费。省级政府性基金，其中土地出让金（省30%）。省级国有资本经营收益上缴部分。省级非税收入，其中包括车辆牌照及停车特许权使用费（50%）。

第四章 中国财税体制改革的基本概括和供给侧改革主线上财税改革的大思路

（续表）

政府级次	财政收入类型
市县政府	烟叶税（市县60%）、小型汽车车船税、房产税、土地增值税、契税、耕地占用税、城镇土地使用税、城市维护建设税。市县级国有资本经营收益上缴部分。市县级非税收入。土地出让金（市县40%）。

——进一步深化省以下财政体制改革

中国是一个拥有五级政府的大国，规范政府间财政关系不能仅仅停留在中央与省这一层面，还须深入到省以下各级政府。省以下财政体制应当由中央统一做出原则规定，明确收入分享的比例、省以下纵向和横向均衡的要求、中央的鼓励措施等。进一步调整和完善省以下财政管理体制，均衡区域内纵向和横向财力，增强基层保障能力，优化区域内财力分配，促进公共服务均等化。应重点开展以下几个方面的工作：一是要强化省级政府责任，省级政府要合理把握省级政府收入占全省收入的比重，加大区域内财力调节力度，逐步缩小省以下地方政府财力差距。二是划清省以下各级政府的事权与支出责任，要按照外部性、信息复杂性和激励相容的原则划分省以下支出责任，并组建省级相关机构，结合省以下收入划分情况，建立省以下转移支付体系。三是统一省以下收入划分，明确省以下各级政府的主体税种，减少地区间收入划分对企业公平竞争产生的消极影响。坚决禁止对企业的税收减免，促进生产要素合理流动和企业良性竞争。四是要进一步健全县级基本财力保障机制，根据政策变化调整保障水平，不断完善奖补办法，加大对各地区的指导和帮助力度。五是继续推进省直管县财政管理方式改革，不断充实、完善改革的内容和方式，强化乡镇财政管理，充分发挥乡镇财政的职能作用。此外，在配套改革中积极、渐进推进省以下分税制的贯彻落实，还应通过省直管县、乡财县管和乡镇综合配套改革，在大面上将我国原来的五个政府层级扁平化为中央、省、市县三个层级（不同地区可有先有后）。

——完善财政转移支付制度和基层财力保障机制

总体来说，完善财政转移支付，应该配合有关事权和支出责任的体制改革，降低转移支付的规模，精简其项目；着力提升转移支付政策的有效性；重塑分配规则，增强规范性、法制化和透明度。

（1）在明确划分政府间事权与支出责任的基础上设计转移支付体系

如前所述，财政体制改革的方向是强化中央事权和支出责任，明晰各级政府事权和支出责任范围，减少对地方事权和支出项目的干预。相应地，现行转移支付结构要顺势调整。调整的方向，一是强化一般性转移支付，促进基本公共服务均等化，将现行对地方支出责任范围内实施的专项转移支付调整并入一般性转移支付。二是专项转移支付应主要解决外部性、共同支出责任问题和实现中央特定政策目标，对中央事权和支出责任范围内的事项，由中央财政支出，不再通过专项转移支付安排，对地方事权和支出责任范围内的事项原则上通过一般性转移支付安排，增强地方自主权，中央财政不再通过安排专项转移支付加以干预。

（2）完善一般性转移支付制度

科学设置一般性转移支付和专项转移支付，发挥好各自的功能作用，逐步增加一般性转移支付的规模和比例，更好发挥地方政府贴近基层、就近管理的优势，促进地区间财力均衡，重点增加对革命老区、少数民族地区、边疆地区、贫困地区的转移支付。中央出台减收增支政策形成的地方财力缺口，原则上通过一般性转移支付调节。要设定长期、中期和短期基本公共服务均等化目标，明确公共服务的领域和事项。针对不同时期的目标，选择切实可行的政策路径。进一步完善一般性转移支付制度框架，明确转移支付的资金来源，减少转移支付总规模确定的随意性。优化一般性转移支付资金分配方式，继续发挥多年来选择客观因素、按照公式分配资金的优势，减少资金分配的随意性。按照人口、地理、服务成本、功能区定位等因素优化转移支付的均等化公式，加强对欠发达地方政府的财力支持。优先弥补禁止和限制开发区域的收支缺口，推进基本公共服务均等化。

（3）完善专项转移支付制度

专项转移支付要根据政府间支出责任划分，进行分类规范、清理整合。大幅度减少转移支付项目，降低专项转移支付占全部转移支付的比重，归并、整合专项中的重复交叉及相似内容或可归并项目。逐步取消竞争性领域专项和地方资金配套，严格控制引导类、救济类、应急类专项，对保留的专项进行甄别，属于地方事务且数额相对固定的项目，划入一般性转移支付，并根据经济社会发展及时清理专项转移支付项目。设定专项转移支付门槛和准入机制。取消现有专款中名不副实和过时的项目，归并重复交叉的项目，严格控制专项转移支付规模。各级政府转移支付资金分配原则上应当直接面对民众，面对最终受益人，程序要公开、透明，同时尽量提前其具体信息到达地方层面的时间，并原则上取消其"地方配套资金"要求，以利地方预算的通盘编制与严肃执行。

（4）完善财政转移支付管理体制和监督机制

完善转移支付管理体制，取消部门多头管理和分配。增强政府间转移支付的统一性和完整性，明确财政部门为财政性转移支付唯一的实施和管理主体，取消系统内转移支付做法，上下级政府部门之间往来的专项资金应当一律纳入财政转移支付，由财政安排到具体的支出部门，并纳入部门预算管理，接受同级财政和同级审计的监督。同时，要完善转移支付监督机制。对于一般性转移支付，由于中央不规定其具体用途，由地方政府自行支配，这部分资金运用的监督管理应主要通过对地方政府的预决算的审查和预算执行的监督来实现。对于专项转移支付，则要从项目的立项审查、项目的跟踪督办直至项目验收考核进行全过程的监督管理，建立转移支付制度的绩效评价机制。

（5）推进转移支付立法，健全转移支付法律法规制度

目前有关转移支付的管理制度属于部门规章，比较分散，立法层次较低，约束性不强，亟需通过加强财政转移支付的立法工作，规范各方面在财政转移支付的预算编制、项目管理特别是专项转移支付的立项、分配和管理、监督等各环节的行为，理顺工作机制和决策程序，促进公开透明，更好地发挥财政转移支付的作用。在当前积极推进《预算法》修订的同时，还应考虑研究制定《财政转移支付法》。作为过渡措施和现实条件下的务实选择，可先以国务院专门条例的形式来规范转移支付。通过法律法规及制度明

确博弈的规则，确定财政转移支付的政策目标、资金来源、分配标准、分配程序，确保规则的合法性、严肃性，保障财政转移支付的政策效果。

（6）继续做好基层财力保障机制建设

全国范围内的县级基本财力保障机制建设从2010年起开始推进，主要是以保障职工工资、维持正常运转和落实国家统一民生政策等基本支出为目标，引导各地对县级政府实施"托底"保障。财政部443号文《关于建立和完善县级基本财力保障机制的意见》（财预〔2010〕443号）明确提出以实现县乡政府"保工资、保运转、保民生"为主要目标，全面推进县级基本财力保障机制建设。县级基本财力保障机制的主要内容是：中央财政每年根据国家相关政策，制定县级基本财力保障范围和保障标准。保障范围包括国家制定的工资政策、民生政策，以及机关事业单位公用经费、地方津贴补贴等。其中，前两项的保障标准按照国家统一规定执行，后两项的保障标准依据各地区财力状况分省核定。在此基础上，测算确定全国各县的基本财力保障需求，并与各县的同口径财政支出相比较，核定支出缺口。对保障情况较好的地区，给予激励性奖励；对存在财力缺口的地区，依据缺口消化情况，给予保障性奖励；对到2012年底仍存在县级基本财力缺口的地区，扣减对该地区的2013年均衡性转移支付或税收返还并直接补助到财力缺口县。中央财政采取激励约束的方式，引导省级财政通过完善省以下财政体制、加大对县级财政转移支付力度等办法，落实保障责任。

至2012年底，"保工资、保运转、保民生"的政策目标基本实现，县级政府财力水平明显提高、提供基本公共服务的能力显著增强，取得阶段性成效。然而，当前县级财政能力离强化基层政府执政能力建设、推进基本公共服务均等化、促进全面建成小康社会还有不小的差距，亟需继续做好基层财力保障机制建设。

进一步健全县级基本财力保障机制，建立分级负责、动态保障、注重绩效、公开透明的长效机制，不断提高县级政府财力保障水平，使县级政府财力与其基本支出责任动态匹配。要通过提高保障标准、完善省以下财政体制和转移支付制度、推进省直接管理县财政改革、建立县级基本财力保障资金稳定增长机制等一系列政策措施，构建县级财政良性运行的制度保障，优化财力分布格局。要加强省直管县体制改革试点工作的衔接，在稳步推进省直接管理县财政改革基础上，完善相关政策措施，引导和鼓励省、市级政府赋予县级政府更多经济社会管理权限，提高县级政府对区域经济社会发展的统筹协调、自主决策和公共服务能力。

第五章　为各方高度关注的税制改革：税改的中国样本

一、我国近年营改增的改革成果

营业税改增值税，是深化财税体制改革中的"重头戏"之一。这项改革不仅仅是简单的税制转换，更重要的是有利于消除重复征税，减轻企业负担，促进工业转型、服务业发展和商业模式创新。从总体上看，我国营改增全过程大体可分为部分行业地区试点、部分行业全国试点和全行业全国推行三个阶段。从2012年1月1日起，上海率先开展营改增试点工作，完成于2016年5月1日。从2016年5月1日起，将营改增试点扩至全行业，营业税完全退出历史舞台，时间跨度为5年。营改增试点改革作为我国供给侧结构性改革的重要内容之一，其改革成效可以归纳为以下几个方面：

第一，使原增值税纳税人因营改增后抵扣范围扩大而带来的减税或因税制转换带来的减税，减负效应明显，增强企业活力，稳定经济增长。

第二,促进经济结构调整和产业结构升级。增值税的"道道征、道道抵"的机制对产业分工是"中性"的,消除了阻碍第三产业发展的财税体制机制制约,促进第二、三产业融合发展和产业链上下游关联企业的社会化协作,为制造业服务化、产业链协同发展扫除了税制上的瓶颈。扩大了工业制造企业抵扣范围,研发投入与实物投入享有同等的增值税抵扣政策(外购技术信息服务也可以抵扣),鼓励企业增加投资、加快技术改造、全面提升工业层次和水平,促进工业转型升级。

第三,增强服务贸易出口竞争力,优化出口贸易结构。对国际运输服务、向境外单位提供的研发服务和设计服务,适用增值税零税率、实行免抵退税办法,有效降低了企业经营成本,增强了服务贸易的国际竞争力,优化了出口贸易结构。

第四,促进了税收征管的规范化。相比于营业税时代而言,政策更加明确规范,最新出现的业务也明确纳入增值税征税范围。政策明确及管理规范化,挤压了企业避税的"灰色空间",提升了我国税收征管的质量和税制的公平性。

今后,面对美国减税等外部"冲击"压力,中国必须"量体裁衣",针对我国的特点,完善营改增改革,使积极税改的作用最大限度得到发挥。

(一)进一步完善增值税制度

目前中国增值税制度存在的主要问题包括三方面:一是过渡期和优惠政策过多,从而导致抵扣链条中断,重复征税问题未能彻底消除;二是增值税多档税率并存,影响增值税"中性"特点的发挥；三是退税机制不健全，一方面影响税收"中性"的发挥，另一方面造成纳税人负税及消费型增值税的"名实不符"。针对这三个问题的改革完善思路包括：

1. 简化并且适时降低增值税税率

目前增值税税率档次过多，且差距较大，从17%—6%（甚至更低）不等，因此增值税税率简化改革难度较大。更理想的模式应为1档基本税率+1档优惠税率，辅以出口零税率和1档征收率，并适当降低基本名义税率。同时，采取小步慢跑、非同步调整和提前发布的方式稳妥推进改革。

第一，税率简化设想。依据我国增值税税率设计的历史经验，结合国际实践，除零税率和征收率外，我国增值税税率可设定为2档，即1档基本税率，1档优惠税率。基本税率设定为11%—13%，优惠税率设定为5%—6%为宜。基本税率适用于绝大部分商品和服务，优惠税率适用于与人民生活息息相关的商品，如食品、牛奶等，具体可参见表5–1。

表5–1 增值税税率简化设想

税率类别	税率水平	适用范围
基本税率	11%—13%	除下面三种商品和服务之外的所有商品和服务
优惠税率	5%—6%	生活必需品、与农业生产相关的商品或服务
零税率或免税	0	出口商品或服务
征收率	3%	适用简易计税方法的行业或纳税人（不包括金融业）

上述设想是基于以下考虑：

一方面，1档基本税率+1档优惠税率可弱化增值税的累退性，且符合历史习惯与国际惯例。从理论上来看，增值税单一税率是发挥其中性特点最理想的税率格局，但从另一角度看，增值税的比例税又使其具有税负承担上的累退性特征，为此许多国家对诸多基本生活用品适用低税率，以弱化其累退性。

营改增之前，我国增值税税率总体上是1档基本税率+1档优惠税率的税率格局，尽管还有其他零散税率，但适用范围极窄。从国际实践来看，也基本上呈现基本税率+优惠税率的格局，只是在优惠税率的档次上略有差异，有些国家为1档优惠税率，也有一些国家有2档优惠税率，具体情况与其历史习惯有关。

因此，出于兼顾发挥增值税中性特点和弱化其累退性作用的考虑，建议将我国增值税税率简化为1档基本税率+1档优惠税率的模式。

另一方面，优惠税率设定为约占基本税率的一半（5%—6%）可以较好地降低基本生活消费品的税收负担。增值税的累退性主要体现在高低收入者的税负无差异方面。对基本生活消费品实行低税率可以较好地降低基本生活消费品负担，进而降低低收入者生活成本。从国际实践的情况看，优惠税率也多为基本税率的一半左右。因此，本报告建议将优惠税率设定为5%—6%，即基本税率的一半。

第二，税率简化实施路径。上述税率简化方案可以采取小步快跑、非同步调整（先升后降或先降后升）、提前发布的方式予以稳步推进。

小步快跑是指税率按照每年增加或降低1%—2%的方式逐步

过渡到方案中设定的基本税率或优惠税率。这样做的好处是对经济社会的冲击较小。因为增值税对物价、财政收入及企业现金流都有重要影响,小步快跑的方式可有效减缓上述影响,给社会各方预留调整时间。

非同步调整是指税率升降不可同时进行,即要么先将高税率降下来,而后将低税率提上去;要么先将低税率提上来,再将高税率降下去。税率同步升降对生产性服务业的影响较大。如果升降同步进行,则带来生产性服务业的销项税额增加、进项税额减少,相应对生产性服务业的影响是双重的,短期内则会造成企业税负(税负转嫁需要时日)陡增,对企业现金流的影响也较大。先降后升是指首先将商品类增值税基本税率(17%)降至11%—13%,同时将适用13%的税率降至5%—6%。之后,再将现在适用低税率(11%和6%)的行业税率逐步提高至11%—13%。这种做法阻力较小、对物价影响较小,但财政减收压力较大。反之,先升后降则对生产性服务业影响较大,对物价上涨的影响较大,但财政减收压力会相对降低。至于选择先升后降还是先降后升的实施路径,可综合考虑其他税制改革情况。如果同时进行消费税或资源税配套改革,则可采用先降后升的方式;如果是增值税税率简化改革单项推进,则可以考虑采用先升后降的改革路径。

政策提前发布是指税率简化政策发布与实施之间预留一定时间,便于纳税人调整其营销策略。增值税对价格有重要影响,纳税人生产销售合同往往需要提前签订。如果不提前发布,会使增值税税负难以通过价格调整的方式转嫁税负,从而给企业经营带来不利影响。提前发布可增强纳税人的政策预期，提前做好应对准备。

2. 稳步推进增值税待抵税款的退税机制改革

建议对于超过一定期限、数额占销售收入比重超过一定比例的待抵税款实行退税处理。从微观企业个体而言，待抵税款采取退税还是下期结转的税务处理，本质上是时间性差异问题，待抵税款予以下期结转表面看起来影响不大，会抵减未来若干期内增值税税款的缴纳。事实上，待抵税款会占用纳税人现金，而现金是企业的"血液"，长期占用会使企业"大伤元气"。更为重要的是，目前多档税率并存，使适用低税率带来部分企业存在"低征高扣"的情况，从而使待抵税款长期大量存在，对企业经营形成严重影响。

然而，如果对待抵税款采取全退税（所有企业、所有待抵税款）的模式，一则会带来"骗税"风险，二来会造成财政减收。

兼顾征纳双方的客观现实，我们建议对待抵税款实行有条件的退税，即对超过一定期限、数额占销售收入比重超过一定比例的待抵税款实行退税。

（二）相关财税改革的联动改革

营改增试点改革"牵一发而动全身"的影响力，也倒逼财税改革应作出统筹规划，稳步推进。对于营改增试点改革对整体财税改革的影响主要包括两个方面：地方税体系建设的紧迫性和增值税收入机制的完善。

1. 积极推进地方税（费）体系完善

我们认为，中国地方税（费）体系建设应遵循的原则包括：

第一，以职能定收入的原则；第二，充分尊重各税种属性、兼顾调动两级政府积极性的原则；第三，充分体现地方政府收入"受益性"原则。

在上述原则指导下，中国地方税税基应由商品服务（消费）、所得和财产共同组成，近中期以消费和所得为主，中长期以消费和财产为主；完善地方政府使用费制度，建立科学、规范的地方收费制度体系。

2. 完善增值税收入分享机制

增值税是一种典型的消费税，纳税人与负税人不一致，税负由消费者负担。从区域层面来看，增值税收入规模大的地区往往不是增值税负税规模大的区域，因为前者与"生产"高度相关，而后者与"消费"相关。根据"辖区财政"理论，地方政府分享的增值税收入规模应与本地区的负税规模相关联，以体现辖区财政收入与支出的对应性。当前国内增值税收入分享机制是与地方政府的征收规模直接相关，征收规模越高，地方政府从中分享的额度越大，因此割断了与"负税"和"消费"的关系。

现行工业的增值税税率高，税源大，国有资本介入较多，在财政收入利益的驱动下，地方政府愿意并且能够"抓工业、上项目"。所以，当前增值税收入分享模式放大了地方政府的投资冲动，对全国统一市场的形成、去产能形成逆向激励,且不符合地方财政"取之于当地、用之于当地"的辖区公共财政理念。

从各国实践来看，多将国内增值税作为中央税，然后按照人口等因素转移支付至地方政府。这种处理方式名为中央税，实际功用则为地方税，有利于地区间分享规模与负税规模大体一致。

因为总体而言，人口与消费规模直接正相关，人口数量占全国人口的比重能够大体反映本地区消费规模占全国消费规模的比重。但这种分配方法也有弊端，切断了征收量与分享规模的关系，不利于调动地方政府发展经济的积极性。

我国营改增试点改革完全到位后，要达到国内增值税的完全消费税特征还需时日。因为完全消费型的增值税除了要保证所有固定资产进项税完全纳入抵扣范围外，还要保证所有投资完全不负税。这意味着目前所采用的待抵税款（当期销项税款小于进项税款）向下期结转的处理方法要改成完全退税，短期内不但征管条件不具备（试观目前出口退税中骗退税情况仍时有发生），也会带来财政减收。同时为发挥地方政府发展经济积极性，建议仍将国内增值税作为共享税，但尽可能较大幅度地降低地方政府分享比例，比如，可考虑降低至10%—15%，然后将中央政府分享的收入作为中央政府对地方一般性转移支付的来源。

（三）大力推广电子发票

增值税征纳成本相对较高，其中发票的印制、开具、管理成本构成增值税征纳成本的重要部分。据相关机构测算，我国全社会每年发票开具量为3000亿份，按照每份2元的成本测算，全社会的刚性成本则达到6000亿元。据报道，京东商城每年发票打印成本在3亿元以上。为此，2015年12月1日，税务总局推行了增值税发票管理新系统，开具增值税电子普通发票，目前重点在电商、电信、金融、快递、公用事业等有特殊需求的纳税人中推行使用电子发票，但仅局限于普通发票。

营改增后，电子发票的推广更加迫切，它不仅可以节约财政资金，而且对降低增值税征纳成本具有重要意义，应大力推广电子发票，尽快将电子发票覆盖至增值税专用发票。

二、中国税改难点聚焦：个人所得税、房地产税等直接税

近年美国特朗普任总统后推行的减税举措产生了全球性的影响，中国在多年实行"减税让利""减税降负"方针的基础上，也于连年推出了大力度的进一步减税方案。但中国总体的税制框架与美国相比大相径庭，推进减税不可东施效颦、邯郸学步，必须针对中国的现实问题和推进税制现代化的客观需要，在"顺势而为"的对应举措中，贯彻落实党的十八届三中全会已明确提出的逐步提高直接税比重的改革方针，在攻坚克难中，在努力降低间接税比重和合理把握宏观税负水平的同时，逐步提高直接税比重。这样，才能真正"做好中国自己的事情"。

直接税是指直接向个人或企业的所得、劳动报酬和利润征税，如所得税、财产税、社会保险税等，其本质是税负难以转嫁，纳税义务人同时也是税收的实际负担人，体现现代税法税负公平和量能纳税的原则，对于社会财富的再分配和社会保障的满足具有重要的调节作用。2013年召开的党的十八届三中全会明确提出，要逐步提高直接税比重。提高直接税比重是调节收入分配，促进社会和谐的迫切需要。在深化税收制度改革的六大任务中，个人所得税和房地产税属于直接税，因此当前逐步提高直接税比重，

优化调整直接税，主要是从个人所得税和房地产税着手。

（一）提高直接税比重势在必行

长期以来，我国一直实行以间接税为主体的税收制度，增值税、消费税等间接税占税收收入的比例一度高达70%左右。虽然近两年直接税占税收收入比例有所上升——2015年、2016年直接税比重均达到40%左右，但观察2016年直接税中几个与土地和房地产相关的税种变化（个人所得税同比增长17.1%，其中财产转让所得税同比增长30.7%；契税同比增长10.3%；土地增值税同比增长9.9%；房产税同比增长8.3%）就可发现，直接税比重的上升与当期房地产交易活跃有极大关系，并没有形成直接税占比增长的长期趋势，不具有可持续性。

间接税比重过高的税制结构不利于收入再分配的调节。间接税收入随商品和服务的价格可转嫁，由最终消费者负担，即使是恩格尔系数较高的中低收入群体，购买生活必需品也同样要负担。学界普遍认为，间接税对整体利益格局的影响是"累退性"的调节结果，缺少公平性，因为高收入群体的消费占收入比重明显低于低收入群体，所以越是收入高的人越无关痛痒，而越是收入低的人，其缴税支出占总收入的比重越高，"税负痛感"越强烈。这也是前些年"馒头税"曾引起社会上轩然大波的根本原因。

现代市场经济所要求的税制体系，总体来说应是"多种税、多环节、多次征"的复合税制，因此必须设计一套包括不同税种的组合，而直接税在组合中的作用除筹集政府收入外更多地体现在调节收入分配，调节经济和社会生活。直接税的这种调节作用，最集中且首先要肯定的是按照支付能力原则"征富补穷",这种调节显然有遏制两极分化的趋向和功效。从各个经济体的发展经验来看,这种调节功能不能说是万能的,但是没有它又是万万不能的。因此,构建现代税收制度,促进社会公平正义,改革的方向应是在维持宏观税负相对稳定的情况下,进行结构调整,提高直接税比重,让税费负担的分配和人们的收入、财产挂钩:财产多的人加税,财产少的人减税;收入高的人加税,收入低的人减税。

(二)要理性看待税收调节作用

当前我国正处于中等收入阶段,关于税收认识的社会氛围比较浮躁,需要我们更多地引导理性的讨论,认识逐步提高直接税比重的重要性和必要性。理性看待税收调节作用应认识到:税制不是万能的,但在建设中国社会主义市场经济、推进经济社会转轨过程中不考虑税制的改革又是万万不能的。目前推进直接税改革争议多、难度大的主要原因之一就是对税收调节存在错误的思维取向,可概括为以下三点。

第一,"税收万能论",认为经济社会发展中遇到任何事情都要依靠税收调节和制导,夸大了税收的作用。不可否认,税收在经济社会发展中确实具有重要的调节功能,对于宏观调控、经济结构调整、产业发展、能源消耗限制等方面能够发挥引导作用和积极效应,但要赋予税收"万能"的地位,则就以偏概全了。曾经开征的"筵席税"就是"税收万能"式认识误区下的失败案例。20世纪80年代后期,我国对在境内设立的饭店、酒店、宾馆、招待所及其他饮食营业场所举办筵席的单位和个人按次从价征收筵席税，以期达到遏制大吃大喝、挥霍浪费，引导合理消费，提倡勤俭节约社会风尚的目的。但事实上，筵席税很难按最初的意愿发挥调节作用，自1988年开征以来，税收收入一直不丰，到1994年全国筵席税收入仅为87万元。这是因为筵席的起征点为一次筵席支付金额人民币200—500元，只有达到或者超过征税点的，才按支付金额全额计算征收筵席税。在实际操作中，筵席税由经营者代征代缴，顾客和经营者很容易形成合谋，将本已超过征收点的餐费分成若干份，买卖双方皆大欢喜。如此看来，筵席税征不上来也就不足为奇。1994年税制改革时，筵席税下放到地方管理，由各省、自治区、直辖市人民政府自行决定是否征收。除内蒙古、陕西等少数省（自治区）开征外，多数地方都停征了筵席税。2002年1月1日，筵席税彻底退出历史舞台。由此可见，对于发挥税收对经济社会发展调节作用的取向是正确的，但是理性地看，税收绝对不是万能的。

第二，"税收无用论"，认为税收政策效果不大，无法发挥调节作用。这种观点与"所有的政策都是无用的"的极端化认识倾向有关，理由是每推出一个政策，就会影响公众对政策效应的预期，社会公众在预期之下就会在中长期做出对应调整，化解中长期政策效应。这显然与现实不符，否则就不需要政府制定政策进行调控了。不能看到税收可能产生扭曲，可能产生负面效应，就说它无用；不能强调税收的筹集收入功能，就忽略调节功能；"税收作用有限""税收不是万能的"等说法的潜台词绝对不是消极的"税收无用"，否定税收万能，但不能走到另一极端。在税收应该发挥调节作用的环节，绝不能回避。比如，有专家说在收入分配中税收的作用是有限的，应主要依靠公平竞争、机会均等，这显然是将收入分配的初次分配和再分配两个环节混为一谈：在初次分配中的确应强调降低准入、机会均等和公平竞争，但到了再分配领域，税收的调节作用是无可回避的，如果绕开"抽肥补瘦"的机制，就无法形成一个关于再分配的正确认识框架。中国要走向现代国家治理，必须匹配现代税收制度，这就要求直接税充分发挥调节作用，未来这是不管发达国家还是发展中国家都必须注重的制度建设问题，而对于要在进入中等收入阶段后促进社会和谐，力求跨越"中等收入陷阱"而成长为高收入经济体的中国来说，其制度建设的正面效应尤其值得重视。

第三，"自然演变论"，认为直接税比重的上升是一个自然演变的过程，就中国目前的经济发展水平还不能指望其发挥多大作用，照此逻辑等于否定了税制改革的必要性。税收的调节分量、税制的发展，确实需要一个水到渠成的过程，但税制绝不是自生自定，必须发挥人的主观能动性：通过立法机关、税制设计者、决策者等方面主体有意为之的过程不断优化税制。换句话说，税制是有可塑性的，否定税制的可塑性只强调自然演变，就否定了税制改革的必要性，也等于是在逃避税改的历史责任。

（三）加快建立、完善综合与分类相结合的个人所得税制

20多年来，建立综合与分类相结合的个人所得税制一直是我国个人所得税改革的大方向，中央文件曾多次提到，但此项改革迟迟未有实质性进展。该项改革的第一次提出是在1992年党的十四大正式确立"我国经济体制改革的目标是建立社会主义市场

经济体制"后的第一个五年计划——"九五"计划中。此后"十五"计划、"十一五"规划、"十二五"规划多次重申努力推进该项改革。2013年召开的党的十八届三中全会和2016年发布的"十三五"规划也再次提出要"建立综合与分类相结合的个人所得税制"。2018年，终于以个人所得税税法的修订，迈出了走出"综合"的第一步，并有相关的配套设计从多方面改进个税。

1. 综合与分类相结合的模式既体现按支付能力课税又可区别对待所得

个人所得税按照课征模式可分为综合、分类、混合三种。综合个人所得税制是对纳税人一个纳税年度内取得的各种形式、各种来源的所得汇总，减去不予计征项目、扣除项目、宽免额后得到应税所得，再根据超额累进税率计算应纳税额；分类个人所得税制是指对于纳税人一个纳税年度内取得的各类所得，按来源分别适用于不同的扣除标准和税率，分别计算应纳税额；混合个人所得税制（也称二元个人所得税制、综合与分类相结合的个人所得税制）是将纳税人一个纳税年度内取得的部分收入实行按年汇总纳税，同时对其他部分所得实行分类计征。未来综合与分类相结合所得税制的基本考虑是将部分收入项目，比如工资薪金、劳务报酬、稿酬等，实行按年汇总纳税，同时对财产转让所得继续实行分类征收。

2018年之前，我国采用的是以个人为纳税单位的分类所得税制。在分类税制下的个人所得被划分成11个收入项目，包括工资、薪金所得，个体工商户的生产、经营所得，劳务报酬所得，利息、股息、红利所得，财产租赁所得、财产转让所得等。其中，对于工资薪金所得，适用3%—45%的7档累进税率；劳务报酬所得，适用20%—40%的税率；利息、股息、红利所得，适用20%的税率。分类所得税制征管简便且成本低，同时可区别对待不同来源所得，适用不同税负体现政策意图，但其弊端也显而易见：只能体现个人某一项目的所得，不能体现个人所有收入项目的整体负担能力。综合所得税制可以消除收入来源不同和多寡对税负的影响，能较好地反映纳税人在一定时期（一个纳税年度）的收入水平及纳税能力，体现量能负担的公平原则和补偿原则，便于科学地进行费用扣除。从世界各国的实践来看，综合所得个人所得税制是所得课税制度的发展方向，美国、英国、德国、日本等大部分国家均使用此种课征模式，但它也存在缺点，即征管成本和遵从成本都较高。综合与分类相结合的个人所得税制吸收了前两种模式的优点，既能总体上体现按支付能力课税原则，又可以有选择性地区别对待不同来源所得。

2.支撑改革的条件和环境已成熟

近些年，虽然社会各界对于实行"个人所得税制综合与分类相结合"改革的技术环境有质疑，但是不可否认的是支撑该项改革的征管技术条件正在不断完善，税务部门对居民收入信息的监管能力也已逐步提高，社会环境持续优化，各方面已初步达到综合与分类相结合所得税制改革的基本要求。

第一，相关部门间信息共享程度大幅提高。1994年，我国的工商税收制度进行了重大改革，建立了以增值税为主体的流转税制度。为了提高对纳税人使用增值税专用发票的有效监控，杜绝利用伪造、倒卖、盗窃、虚开增值税专用发票等手段进行偷、逃、骗国家税款的违法犯罪活动，多部门合作启动了"金税工程"，利用覆盖全国税务机关的计算机网络对增值税专用发票和企业增值税纳税状况进行严密监控。近年来，税收信息化有了长足的发展，并与许多部门都建立了信息共享关系，比如，税务部门可以通过网络访问纳税人金融机构的银行账户，并可实时扣缴税款，这足以表明区域内税务部门和金融机构间对于企业纳税人的信息共享已基本不存在制度和技术上的障碍，外推至居民个人，困难也不会大到无法克服。至于全国层面的个人金融账户信息的收集，可通过网络连接将其集中至国家税务总局，供全国各地税务机关查询。目前各地税务系统的纳税申报信息已集中至省级，国家税务总局可方便地从省级税务部门抽取所需信息。同时，修订的《中华人民共和国税收征收管理法》明确规定："税务机关有权了解、收集个人所得税纳税人的银行存款、大额资产信息，金融机构、公安、国土管理、房产管理、知识产权管理等机关应按照税务机关要求的内容、格式、时限、口径提供本单位掌握的个人所得税纳税人的银行存款、大额资产信息"，这为税务机关搜集个人收入信息提供了制度保障。此外，人民银行于2005年建立的个人征信系统，目前已收集了8亿以上的自然人相关信用记录，包括个人基本信息、信用交易信息、公共记录信息和公用事业信息等项信息内容。这可为税务机关利用第三方信息监管个人所得税提供了强大支持。

第二，财产实名状况可支撑个人所得税改革。2000年4月1日，我国开始实行存款实名制，即自然人在金融机构开立个人存款账户时，必须出示本人有效身份证件，并使用该证件上的真实姓名存取款的制度。2008年7月，人民银行重申存款实名制度，建立身份识别制度，对实施实名制（2000年4月1日）之前开立的账户继续使用时必须进行身份的重新确认，同时对未按规定履行身份识别义务的金融机构按照《反洗钱法》予以处罚，并且目前各金融机构均安装身份验证系统，可实时登录公安部身份证系统验证身份证的真伪，使得利用假身份证存取个人收入的可能在理论上降低至零。存款实名制对于个人所得税来说，最大的意义在于可以通过监控，使金融机构获得的收入归总至个人名下，进而顺利实现超额累进征税。近年来，房产、股票等资产也基本实现了实名制。实际上，只要新增财产实行了实名制，就不会影响个人所得税的缴纳，因为个人所得税是对当期所得即"财产的增量"计征，因而对于目前未实名的财产，只要在处置依其取得的收入时实现实名制，也就不会造成个人所得税的流失。目前的制度框架，已基本能够保证新增财产实名制，因而财产实名状况可进而在技术上支撑个人所得税"综合与分类相结合"的改革。

第三，现金交易对个人所得税的不利影响也基本能够规避。现金交易给个人所得税带来的最大问题是现金的坐收坐支，即个人收入以现金取得，又以现金的形式支出，这类收入独立于金融体系运行，使得税务机关难以监控。目前，全国城镇企事业单位已基本实现了工资发放直达个人账户，逐步规范企事业单位发放劳务酬金采用转账方式，以及金融机构关于现金提取的各项规定趋于细密，以现金形式取得收入的情况在逐渐减少。从发展前景看，只要现金发放方遵守个人所得税源泉扣缴制度，现金收入带来的个人所得税流失问题就会大大减少。

3. 简单提高免征额将同时削弱个税筹集收入和调节收入分配作用

个人所得税免征额即"工薪所得减除费用标准",体现劳动者基本生计所需,为维持劳动力再生产的基本必要支出。2018年之前的《个人所得税法》第六条规定,工资、薪金所得,以每月收入额减除费用3500元后的余额,为应纳税所得额。个人所得税免征额一直是社会各界关注的焦点,"提高个税免征额"不仅在网络调查中总是"民意所向",还有一些企业家身份的人大代表、政协委员也在每年两会期间频频发出呼吁,然而事实上免征额只是个人所得税制的诸多要素之一,没有其他税制要素的配合,将难以优化实现个税税制的整体效应。过度关注提高个税免征额,而将民众注意力引向了错误方向,决策部门的大量时间和精力也消解于解释和设计免征额政策上,将误导我国个人所得税改革。2018年通过修订个人所得税法,提高被人们称为"起征点"的免征额时,配套安排了我国个税的一系列改革措施,终于开始迈出"综合与分类相结合"的个税改革步伐,并配之以增加分类专项扣除等重要措施,增强个税调节收入分配的针对性与合理性。

在"量能纳税"原则下,个人所得税除了对低收入、高负担者少征或不征税,还要对高收入、低负担者多征税,但是在超额累进税率的设计下,一味提高减除费用标准,反而会出现高收入人群比中低收入人群更加受益的情况。例如,在现行税率下,若不考虑社会保险和住房公积金缴纳,月薪6000元的中等收入者在减除费用标准从3500元提高到5000元后,实际少缴个人所得税115元/月,而月薪3万元的高收入者在上述调整后,实际少缴个人所得税 425 元 / 月。

4. 科学调整标准扣除，合理增加分项扣除

个人所得税税前扣除制度是指纳税人在取得应税所得时，允许其扣除一部分费用，再对其所得征税的一种制度，具体包括标准扣除和分项扣除两种形式。标准扣除是指允许全体纳税人扣除的某一固定标准数额，标准扣除在有些国家对全体纳税人是统一的，在有些国家则是根据纳税人身份的不同有所区分。这类扣除的目的是维持基本生活所必需，因此也称基本扣除或生计扣除。分项扣除是指纳税人根据自己实际发生并且税法允许的个人费用进行据实扣除，例如，医疗费用、慈善捐款等，分项扣除可以准确、全面地扣除纳税人的各类费用，更好地体现量能纳税原则，但对纳税人的诚信程度和税务机关的征管要求都较高。

我国 2018 年之前个人所得税的标准扣除，是于"工资、薪金所得"中有每月 3500 元的减除费用，以及对在中国境内无住所而在中国境内取得工资、薪金所得的纳税义务人和在中国境内有住所而在中国境外取得工资、薪金所得的纳税义务人，每月在减除 3500 元费用的基础上，再减除 1300 元的标准，并没有根据纳税人的家庭实际情况制定不同的扣除标准，"一刀切"显然有失公平。比如，一个夫妻双方每月工资均为 3500 元的家庭与一个夫妻一方每月工资 7000 元但另一方无工作的家庭，虽然收入相同但个人所得税负相差数百元。再如，一个单身人士如果每月 5000 元工资基本可以覆盖日常支出，但如果此人要抚养孩子或赡养老人，那可能就要入不敷出了。标准扣除的目的是保障纳税人有足够的经费满足生存所需，而纳税人的家庭状况直接决定了其基本生活开

支,因此未来在改革个人所得税标准扣除时要根据纳税人婚姻状况、配偶是否就业、赡养老人、扶养子女、其他丧失劳动能力的亲属及家庭特殊费用开支等情况的差别设定不同等级的扣除标准。此外,目前我国个税的标准扣除还未考虑通货膨胀因素,不能准确地反映纳税人基本生活开支的变化,下一步应将标准扣除与通胀指数挂钩进行动态调整,既可以更加科学合理地减轻中低收入群体的税收负担,又可以避免调整标准扣除的频繁和随意性。

除了标准扣除,我国个人所得税的税前扣除还包括一些分项扣除,包括单位为个人缴付和个人缴付的基本养老保险费、基本医疗保险费、失业保险费、住房公积金,按照国家统一规定发给的补贴、津贴;福利费、抚恤金、救济金、保险赔款等,在标准扣除的基础上针对纳税人的实际负担进行了调整。特别是自2017年7月1日起,对个人购买和单位统一为员工购买(计入员工个人工资薪金,视同个人购买)符合规定的商业健康保险产品的支出,允许在当年(月)计算应纳税所得额时予以税前扣除,扣除限额为2400元/年(200元/月),进一步充实了我国个人所得税的分项扣除内容。但不容忽视的是,与许多国家相比,我国个人所得税的分项扣除内容还远远不够覆盖纳税人的很多必要支出,如医疗费用,满足基本生活的首套住宅按揭贷款利息的扣除等,以及个人职业发展、再教育费用,这些都与纳税人的实际生活负担直接相关。试想一个收入较高但每月要还几千甚至上万元"月供"的纳税人就如同一个收入较低但没有房贷负担的纳税人,因此将上述这些纳税人的必要支出纳入分项扣除有利于保证纳税人的税负一致和公平。

与个人所得税税前扣除制度紧密相关的一个税制要素是纳税单位。目前我国个人所得税以个人为纳税单位，下一步如在基本扣除和专项扣除中考虑婚姻状况、配偶是否就业、抚养子女和赡养老人等纳税人家庭实际负担情况，就应匹配由纳税人自主选择个人或家庭为申报单元的制度。如纳税人选择以家庭来申报，则可先以个人为单位进行申报源泉代扣代缴，取得代扣代缴凭证，在年终的时候再以家庭为单位进行汇总申报，算出总所得，结合纳税人的实际家庭情况，再计算出纳税人家庭的实际税负，多退少补，从而更好地体现量能负担原则。

5. 简化、合并和调整税率

长期以来，我国个人所得税调节收入分配的作用有限与税率设计不合理也存在很大关联。

第一，累进税率级次过多，低档边际税率间级距过窄。具体来说，工资、薪金所得的超额累进税率分为3%、10%、20%、25%、30%、35%、45%七档，级次过多增加了税制的复杂性，对税收征管提出了更高的要求。同时税率级距呈现前低后高的特点，使得税负在低收入阶段增加过快，更多的是在调控中低收入者之间的收入差距。

第二，最高边际税率过高。工资、薪金所得最高边际税率45%高于大部分国家（国际上个人所得税最高边际税率平均为33%），个别最高边际税率高于我国的也是高福利国家，如荷兰、瑞典、丹麦。显然目前较高的个税最高边际税率与我国居民收入水平和福利状况不符，另外也会降低高收入者的遵从偏好。

第三，不同种类所得的税率差别大。我国个人所得税税率根据所得种类不同分为五类，最高边际税率从20%至45%不等，差别很大。超额累进中，最高边际税率过高。

为了更好地发挥个人所得税调节收入分配的作用，真正达到让"高收入者多纳税"的目的，下一步在税率设计上应进行简化、合并和调整，包括以下三个方面：

第一，减少工资、薪金所得的累进税率级次，扩大低档边际税率间的级距。具体来说可以将工资、薪金所得的低档累进税率从现在的七档合并为五档，简化税制，降低税收征管难度，同时还要扩大较低的边际税率之间的级距，从而减轻中低收入群体的实际税负。

第二，降低最高边际税率。结合国际经验，下一轮改革中可考虑将最高边际税率调整为30%—35%。这可在一定程度上减弱高收入群体的逃税动机，培养高收入人群的纳税意识，同时还有利于吸引更多高收入国际人才。

第三，合并不同类别的劳动所得税率，适当提高财产性所得税率。原来的个人所得税法中对于劳务报酬适用20%的税率，考虑高收入群体的薪酬外劳动所得占比要高于中低收入阶层且不能得到超额累进的调节，在综合与分类相结合的改革中，是将工资、薪金所得与劳务报酬所得合并。另外，高收入群体所得来源中财产性所得收入占比远远高于低收入群体。为了更好体现量能纳税原则，下一轮改革中还应通过扩大"综合"范围等措施，适当提高财产性所得税率，缩小其与劳动性所得收入最高边际税率的差距，适当提高非劳动收入为主要来源的高收入群体的税负。

6. 关于2018年个人所得税改革的简要评说

2018年6月19日，社会各方高度关注的中国直接税改革中个人所得税的改革，有重大的相关信息公之于世：财政部刘昆部长在十三届全国人大常委会第三次会议上受国务院委托，对《中华人民共和国个人所得税法修正案（草案）》进行了说明。根据这一说明，将由全国人大审议的个税修正案，不仅将回应社会诉求提高个税"起征点"，而且是将此设计纳入了中央早已强调多年、近期习近平总书记又加以强调的"逐步建立综合与分类相结合的个人所得税制"的整体考虑之中。其后，经过全国人大的修法程序，2018年8月31日，十三届全国人大常委会第五次会议表决通过了关于修改个人所得税法的决定。根据决定，2019年1月1日起施行新法，另外，"起征点"提高至每月5000元等部分政策，自2018年10月1日起先行实施。

如将此次个税修法的重点内容做一梳理概括，应特别提到：

第一，改进完善了关于纳税人的规定，借鉴国际经验明确了居民个人与非居民个人两类概念，并把非居民的制定标准由是否在中国境内居住满一年调整为是否满183天，扩大了中国的税收管辖权。

第二，将原个税法把应税所得分为11类实行不同征收办法，改为将其中的部分劳动性所得实行综合征税（具体是将工资薪金、劳务报酬、稿酬、特许权使用费4项所得定为综合所得），使用统一的超额累进税率。相应地，居民个人改为按年合并计算个人所得税，非居民则按月或按次分项计算。这体现了讨论多年的"综合与分类"改革取向终于迈出实质性的步伐。

第三，优化调整了税率结构，降低了适用3%、10%、20%税率纳税人和部分适用25%税率纳税人的税负，中等收入水平以下的社会成员税负下降将较为明显；适用30%、35%和45%税率纳税人的税负不变——由于前面有四个级距的适用税率的税负下降，最高边际税率达到后三个级距的纳税人，工薪收入方面的税负也会有所下降，但是如考虑其他收入归并之后的综合计征，情况就得专门分析了：原来在稿酬、劳务收入方面占个人与家庭总收入比重较大的纳税人（主要是一部分"高级专家和知识分子"），其实际税负将会明显上升。同时，对经营所得的5级超额累进税率不变，但最高档税率级距下限，从10万元提高至50万元，明显降低了个体工商户和承包经营者的实际税负。

第四，综合所得的基本减除费用标准（即所谓"起征点"）拟定为每月5000元（每年6万元）。这与前面的税率调整措施一起，将十分有利于降低中等以下收入群体的实际税负。

第五，增加了对于子女教育和继续教育支出、大病医疗支出、赡养老人支出、住房贷款利息支出和住房租金等的专项扣除。这一改进具有社会多年热议的认识基础，也是符合国际惯例的改进，将明显地提高我国个税调节的差异化、针对性与负担的合理化，有利于税制公平。

此外，还增加了反避税条款，有利于加强个税的依法管理。

总之，我国个税此次修法，终于在综合与分类结合的大方向上迈出实质性步伐，这一改革举措来之不易。当然，在长期视野中，应认为这还只是阶段性的进步，"综合"仅在工薪收入基础上归并了稿酬、劳务等劳动性所得，现还并未涉及金融资产生息等非劳动性所得,这是属于在多种制约条件之下本轮改革方案的局限和遗憾(人大审议过程中,对于稿酬、讲课劳务收入又加入了适当优惠,打折计入税基)。今后,还需进一步研讨如何消减此轮仅对劳动收入"综合"的方案所带来的对于劳动所得的税收歧视,以利于体现对于知识价值的肯定和党的知识分子政策,并缓解部分高科技企业"留住高端人才"增加的困难,降低它们可能加重的"用人成本"负担。

三、在"税收法定"轨道上加快推进房地产税改革

在我国现行税制下,对个人非经营性住房暂免征收房产税,2011年开始在重庆与上海开展的个人住房房地产税试点改革,引起了社会各方高度关注和热议。2013年召开的党的十八届三中全会明确提出要加快房地产税的立法并适时改革,这是党中央站在确保国民经济持续健康发展、促进社会分配公平正义的高度上提出的经济战略举措,也是国家治理能力现代化要求下建立现代税收制度的必经考验。房地产税尽管没有在中央要求财税配套改革重点和基本的事项要见眉目的2016年有所突破,并在其后"加快立法"时仍步履维艰、阻力重重,但还是要义无反顾地予以推进。

在经过多轮社会热议之后,党的十九大闭幕以来,中国社会舆论场中,又再次出现关于房地产税改革的热议局面。

(一)税收法定,加快立法

税收是政府"以政控财,以财行政"来履行其职能的基础性

制度。中国构建现代化经济体系、走向现代化社会的过程中，无可回避地必须经历税制改革的历史性考验。税制中在住房保有环节的房地产税（亦可称房产税、物业税、不动产税等；美国称 Property Tax，英国称 Council Tax，中国香港特别行政区称"差饷"）是纳税人税负很难转嫁的直接税，讨论它在中国内地"从无到有"的改革，必然牵动千家万户、亿万公民的利益和感情，并遭遇全世界皆然的民众"税收厌恶"倾向下表现出来的不满、质疑、抨击乃至群情汹汹的舆论压力。但税收制度的建设，却是无法简单地依据一般的舆情和"少数服从多数"的公决来决定的。现代文明的相关规范，是在我国亦早已明确的"税收法定"，即通过"全面依法治国"原则之下的税收立法程序，理性地寻求社会成员不同取向与诉求的"最大公约数"来决定一个新税种可否设立，以及依据何种法定条款开征。税收法定原则，在人类文明发展路径上，其国际经验可以追溯到1215年英国"大宪章"限制王权的渊源，以及北美13个英属殖民地1763—1776年首提的"无代表不纳税"的法理原则，在中国则可以援引辛亥革命推翻千年帝制之后国人关于"走向共和"的共识。它体现的是在公共事务、公共资源配置领域解决"如死亡一样无可回避的税收"问题的"规范的公共选择"机制，即社会代价最小、最符合人类文明发展基本取向的博弈机制。我们不是只强调民主或只强调法制，而是强调社会成员尽可能充分地表达不同意愿、诉求后，经过阳光化、规范化的立法程序而达成的"最大公约数"的社会和谐状态，是民主与法制结合而成的"法治"，是现代化国家治理的真谛。以此对应于税收，就是在使必然各不相同的种种"民意"，经过阳光化的立法过程，结合理性、专业的意见引导，最终形成合理性水平尽可能高、最有利于"公共利益最大化"的可执行的税法。

党的十八届三中全会在确认"税收法定"的同时，还明确地指出了"加快房地产税立法并适时推进改革"的大方向，呼应"逐步提高直接税比重"的财税配套改革要领。这与前面党的历次最高层级指导文件的精神是一脉相承的，但在操作路径指向上的清晰性则前所未有。党的十九大报告指出：要"加快建立现代化财政制度"，"深化税收制度改革，健全地方税体系"，这又是与十八届三中全会的要求及其后中央政治局审议通过的财税配套改革方案的设计一脉相承、相互呼应的。

坦率地说，近些年最高决策层关于房地产税在税收法定路径上"加快立法"的明确要求，与我国改革实践中启动立法的行动"千呼万唤不出来"、举步维艰状况的巨大反差，直观上是表现了立法进度有待加快，其后面却是与改革深水区"冲破利益固化藩篱"的极高难度相关的种种苦衷。有关部门早早就着手编写、修改过不知多少遍的草案文本，总会因为种种理由、顾虑而对其正式提交全国人大启动一审一拖再拖。但迟迟不做此举，草案一直秘而不宣，社会公众却对官方断断续续透露的一些相关信息和口风极为敏感，多次热议，舆论高潮频频出现于 10 余年间，客观上形成的，可能就是民众焦虑情绪的积累、传染、激荡，而较好的改革时机可能丧失，政府公信力则会发生滑坡，如此等等。这些不良效应，会加重甚至恶化党的十九大指出的"社会矛盾与问题的交织叠加"，值得高度重视。

应当强调,在税收法定轨道上,以"加快立法"方针、"立法先行"

原则而积极启动并规范化走完我国房地产税的立法程序（具体链条为启动其草案的一审、将草案文本公之于世征求全社会的意见，并继续向前推进到二审、三审乃至四审以求完成立法），恰是使全社会成员形成"规范的公共选择"的重大而关键的事项。"立法先行"，进入立法程序，是最好、最权威的房地产税改革方案的研讨与谋划、博弈机制，是改变民间议论隔靴搔痒、内部研讨久拖不决、有可能贻误改革时机和现代化大业这种不良状态的必要风险防范和控制，是中国人阳光化地寻求最大公约数、经受建立现代税制历史性考验的重大机遇和应取机制。

当下，本着近年中央经济工作会议"在经济体制改革上步子再快一些"、"推进基础性关键领域改革取得新的突破"等指导精神，亟待在房地产税税收法定、加快立法路径上积极取得各方的如下共识。

应寻求的第一点共识：不再延续"体制内保密、社会上空议"局面，积极启动相关立法，使房地产税法草案进入一审，对全社会公布已有初稿，征求各方面意见，听取全社会的诉求与建议，必要时结合研讨举办系列听证会。

应寻求的第二点共识：排除极端化的对住房保有环节税收全盘否定的意见，明确在中国实施这一税收改革的必要性，进而聚焦于研讨税改方案的可行性。

应寻求的第三点共识：在"可行性"上的研讨应积极廓清至少以下六大问题。

第一，法理障碍问题，即是否存在"国有土地上不能对房产征税"和"与土地出让金构成重复征收"的"法理硬障碍"。

第二，广义的房地产税制与相关房地产开发、交易、保有各环节各类负担的全面整合、配套改革问题。

第三，住房保有环节房地产税制度设计如何处理"中国特色"问题——最为关键的是如何处理"第一单位免征（扣除）"的方案选择，以使社会可接受地先建成此税制度框架。

第四，如何认识和防范此税开征可能引起的社会冲击问题（是否可能及如何防范此项税改引发房地产领域、国民经济乃至社会的动荡，成为所谓"压垮稳定局面的最后一根稻草"）。

第五，开征此税必须处理好的技术与管理问题（是否可以及如何依据市场"影子价格"作税基评估，如何实施公众参与和监督等）。

第六，此税如能完成立法，如何在其后按照中央对地方充分授权、分步实施的要领渐进推进，适时地区分不同地区不同时点开征。

（二）房地产税改革的必要性

房地产税在我国开征的必要性方面可以梳理出五大正面效应：一是房地产税为房地产市场及相关领域的运行产生一种"压舱促稳"的作用。它在保有环节上形成的可估量的年复一年的成本，会引导相关主体的预期和它们的行为，产生的效果是有利于抑制肆无忌惮的炒作。经济行为分析中涉及的无非就是利益考量，在这个持房成本方面造成制约以后，行为会往哪方面发生变化？

这种成本会在抑制肆无忌惮的炒作的同时，鼓励越来越多的人在购买选择上面更多考虑中小户型——特别有钱的人不会太在乎,但是更大比重的人们在财力上总是要掂量着做选择的。原来是努力买个大户型最满意,现在考虑到以后可能要有税的调节,便会放松这方面的要求,改为中小户型,其他的什么地段、楼层、朝向,按自己偏好还是可以丝毫不变的。还有就是会减少空置。有些人手上愿意持有几套房的,当然可以继续持有,但是很多人会考虑在持有期间把房子租出去,来对冲税负压力。一部分人说有了一套基本住房以后,还愿有第二套、第三套,这叫改善性住房。购买改善性住房的同时,基于一些基本经济知识,他们认为是给自己买了一个"商业化的社会保险",以为自己有生之年买的第二套、第三套房,其市价演变会符合城镇化高速发展过程中不动产成交价的上扬曲线。有了这个信心,他们就不是做买了以后就很快出手的炒房。但是,有了税以后,他会考虑不再让房子空置,而是会把它租出去,于是就有了租房市场的增供,而社会在这个情况下带来的结果是什么呢?上面这些效应综合在一起,提高了土地的集约利用水平,提高了资源配置的效率。整个社会在减少空置房方面,是没有新增一分钱的投入,但一下子涌出一大块有效供给,会促进租购并举局面的发展,这当然是好事。这些综合产生房地产税在房地产市场方面的所谓"压舱促稳"作用。有的同志特别强调:"从所有的案例观察,上海也好,重庆也罢,收税以后没看见它们的房价回调;美国也好,日本也罢,收了房产税也没有看到房价回调,所以收房产税对抑制房价没用。"我不认同这种观点。经济学分析中需要把所有的参数合在一起,然后尽可能看清它们的合力,这个合力中,不同因素的作用方向是不一样的。

应该反过来问：为什么美国也好、日本也好，其他的经济体也好，到某个阶段上一定就得逼着推出房地产税。如果不推出房地产税，以后的房价会是什么表现？还得问：重庆、上海如果没有房地产税的试点，在这一轮一线城市行情的发展变化过程中，上海的房价是不是会上升得更猛。重庆是不是不会只有5%的上升幅度？需要这样来力求全面地把握问题，探究问题。不能说这个税出来以后，"一招鲜吃遍天"，能马上决定整个走势。它不是定海神针，但它是整个方案优化的选项中的必要选项，该选而不选也是不行的。税不是万能的，但是税制应有的制度改革进步，我们不去推动，又是万万不能的。

二是房地产税与地方政府职能合理化是内洽的，它会"内生地"促进地方政府职能转变。我们都希望地方政府专心致志地稳定和改善投资环境，提高公共服务水平，如果它的财源建设中以后可培养出来一个不动产保有环节大宗稳定的收入，是年复一年依靠在辖区内住房保有环节取得税收，那么恰恰就是这样一个机制。经济学逻辑与案例经验都证明，房地产税就是这样一个与市场经济所客观要求的政府职能合理化内洽的引导机制。一旦地方政府意识到只要把自己该做的"优化投资环境，提升公共服务水平"的事做好了，也就会使辖区内的不动产进入升值的轨道，每隔一段时间做一次税基评估，就是在套现"财源建设"的成果。尽政府应尽之责就把财源建设问题基本解决了的话，那么它有什么必要像现在这样拼命去做其他那些认为不做就出不了政绩、就解决不了财源建设的事呢？这样的国际经验和我们自己在现实生活中的分析都可以来做印证。这是与所谓转变政府职能内在相关的一个十分值得肯定的正面效应。

　　三是房地产税会在给予地方政府一个稳定长久的财源，使它成为地方税主力税种之一的情况下，匹配我国搞市场经济必须建设的分税分级财政体制。分税制要求必须做好地方税体系建设，它最基本的道理是说，到了分税制境界，就是实现经济性分权。原来我国体制有集权也有分权，在分灶吃饭的时候只是做到了行政性分权，各级政府仍然按照自己的行政隶属关系组织财政收入，一个地方政府辖区之内的不同层级的企业，都是按照隶属关系，把自己应该交的收入交到不同层级政府"婆婆"那里，所以仍然是条块分割，"婆婆"对"媳妇"会过多干预和过多关照，仍然不能解决使所有企业在一条起跑线上公平竞争，从而真正搞活企业的问题。1994年实现的是这方面的一个重大突破，使所有企业不论大小、不看行政级别、不讲经济性质、不问隶属关系，在税法面前一律平等，该交国税交国税，该交地方税交地方税。至于说共享税，由中央和地方自己在体制内去区分，企业就认一个税法。交税以后，后面可分配的部分，按产权规范和政策环境自主分配。这样，所有企业公平竞争的"一条起跑线"就真正刷出来了，也打通了以后包括国有企业淡化行政级别、发展混合所有制概念之下的股份制和跨地区、跨行业、跨隶属关系"兼并重组"的通道。因此，这个制度变革的意义是全局性的且意义深远的。既然搞市场经济必须搞分税制，而分税制要可持续运行，就必须解决地方层级税种配置概念下的地方税体系建设问题。中国现在没有像样的地方税体系，省以下迟迟不能进入真正的分税制状态，我们维持的实际上是中央和以省为代表的地方之间这样一个以共享税为主的分税制框架。值得肯定的是,共享税虽越搞越多,但是所有的共享都是规范地"一刀切"的:上海、北京按照原来的 75%:25%、现在的 50%:50% 来分最大税种——增值税。西藏、青海也是这个办法,这就封杀了原来的讨价还价、"跑部钱进"、靠处关系来形成财力分配"吃偏饭"的空间,使最基本的分税制度的公正性看起来能够得到维持。但是,这也不是长久之计,不能总是主要靠共享税过日子。应该进一步调整到有中央和地方各自大宗、稳定的税基,不得已的部分才处理成共享税的状态——这才是百年大计。前已论及,中国的实际情况是 1994 年之后,在省以下落实分税制方面往前推不动了,不要说欠发达地区,就是发达地区在省以下也没有真正实行"分税制",还是"分成制"。到了一些困难地方和基层,干脆就是"包干制"。所以,这些年说的"地方财政困难""土地财政",还有"地方隐性负债",所有这些弊病都关联一个非常重要的判断:"打板子"应该打在哪里?有人说这是 1994 年"分税制"造成的。这是严重的误判。

必须指出,这是一个涉及大是大非的判断。上述地方与基层的问题,恰恰是由于 1994 年"分税制"在省以下不能够落实,是由于我们过去的那种毛病百出的财政分成和包干旧体制在省以下由过渡态演变为凝固态造成的。那么这个体制怎样才能够调整过来?从技术上来看,可以有很多的分析,但首先应强调的大前提是扁平化:五级分税走不通,三级分税就可能走通了,而三级分税框架下一定要有地方税体系建设。所以看起来房地产税跟财政体制似乎还隔得好远,其实并不远。眼下哪怕能很快推出房地产税,它也不会一下变成主体税,但从国际经验和中国情况下的分析预测来说，以后是可以逐步把它培养成地方税收体系里面的主力税种之一的。这当然具有非常重要的制度建设意义。

四是房地产税改革正是贯彻中央所说的中国逐渐提高直接税比重的大政方针，有望在总体上降低中国社会的"税收痛苦"。直接税是现代税制中非常重要的税种，国际经验表明它应具有主体税种这样一种地位。趋向现代化的国家都是以直接税为主，但在中国的现状恰恰反过来了，因为我们没有多少像样的直接税。一些人认为企业所得税是直接税（但学术讨论中尚存疑），它在中国的比重稍微像样一点，但前些年个人所得税在整个税收收入中只占6%，即1/20出头一点，是非常边缘化的一个税种。美国个人所得税最新的数据表明它占联邦政府收入的47%，差不多是半壁江山了，再加上与它的社会保障相关的工薪税，美国联邦政府80%左右的收入就是靠这两种税，也就是说，主要靠这两种税就能履行中央政府职能。美国各州也要在个人所得税里按比例税率拿一小块，一般情况下要占到州财政收入的10%。现在特朗普减税，主要是减企业所得税和个人所得税，但中国要照这个学，绝对学不来，因为我们的税制跟它不是一回事。我们在直接税方面占比低，不能起到经济的自动稳定器作用，不得已只好靠间接税唱主角。而间接税恰恰不是稳定器，它反而是加大我们运行矛盾的一个"顺周期"机制，以及加大收入分配矛盾的一个"累退"式调节机制：间接税会进一步强化中国社会低中端收入人群的税收痛苦，因为它转嫁到最终消费品价格里面后要占相当大的一个负担分量。如果按照建立现代税制的方向来说，要逐渐提高直接税比重，现在可打主意的一个是个人所得税纳税人的高端，还有一个就是财产税概念之下的房地产税。当然，还有以后条件具备的时候才可以考虑的遗产和赠与税。遗产和赠与税现在只能研究，在官员财产报告和公示制度尚未正式推出的情况下，怎么能设想政府堂而皇之地要求所有的公民自己把财产报告给政府，准备身后接受遗产和赠与税的调节呢？与房地税相比，它更需要在法理上有说得过去的约束条件与公信力交待。至于说房地产税里面的法理问题的澄清与解决，后面笔者会专门论述。

　　五是房地产税主要落在地方低端，是一个培育中国社会从底层开始的法治化、民主化的公共资源配置机制及规范的公共选择机制的催化器。笔者多年前就注意到，美国政府三层级中的最低端地方层级，其财产税（他们所称的财产税讲的就是房地产税）所占的收入比重一般没有低于40％的，高的则可以高到90％。虽然占比的差异性很大，但它无疑是一个非常主力的税种。这个税种怎么征呢？一般情况下，当地的预算制定过程是比较阳光化的，要说清楚年度内其他所有收入计算完了以后，按满足支出需要差多少财力，就可据此倒算出一个当年的房地产税税率。这个税率要落在法律给出的区间，一般不超过2.5％。倒算出这个税率后，还要经当地预算决策程序认可才能执行。再往后，这个辖区之内所有的家庭与有房地产的纳税人交了税以后，当然跟着就会问："这个钱怎么用？"美国地方政府普遍会向纳税人书面提供细致的相关信息，纳税人有知情权以后，自然而然后面就会跟着行使质询权、建议权、监督权、参与权（即参与公共事务），这样就形成了一个"规范的公共选择"机制。在这种情况下，美国"进步时代"的启示就是：能做的事情，"形势比人强"的事情，应该从基层、从大家绕不开的方面着手。在直接税的建设方面就有这样一个切入点，切入了以后，大家就必然要关心地方所有的公共资源的配置。这样，在法治的条件下，大家进行公共参与、公共选择，于是就会自下而上地、合乎逻辑地促进培育出中国的政治文明进步机制。

从构建现代化社会的视角可看出，以上这些正面效应是非常宝贵的。

（三）开征房地产税的可行性（通过回应最主要的五点诘难来说明）

第一，很多人讲，国外这个税，可是在土地私有的情况下征收的，而中国所有的城镇土地都是国有的，还在上面再加一道税，这不是法理上面的硬障碍吗？包括一些较高端的人士也表达过这个意思，网上更是广泛流行此种诘难。本文前面对此诘难已有所回应，在此再略为展开加以考察。我们经实证考察，可知国外可不是所谓一律土地私有的情况，比如，英国是工业革命发源地、典型的老牌资本主义国家，但它不是所有的地皮都私有，而是既有私有土地，也有公有土地。公有土地方面还有不同层级政府所有、公共团体所有的区别。建筑物（包括住房）及其下边土地的关系方面，大的区分是两类：第一类叫作 Freehold（体现自持权），即我住的这个房子下面的地皮就是我的，没有任何条件可讲，这就是终极产权上地与房是一体化的；第二类叫作 Leasehold（体现租赁权），即我持有这个房产，但地皮是要签一个契约的，使它成为一个合法的占有权、使用权与最终所有权相分离的形式。这个 Leasehold 可以把最终所有权与使用权极度地拉开，在英国最长是999年，但在法律框架上产权是清晰的，是毫无疑问的，即最终所有权在哪里非常清晰。总之在英国，土地跟建筑物、住房的关系就是这两种类型，但是被称作 Council Tax（市政税）的房地产税是全覆盖的，并不区分哪种可以征，哪种不能征。再如，中国香港特别行政区（源于过去是英国治下的既成事实）没有私有土地，土地全都是公有的，但是该地区征了多少年的差饷，从来没断过。所称的差饷就是住房保有环节的房地产税（至于香港的物业税，则是营业性的房产要交的另外一种税）。香港"差饷"称呼的来由也很有意思：你要住在这里，就得有警察来保证居民安全，负责治安的警察当差，需要开饷，那么钱从哪儿来呢？大家住在这里，那就要参与进来分摊负担吧。所以，从国际的、港澳地区的实践来说，并不存在这样一个人们听起来似乎很有道理的说法，即只有土地终极产权私有了，房地产税的合法性才能够成立。再者从理论分析来讲，也可以印证：中国改革在20世纪80年代前期要解决的问题之一是国营企业要"利改税"，要与其他企业一样交所得税，走了两步达成了这个制度。这个制度建设过程中就有这么一个学理启示：不要以为国有企业产权终极所有者是国家，所以国家对它征所得税，就是自己跟自己较劲。这不对，这些主体是有相对独立物质利益的商品生产经营者，必须参与市场竞争，而竞争又必须要有一个基本的公平竞争环境，所以国家可以通过立法来调节终极产权在政府手里、但是有自己相对独立物质利益的国有企业和其他企业的利益关系。合理的设计是把它们放在企业所得税一个平台上（所有的企业，包括外资企业现在已是一个平台）以促进公平竞争。当然后面跟着的还有一个产权收益上交制度，这就合乎了现代企业制度各个角度的审视。这一分析认识实际上可以比照地引申为：现在最终国有土地上的这些住房的持有者，是具有相对独立物质利益的、各自分散的主体，在最终土地所有权归国家的情况下，通过立法是可以用征税方式调节他们的物质利益关系的，无非也就是这样一个逻辑和道理。我国与国有土地连为一体的居民住宅，在其土地使用权（通常为70年）到期时怎么办？我国《物权法》已对这一"用益物权"问题做出了明确的"自动续期"的立法原则规定，有关部门应制定相应细则，以回应公众关切和诉求，引导和稳定社会预期。

第二，土地批租形成的地价负担已经包含在房价里，现在再开征一个税收，这不是重复征收吗？很多人听了也是愤愤不平。但是，实话实说，不要说地价是租，而这是税，就是税本身，作为现代的复合税制表现为多种税、多环节、多次征，也必然产生重复的问题，真问题是各种不同的税负重复得合理与否的问题，而不可能只有一个税，其他通通去掉。而"租"和"税"，更不是两者必取其一的关系，所有的经济体都是在处理它们之间的合理协调关系问题。所以理性地说，这个问题也不可能构成硬障碍。

第三，如果按照开征房地产税来做的话，新的地皮和以后其上新生成的住房的供给，价格水平会与原来的有一定差异：原来没这个税收因素的时候，动不动出"地王"，以后不敢说有了这个税就不出"地王"，但最大可能是不会像原来那种市场氛围和密集频率，因为各个方面预期的都变了，市场更沉稳了，这就是它调节的作用。那么这个价位落差怎么处理呢？必要的情况下，"老地老办法，新地新办法"，中国早就有这些渐进改革中的办法与经验，社会保障方面老人、中人、新人不就是区别对待吗？最后老人、中人因自然规律退出历史舞台了，又回到一个轨道上了，所以这个问题也不形成硬障碍。

第四，有人强调这个税在操作方面行不通。比如，一位较活跃的教授在一个论坛上强调的就是：税基评估太复杂，中国要搞这个税而解决税基评估的问题，那是150年以后的事了！但实际上我国有关部门10多年前就安排了物业税模拟"空转"的试点，也就是要解决税基评估的问题，开始为6个城市，后来扩为10个城市。笔者去调查过，是把所有的不动产基本数据拿到，录入计算机系统，计算机里面早已经设计有软件，分三类（工业的不动产、商业的不动产和住宅），然后自动生成评估结果。专业人士要做的事就是这个软件怎么合理化的问题。在这方面模拟"空转"的试点，不就是要解决税率评估和对接操作的事吗？中国早就在这方面考虑到前期铺垫和技术支撑，没有任何过不去的硬障碍。实操时还会借鉴国际经验来处理好评估结果与纳税人见面取得认可，以及如有纠纷如何仲裁解决等问题。

操作视角还有一种说法就是："这个事情太得罪人，你征这种税，逼着人家来跟你拼命，这动不动会形成大面积的抗税，政府怎么收场？"我们观察重庆，这就可以说到试点的作用——本土的试点意义的体现。上海、重庆敢为天下先而进入试点，破冰试水，但属于柔性切入，以求社会成员容易接受。重庆的方案更激进一点儿，敢于触动存量，涉及的是最高端的独立别墅。辖区内几千套"花园洋房"住宅要交税了，但给出了一个"第一单位"的扣除，把180平方米扣掉以后，才考虑该征多少税。如果恰好是一个小户型的独立别墅，面积正好是180平方米，照样不用交税。重庆做了以后，没有听说产生什么暴力冲突或者对抗性矛盾，没有出现抗税事件，只是少数人迟迟不露面，找不着人在哪儿，其他的交税人一般都没有多少摩擦就交上来了。可想而知，这些"成功人士"犯不着为一年交一万多、两万多元的税跟政府去拼命。这些都是本土的试水实验给我们的启发。这方面我虽不认为在操作上就是过不去的事，当然也应强调审慎对待。为什么这两个地方要柔性切入？就是这个事不好碰，但是两地毕竟有战略思维，"敢为天下先"，在本土先行先试。本土的试水经验进入立法过程，其意义不言而喻，非常宝贵，第一单位的扣除正是从这里也可得来的一个本土案例经验。我一开始就直觉地认识到中国不能照搬美国普遍征收的办法，上海重庆的做法使我更感受到在中国似乎就应是按照这个技术路线——首先建立框架，再相对从容地动态优化。重庆这个180平方米的边界也在调整，最新调整是收紧了一点，无非就是让社会慢慢适应这个过程，但是一定要做第一单位的扣除。操作方面可能还会有其他一些大大小小的挑战，但无论怎样，总体来说，可认为绝没有过不去的硬障碍。配套杠杆如处理得较好，这个税改绝不应激生动荡，成为所谓"压垮稳定局面的最后一根稻草"。

有人担心开征房地产税的改革措施可能会对中国房地产市场带来可观风险，因为会出现住房持有者为减轻持有成本抛售住房的风潮。在逻辑关系上说，房地产税会使不少持有多套房的持房者考虑"出手"为妙，这在增加住房市场上的供给的同时，会有促使成交价值沉稳乃至下跌的效应。但在2016年后"930新政"

覆盖的"一线城市"(北上广深)和几十个二线城市,房价如能随卖房盘涌出而下行,正是求之不得的事情。以税控价而使得市场降温,可使当地房地产市场趋于健康,适当掌握其引导调节,绝不至于演成什么大的"风险爆发"局面。房地产税立法完成后,将会对地方充分授权、分步实施。除上述地方有必要及时以经济手段替代副作用极大的行政限购、限贷、限价手段而立即依法实施该税的征收外,其他还有"去库存"压力的许多三、四线城市,完全不必马上行动,可待"去库存"完成后再从容考虑跟进实征。

第五,如开征这个税,小产权房的问题如何解决?小产权房确实是中国特有的现象之一。有这么多的小产权房,征税时怎么办?我们调研后形成的想法就是:小产权房问题不能久拖不决,必须解决。在深圳调研后形成了调研报告,指出深圳的实践使我们在这方面已经看出一个前景,就是分类处理,一次把通盘方案摆平,双层谈判(政府不在一线上去谈判,而是先跟那个小区形成一个框架,小区再向住户做工作,就好像现在各地的拆迁,很多时候都是靠小区层面在做工作),谈妥以后具体兑现可以分期来。小产权房分类处理是早晚要做的事,早做比晚做更主动、更积极。如果这个房地产税改革能够推动,那笔者认为正是借势应该倒逼着把小产权房的问题解决。这是好事,必做之事,不是坏事,也不成其为所谓硬障碍的理由。

(四)房地产税改革推进的要领

总体来说,房地产税制改革的推进要领至少可提到这么几条:一是按照中央的要求,应该积极考虑加快立法。"税收法定"是一定要做的，但直到现在，也没有看到立法加快的迹象。2017年两会信息是："纳入人大的一类立法，今年不考虑，交下一届人大考虑。"新一届人大5年之内，我们希望能够解决此事。进入一审后多长时间能走完立法全程，确实还不好预计，但关键是先应启动，不宜再作拖延。立法以后，可以根据情况分区域、分步推进。假定说2019年就可以推——这完全是假定，那显然不能全国700多个城镇一起动。一线城市，还有一些"热得难受"的城市，是不是可以作为第一批，先依法实施这个地方税，其他城市区域以后可以从容地分批走。"去库存"压力大的三、四线城市慢慢考虑，不必着急。

二是适应国情与发展阶段，在法定规则中一定要坚持做住房"第一单位"的扣除，否则社会无法接受。关于"第一单位"，社科院财经战略研究院2012年11月发布的《中国财政政策报告2012/2013——新型城市化背景下的住房保障》中提及的建议方案是房产税按人均40平方米提征（参见《新闻晚报》2012年11月29日），人均多少平方米，我们依靠不动产登记制度可以把信息掌握得一清二楚，但可能还有一些更复杂的事。网上很快有个反馈意见，而且它是以假设情景的方式表达的反对：按照社科院方案，人均40平方米，有一个家庭父母带一个孩子三口人住120平方米，不用交税。但是，不幸的事件发生了，孩子车祸身亡，在父母悲痛欲绝之际，"砰、砰、砰"，有人敲门，政府官员赶到说："你家情况变化，要交房地产税了。"这是以此假设情景表达了对社科院这个方案的不认同，那么这给笔者的启发就是：社会生活中真的发生这种事，政府一定会很尴尬，依法执行吗？那么你就得上门去收,但去依法收税的时候,虽从法条来说严丝合缝,但从情理来说呢?老百姓不认同,执行者"给人家伤口撒盐",自己也会非常难受,那么这个事怎么办呢?没有万全之策,应通过立法程序大家讨论:还有什么可选的方案?放宽一点,可选的方案就是干脆不计较人均住房面积,而是按家庭第一套住房来收缴,第一套多大面积都没有关系,反正这就是一个更宽松的框架。但是这个方案也会有问题,如果按第一套房扣,正如有人说的那样"一定会催生中国的离婚潮"。可这也是很现实的问题,因为前面凡是在政策上有弹性空间的时候,公众为了赶上政策"末班车",屡次出现排队离婚的"离婚潮"。如果按照现在提出的思路来解决问题的话,可能就还得放松,放到单亲家庭扣第一套房、双亲家庭扣两套房。如此,可能这个事情就解决了。

当然,另外一种意见就是:那是不是差异太大了?但我们总得寻找"最大公约数"。潘石屹若干年前在其微博上提出的建议就是从第三套房开始征收,许多人听起来都觉得合情合理。无非是先建框架,寻求"最大公约数"。所以从"第一单位"扣除说起的例子,值得再强调一下:我们的立法应是一种全民参与的机制,让大家理性地表达诉求和建议,没有绝对的谁对谁错,无非就是找到我们一开始在框架里走得通、按照"最大公约数"能为社会所接受的税制改革方案。

三是相关的其他税费改革应一并考虑,处理好协调配套关系,这显然是一个大系统。"房地产税""不动产税"这个概念广义地说包括和房地产、不动产相关的所有税收,再更广义地说,跟不动产相关的其他收费负担、地租等,也应该一并考虑,优化为一个系统工程。到了具体落实中央所说的"加快房地产税立法并适时推进改革",笔者认为主要聚焦的是狭义的保有环节的不动产税。这个概念的不同口径在不同的语境里面要说清楚。但是从宏观指导来说,相关的税费,所有相关负担的改革,一定要放在一起考虑,开发、交易环节的负担总的说应尽量减轻(炒房除外)。这方面的信息与技术支撑条件都有,最重要的是现在中央所说的 2018 年不动产登记制度要到位,实际上在 2017 年所有城镇区域工作应该做完。当然,能否如期做完可能是另外一回事,但是这件事情早晚肯定是要做完的。

四是应对立法突进的困难有所准备。立法过程的速度是不可能强求的,应该是决策层下决心,启动一审,再争取走完立法的全过程。立法中应该充分讲道理、摆依据,积极运用系列听证会等方式尽可能阳光化地促成各个方面的共识。与其在没有立法安排的情况下并没有多少效果地在舆论场这样争来争去,不如按照中央的精神加快立法。到了立法过程中间,各方发声便都需要慎重考虑,尽量理性地表达各自的诉求。整个社会应耐心地走一审、二审、三审,还有可能要走到四审,一定会有社会上创造天文数字般新纪录的各种意见建议,要收集并梳理出实质性意见建议到底有多少条,如何吸收其合理成分。这是一个全民训练民主的过程,在公共资源、公共社会管理方面,这其实是一个很好的、必须要经历的客观的社会培训过程,也成为使我们的现代文明得到提升的过程。我国房地产税立法过程哪怕需要 10 年,它在历史的长河中也只是一瞬,但是这个"税收法定"的制度建设既然是肯定要做的,就应该积极地争取尽快做起来。

四、深化中国税收制度改革的通盘构想

总体而言,应对特朗普政府税改冲击顺势而为地做好中国自己的事情,是在"供给侧结构性改革"这一构建现代化经济体系"主线"上的"顺势而为"。全面配套改革中的税制改革,值得在此对其基本思路作出系统化勾画。

党的十八届三中全会提出"全面深化改革的总目标是完善和发展中国特色社会主义制度,推进国家治理体系和治理能力现代化",以及"财政是国家治理的基础和重要支柱",在最高层级的指导性文件中创新定位和精辟阐述了治国施政的核心理念——国家治理现代化,以及创新定位了财政与国家治理的关系。这要求我们必须以建立现代财政制度为目标,加快财税体制改革进程,推进全面深化改革目标的实现,适应新阶段发展的客观要求。

(一)把税改纳入中国财税改革的总体思路

在"五位一体"总体布局和"四个全面"顶层设计框架下,对接财政改革与发展中"问题导向"的制度机制创新建设,我们认为,财政体制改革将是全面深化改革中的关键之举。在深化改革中健全完善分税制财政体制改革的总体思路应是:在合理定位政府职能、实现其转变的前提下,配合政府层级的扁平化和"大部制"取向下的整合与精简化,建立"扁平化"的财政层级框架,合理划分中央、省、市县三级事权和支出责任,改进转移支付制

度，按"一级政权、一级事权、一级财权、一级税基、一级预算、一级产权、一级举债权"的原则，配之以中央、省两级自上而下的转移支付与必要合理的横向转移支付，建立内洽于市场经济体制的财权与事权相顺应、财力与支出责任相匹配的财税体制；深化预算管理制度的改革，实行促进"调结构、转方式"的税制改革，加快构建地方税体系和优化税制结构；同时强化财税运行的绩效导向。

这其中，我们在研究中初步设计了税制改革路线图（如表5-2所示），以清晰税制改革的实施步骤和远景目标，配合中央关于财税改革与配套改革要于2020年取得决定性成果的时间表要求。列出此表之后，本节后面再进一步展开论述。

表5-2　2017—2020年税制改革路线图

	2017—2018年	"十三五"时期（2016—2020年）
增值税	完成"营改增"改革	逐步简并税率 适当降低增值税税率
消费税	扩大征收范围	进一步扩大征税范围调整税率 适当调整征收环节和收入分享方式
资源税	从价计征改革推及其他主要矿产品	适时扩大资源税征税范围，开征水资源税
环境税	对大气污染和水污染实行费改税，出台环境保护税	全面开征环境保护税，研究适时征收碳税
个人所得税	建立费用扣除标准的动态调整机制，优化和调整税率和级次	适时实行综合与分类相结合的个人所得税制

（续表）

	2017—2018年	"十三五"时期（2016—2020年）
企业所得税	适度降低企业所得税负担	
房产税	使房产税进入立法程序	择机在全国范围内推开房产税改革
社会保障税	将社会保险费统一由税务部门征收	实施社会保险费改税，开征社会保障税
遗产和赠与税	研究征收方案	择机启动立法程序

（二）深化税制改革的基本思路

1. 增强税制累进性，发挥税收调节收入分配的功能

①完善个人所得税

近年来，对个人所得税的调整始终离不开免征额，但收效甚微。从科学、公平的税制设计来看，个人所得税的目标应该是建立综合和分类相结合的税制，建立差别化的费用扣除制度，适当调整税率档次，加强征管力度。首先，建立综合与分类相结合的纳税制度。在近期可考虑对个人的经常性收入（包括工资薪金所得、劳务报酬所得、个体工商户生产经营所得、对企事业单位的承包承租经营所得、财产租赁所得、稿酬所得）实现综合征收，对资本利得和其他临时性、偶然性收入（财产转让所得、利息股息红利所得、特许权使用费所得、偶然所得、其他所得）维持目前分项征收的方式。长远来看，除资本利得单独课税外，个人所有收入均应纳入综合课税范围。其次，实行差别化费用扣除制度。将个人所得税费用扣除分为两类：一类是基本生活和家计

扣除（包括基本生活、教育、医疗三项扣除），另一类是偶发类大项扣除，如购房费用、房贷利息及大病医疗费用等。基本生活和家计扣除依养育赡养人口的不同而有所差异，费用扣除标准与居民消费价格指数挂钩，进行定期调整。而偶发类大项扣除，也依费用属性特点等因素设定差别化扣除比例。再次，适度调整税率及级次。纳入综合计税范围的所得均适用累进税率，且坚持底端税率低，高端税率高的原则，体现扩大纳税人覆盖面和高收入者多纳税的原则。下调最高边际税率，减少税率档次。可考虑将目前的税率调整为5档，分别是3%、8%、15%、25%和35%。最后，加强对高收入者的监控和征管。继续推进自行申报制度，这是加强对高收入阶层的纳税监控、促进个人所得税调节收入差距的一项重要举措。为了使其能更好地发挥作用，需要一系列制度的配套改革，如建立纳税人永久单一纳税号码制度，推进资产实名制、建立财产申报制度，建立收入监测体系，在税务和银行与其他金融机构、企业、海关等机构之间实现信息共享等。

②加快立法，适时在全国推开房地产税改革

房地产税与百姓财产直接相关，党的十八届三中全会提出要加快房地产税立法并适时推进改革。加快房地产税立法与落实税收法定原则相呼应，也更有利于体现房地产税的公平性，有助于凝聚共识、减少阻力。而在房地产税的改革上，需要统筹房地产税费制度，逐步整合目前房地产开发、流转、保有环节涉及的诸多收费和税收，改变目前重流转环节税收、轻保有环节税收的做法，将住房开发流转环节的税负转移到保有环节，适时开征不动产保有环节的房地产税。首先，合并房产税和城镇土地使用税，开展规范的房地产税。在统一房产税和城市房地产税后，我国现行房地产保有环节还有城镇土地使用税和房产税两个税种。由于房产和土地政策不同，给实际征管带来许多矛盾和困难。按照"宽税基、简税制"的原则，有必要将房产税、城镇土地使用税和其他与房地产保有相关的收费进行合并，开征统一规范的房地产税。其次，扩大房地产税征收范围和税基。从房地产税征税范围来看，其设计应尽可能地将所有地区、所有纳税人的不动产都包括进来。较原有房产税和城镇土地使用税的征税范围相比，这将要求在三个方面扩大范围：由城镇扩大到农村、由非住宅类不动产扩大到住宅类不动产、由经营单位扩大到个人或家庭。从短期来看，根据我国现有的社会经济发展状况，目前应尽快扩大对个人住房征收房产税的改革范围。从中长期看，可对城镇土地使用税和房产税进行合并，并将城镇居民和农村居民的住宅房地产逐步纳入征税范围中，并对直接用于农业生产的房地产和农民住房等免税。再次，改变房地产税计税依据。从国外房地产税的计税依据来看，大多数国家趋向于按房地产的评估值征收房地产税，使其具有随着经济增长而增长的弹性特征。我国房地产税也同样应该在房地产市场价值的基础上，以房地产的评估价值作为计税依据。这样既能够准确真实地反映税基和纳税人的负担能力，同时又能体现公平税负、合理负担的原则。最后，在实行了房地产税改革并提高房地产保有环节的税负后，有必要降低房地产流转环节的税负，逐步取消土地增值税和耕地占用税，合并契税等其他房地产流转环节税种和收费项目。

③以推进费改税路径，开征社会保障税

实行社会保险费改税、开征社会保障税，不仅有利于更好地筹集社会保障资金，降低征收成本，还有利于建立征收、支出、管理、监督相互分离和相互制约的社保资金监管体制，提高社保资金筹集使用效率。建议社会保险费改税可以分两步实现。第一步，在1—2年内全国社会保险费统一由税务部门征收。对原社会保险经办机构和人员分流进行妥善安置，可借鉴成品油消费税改革时对原交通运输部下属的养路费稽征机构和人员的处理办法。第二步，实施社会保险费改税，开征社会保障税。在社会保险费统一由税务部门征收后，通过一段时间的运行，在总结经验的基础上建立社会保障税制度。

④研究遗产和赠与税制度设计

遗产和赠与税是财产税系的一个重要组成部分，在调解财富分配差距方面具有十分重要的作用，同时它还有助于鼓励人们的捐赠行为，促进慈善事业的发展，实现市场调节和政府调节之外的收入"第三次分配"，缓解收入差距。鉴于中国所处的经济发展阶段、居民收入水平和税收征管条件等因素，目前中国尚不具备开征遗产（赠与）税的相关条件，但长期来看，遗产和赠与税仍是实现调控贫富差距的有力政策工具之一，因此需要先行对其政策设计和政策效应等问题做进一步的研究探索，做好理论储备，同时应加快完善财产登记制度和评估制度等相关配套制度的建设，为将来的改革做好准备。一旦时机成熟，则应尽快启动和完成相关立法程序予以开征。

2. 减少税制扭曲，促进经济稳定增长

①积极推进营改增改革，完善增值税制度

党的十八届三中全会决定提出，要逐步发挥市场在资源配置方面的决定性作用。税制改革作为社会主义市场经济体制改革的重要组成部分，要发挥市场配置资源的决定性作用，也应发挥税收在国家宏观经济调控中的作用。税制改革应坚持相对中性原则。例如，增值税是以增值额为课税对象所征收的一种税，与税收中性理论的要求相契合。坚持税收中性原则，改革和调整增值税向现代型发展，应进一步扩大增值税的征收范围，在"营改增"试点基础上，最终过渡到将所有商品和劳务都列入征税范围，让营业税完全退出历史舞台，逐步降低增值税税率，减少增值税税收优惠，降低征收成本；完善出口退税制度。

在2016年全面完成营业税改增值税改革，实现行业全覆盖的基础上，加快完善增值税抵扣制度。在不动产行业营改增后，将企业自建不动产和购入新建不动产列入增值税进项抵扣范围，使我国的增值税成为彻底的消费型增值税。另外，应适度简并税率。在营改增行业改革基本到位后，应尽快对现行较为烦琐的税率档次进行适当清理、简并，增强增值税的"中性"特点，规范征管。未来需要适度降低增值税标准税率水平，在5—10年内逐步将标准税率降低到11%左右，进而降低间接税占比；简并优惠税率档次，仅对食品、药品、图书等基本生活必需品设置一档6%的优惠税率。最后，完善出口退税制度。除高能耗、高污染产品及国家明确规定不鼓励出口的产品以外，对所有货物和劳务的出口，原则上都应实行零税率，予以彻底退税。这既是保持税制中性，适

应经济全球化发展的内在要求，也是应对当前国际贸易形势严峻、贸易摩擦增多环境下促进出口、提高国内产品的国际竞争力的现实需要。

②完善消费税，调整消费税征税范围

将部分已经成为日常生活用品的消费品移出征税范围。将部分严重污染环境、大量消耗资源能源的产品及奢侈消费行为纳入征收范围，如含磷洗涤剂、一次性饮料容器、电池、过度包装材料、对臭氧层造成破坏的产品、私人飞机等。在未来条件允许的情况下，再进一步将焦炭和火电等高污染、高能耗的产品纳入消费税征税范围。调整消费税税率，实行差别税率，有奖有罚。根据应税产品对环境的污染程度及其对资源能源的消耗量，采取差别税率。对高能耗、高污染、资源利用率低的产品，以及卷烟、鞭炮等危害身体健康和环境的消费品实行高税率；对清洁能源和环境友好的产品实行低税率或免税。调整消费税征税环节和收入分享方式。对一些适合在生产环节征收的品目，如国家专卖的烟草消费品和作为国家重要战略性物资的成品油，仍保留生产环节征税的做法，收入改为中央和消费地共享。对于其他品目，可将征收环节从目前的生产环节后移至零售环节，收入划归地方政府，以体现消费税的消费地纳税原则。

③加快推进资源税改革

加快推进资源税从价计征改革。在总结石油天然气资源税和煤炭资源税从价计征改革有益经验的基础上，逐步扩大到其他各类金属、非金属矿产资源，只对少数市场价格比较稳定和价值较低的矿产资源，从便利征管的角度出发，继续沿用现行的从量计征方式。适度提高资源税税率。适当提高矿产资源的税率税额标准，有助于提高资源的使用成本，限制资源的过度开发和使用。需要根据经济社会发展的需要，进一步提高稀缺性资源、高污染和高能耗矿产品的资源税税负，并结合资源产品价格形成机制改革，使资源税税负能最终体现在最终消费产品价格上，使最终消费品价格能够真实反映资源成本。深化资源税费制度改革，适时将矿产资源补偿费并入资源税。我国对矿产资源开采同时课征了资源税和矿产资源补偿费，两者具有相近的性质和作用，造成了资源税费关系的紊乱，税费重复征收的问题非常突出。目前清费立税、推进资源税改革已经成为各界共识，在资源税从价计征改革完成后，可考虑将矿产资源补偿费合并到资源税之中，扩大征税范围。目前资源税的征税范围主要集中在矿产资源等不可再生资源上，在未来条件许可的情况下，可考虑将水资源、森林资源、草场资源、耕地资源等可再生资源也纳入资源税的征税范围。

3. 完善地方税体系，提高地方政府收入能力

在社会主义市场经济体制下，完善地方税体系的目的是提高资源配置效率、促进经济增长，实现中央与地方的双赢。而这种结果或者目标实现的关键是中央与地方之间财政关系的规范化和稳定化。地方税体系完善的重点是如何改革和完善分税制，并在此基础上考虑地方税体系的建设，而不是孤立地考虑地方税税种问题。因此，我国地方税体系的完善就不能将着眼点局限在这些属于地方税税种上，而是在中央与地方合理划分税种的基础上，从更广义的角度来考察地方税体系。从广义角度来理解地方税体系，在营改增改革全面实施后，各种共享税，包括收入规模扩大

的增值税、企业所得税和个人所得税都应该视为地方税体系的重要组成部分。具体而言，可以从以下几方面改革措施入手，从近到远，多方位地充实地方税收收入，完善地方税体系。

第一，调整增值税中央与地方的分享比例，改革共享方式。营改增之后，增值税的收入将进一步提高。如此大的税收收入，由一级政府独享并不合适，由多级政府共享更为合理。增值税仍作为中央、省、市县三级政府的共享税的同时，应适当提高地方政府特别是省级政府的分享比例，目前改变75∶25的比例为过渡期的50∶50共享方式，确有必要，但不宜长期化。为消除现行做法可能导致的地区间分配不公和地方政府行为扭曲，未来增值税的共享可考虑根据各地的人口数量、消费能力、基本公共服务需要等因素，按照标准化公式在各个地区间进行分配，同时在每个财政年度之前应做好增值税收入分享的预算，使地方政府能够根据这一预算制定地方财政收支预算，从而使增值税成为地方政府的一个稳定、常态化的财政收入来源。

第二，改革企业所得税和个人所得税的税收共享方式，由收入分成改为分率共享。改革现行企业所得税和个人所得税全国一率的税收共享方式，可采用税率分享或者地方征收附加税的形式分成。企业所得税和个人所得税的税权归属中央政府。中央政府设定一个全国统一征收的税率，地方政府可在这一税率之外进行加征，但加征的税率有最高限制。此外，考虑到所得税的税源流动会造成税收地区间分布不均，因此需要建立起一套地区间税收分配的调整机制，促进税收公平。

第三，推进消费税改革，将消费税改造为中央和地方共享税。

扩大消费税征收范围，调整消费税征税环节和收入分享方式。对一些适合在生产环节征收的品目，如国家专卖的烟草消费品和作为国家重要战略性物资的成品油，仍保留生产环节征税的做法，但收入改为中央和消费地共享，中央分享大头。对于其他品目，可将征收环节从目前的生产环节后移至零售环节，收入划归地方政府。

第四，推进房产税和资源税改革，为市县政府打造主体税种。从长远来看，在不动产保有环节征收的房产税和对矿产资源征收的资源税可分别作为东部发达地区和西部欠发达但资源富集地区市县政府的主体税种。

第五，加快环境税体系制度建设。2016年12月25日，十二届全国人大常委会第二十五次会议表决通过了《中华人民共和国环境保护税法》，现行排污费更改为环境税，已于2018年1月1日起开征。为了调动地方的积极性，环境保护税收入全部作为地方税收收入，纳入一般公共预算。当前，为了提高地方政府治理区域性污染的能力和调动地方进行环境保护的积极性，还有必要将环境税体系的后续制度建设纳入议程，使其成为地方政府一个相对稳定的收入来源。

4. 实施税收征管改革，提高征管效率

税收征管改革是深化税制改革取得成效的重要保障。随着社会主义市场经济对税收宏观调控作用提出新的要求，中国经济融入世界经济速度加快，以及信息技术在税收征管工作中得到广泛深入的应用，纳税人法律意识和维权意识不断增强，中国税收征管改革也应适应经济形势变化，与时俱进，根据税制发展的要求

加以积极地改进。具体应从以下几方面加以完善：

第一，加强税收征管法律制度建设。立足解决制约税收征管实践的难点问题，增强前瞻性，抓紧做好税收征管法律制度的立、改、废工作，尽快完成《税收征管法》修订工作，平衡配置税务机关与纳税人的权利和义务，做到既适应加强征管、保障收入的需要，又满足规范权力、优化服务的要求。

第二，建立完备的涉税信息数据系统。完备、准确的信息系统是各项税制改革的前提条件。在大力推进信息定税管税的前提下，税务部门亟须与相关职能部门共享信息，各部门之间也应建立这种信息共享机制。应建立全国统一通用的全社会人、房、地、企业、政府、社会机构等的标准化唯一代码制，由各部门运用唯一代码采集与之职责相关的个人、企业、政府、社会机构的基础性原始信息，并建立本部门的全国大集中、全覆盖的专业信息系统；在此基础上，形成各部门之间双边或多边信息共享平台；同时再建立一个独立于各部门之外的全国性、综合性的法定信息互通共享大平台，构建既能互通信息，又有限度、受约束、可控制的信息共享系统和机制。

第三，完善征管制度建设，切实提高征管水平。以数据信息的采集和应用为重点，切实加强税收风险分析监控，改进风险分析手段，加强风险分析应用；规范纳税评估程序，改进纳税评估方法，加强对纳税评估工作的监督制约；加强数据管理，充分利用各种信息，不断提高信息管税水平。

第四，实现税收管理的集约化。通过计算机网络互联，实现信息共享、资源共用，在此基础上逐步收缩征管机构，减少管理层次，推进税收机构体制的扁平化，提高监控的范围和时效，降低管理成本，提高管理效率。

第五，做好纳税服务工作。以维护纳税人合法权益为重点，切实优化纳税服务，提高纳税人满意度和税法遵从度。切实增强税收法律法规与管理措施的透明度和确定性，扎实做好纳税风险提示工作，着力减轻纳税人办税负担，做好纳税人维权工作，重视做好税收法律救济工作，积极促进涉税中介服务发展。

5. 推进税制改革的配套改革措施

①推进政府间财政体制改革，完善转移支付制度

税收制度改革需要结合财政体制改革，特别是财政层级、事权划分和财政转移支付制度等改革的推进。首先，要积极稳步推进省直管县、乡财县管和乡镇综合改革，把财政的实体层级减少到中央、省、市县三级。其次，要合理界定各级政府事权和支出责任范围。应按照成本效率、受益范围等原则，厘清中央、省和市县各级政府的事权范围，明确各级政府的基本公共服务供给责任。从国际经验来看，全国性公共产品、与国家经济社会发展关系重大的事务由中央政府负责，区域性和地方性较强的公共产品主要由各级地方政府负责，跨区域的公共产品由中央和地方各级政府共同承担。对一些责任应由中央政府或全部层级政府负担，但效率要求县级政府具体承担的事权，需要各级政府将资金划拨到承担具体事务的县级政府。党的十八届三中全会已经对事权和支出责任的划分做出了较为清晰的界定。下一步需要进一步细化各级政府的事权清单，将本应由中央政府承担的部分事权收归中央负责，适当加强中央事权和支出责任，理顺中央地方共同事权

的支出责任分担机制。最后，完善转移支付制度，增强地方政府的基本公共服务保障能力。强化和优化中央、省两级自上而下的财政转移支付制度，适时取消税收返还。完善一般性转移支付增长机制，逐步提高一般性转移支付特别是均衡性转移支付的规模及比重，完善现行因素法转移支付，提高其客观性和透明度；加大转移支付资金对中西部的倾斜力度，并结合国家主体功能区规划，加大一般性转移支付对禁止开发区、限制开发区的支持力度。整合、规范专项转移支付，逐步压缩专项转移支付的规模，对现有五花八门的专项转移支付项目进行清理、整合，严格控制新设项目，尽量减少专项转移支付对地方政府的配套要求。探索建立横向转移支付制度。

②推进价格机制改革，理顺税收传导机制

在很多情况下，税收政策并不是直接对调控对象产生作用的，而是通过一定的传导机制将税收政策与调控对象联系起来。只有健全的市场和价格机制，才能使税收政策的变化通过价格传递给微观经济主体，进而影响微观经济主体的行为。如果市场体系不完善，价格机制不健全，则会导致税收政策的目的传递不到微观主体，使税收政策的调控目的落空。

经过长时间的市场化改革，我国目前大多数一般性商品价格已由市场供需关系决定，但在基础能源领域，政府行政命令仍是主导的资源配置方式，导致资源能源价格形成机制扭曲，产品价格无法真实反映产品的稀缺程度、供求关系及生产环境成本，从而误导上中下游微观企业资源配置行为。因此，要更好地发挥税收政策作用，当务之急是以资源税改革为契机，进行价税联动改革，克服目前在资源能源价格体系、税制和财政体制上存在的重大缺陷，完善资源能源价格形成机制，使价格能够反映资源能源产品的稀缺性、内外部成本及供求关系，对社会主体形成内在激励机制。

③统筹税费关系，清费立税，为税收改革腾出空间

清费立税是规范税收分配秩序、减轻纳税人税费负担的重要方式，是税制改革的重要基础。在税制改革中，要始终将清费与立税匹配起来，积极配合有关部门清理相关政府性收费，将与税收性质相同或相近的收费改为税收，以法律或法规形式固定下来。取消不合理、不合法的收费，规范政府参与国民收入分配的方式，为税制改革提供更大空间。

第六章　美国"进步时代"的启示与中国的未来

发展中国家真正能够从美国历史中汲取的一个经验教训就是美国是怎样根除制度腐败的。根除制度腐败需要找到解决政治问题的经济方法。

——约翰·约瑟夫·沃利斯（美国经济学家）

"他山之石，可以攻玉。"中国进入改革开放新时期之后，在改革思路构想和方案设计准备方面，一向高度重视对其他市场经济主体尤其是美国等发达经济体"国际经验"的借鉴。分税制改革的研究与谋划是如此。在公共财政建设、财政转型与通盘配套改革的呼应与协调等方面，也是如此。20世纪90年代后期，王绍光教授一篇题为《美国进步时代的启示》的文章，引起了财经主管部门领导的高度重视，《中国财经报》曾两次全文转载，又引起了学界对此的广泛关注。直到今天，在深化供给侧结构性改革以打造现代化经济与社会的努力中，展望中国的未来财税及财税制度建设对于现代化伟业的可能贡献,于研讨中比照美国"进步时代"而发掘其启示、获得其镜鉴,仍然具有十分明显的重要现实意义与深远的历史影响。本章对此作概要的讨论。

一、美国"进步时代"总体情况

美国"进步时代"是指从19世纪90年代到20世纪20年代（1890—1920年）的历史时期。在这个时期,美国进行了广泛而深刻的变革,其中的税收制度、政府预算制度建设是重要组成部分,从而为美国日后崛起为世界头号强国,实现近百年的振兴奠定了制度基础。

19世纪90年代初,美国以城市中产阶级为主的社会成员,首先以纽约等大城市为中心,掀起了一场实质性变革政府体制和政治体制的运动,随后改革推进到各州,再到联邦,并最终于1912年演化成一场全国性的改革论战,提出了"进步主义"（progressivism）口号。

（一）美国"进步时代"的经济社会情况

美国"进步时代"的初期,经济已有蓬勃发展,但形成了较高度的垄断局面,分配不均,政治腐败盛行,社会问题频发。

以电气化为标志的"第二次工业革命"后,美国工业高速发展,已一跃而成长为全球第一的工业大国。工业发展中,资本日趋集中。1898年以前,美国资本在1000万美元以上的大企业有20家,1900年达到73家。在高关税和保护主义政策的庇护下,垄断资本主义独占原料和市场，排挤竞争对手，肆意提高价格，攫取超额利润。

工业化促进了财富的积累，却带来了严重的贫富分化。19世纪末期，美国1%的家庭占有的财富比99%的家庭还要多；城市病严重，工人阶层遭受资本无情剥削。历史学家佩琦·史密斯（Page Smith）称之为"资本与劳动之间的战争"。同时，随着千百万移民涌入美国，城市挤满数百万贫困劳动者，变得拥挤且不健康，工作条件恶劣，学龄儿童被迫辍学在工厂工作。商业资本操纵着国家政治和经济，大资本收买政客，党魁政治猖獗，腐败行为盛行。在独立企业主和农场主地位下降、垄断资本家势力崛起的过程中，新型中产阶级的力量也不断壮大，劳动者与资本之间的矛盾趋于激化。

从1892年美国人民党在奥马哈召开的民粹党大会上所发表的演讲中，我们可以窥探当时美国社会的窘境。"我们在一个道德、政治和物质损坏的国家中相遇。腐败占据着投票箱、立法机关、国会。人民士气低落，大多数州被迫在投票地将选民隔开，以防止普遍的恐吓或贿赂。报纸大部分是言论受限的，社会舆论保持沉默，商业堕落，我们的房屋贴满抵押贷款合同，劳动者贫困，土地集中在资本家手中。城市工人被剥夺了组织自我保护运动的权利。数百万人的劳动成果被大胆地盗用，用来创造人类历史上前所未有的巨大财富。而这些拥有者则反过来鄙视共和国，危害自由。我们滋生了两个伟大的阶级——流浪汉和百万富翁。"

学者王绍光在其颇具影响的文章《美国进步时代的启示》开

第六章 美国"进步时代"的启示与中国的未来

篇即说到美国在 19 世纪末面临的诸多问题,那时美国的社会图景是:

第一,腐败多发。亨利·亚当斯(Henry Adams)在小说《民主》(*Democracy*)中借主人公雅可比(Jacobi)的口说:"我已经活了 75 岁,这一辈子都生活在腐败中。我走过很多国家,没有一个国家比美国更腐败。"

第二,假冒伪劣常见。1906 年,厄普顿·辛克莱尔(Upton Sinclair)描写屠宰业黑幕的小说《丛林》(*The Jungle*)出版后,很多美国人连肉都不敢吃了。这本书所引发的讨论促使美国政府建立了"食品与药品管理局",并最终于 1906 年通过了《肉品检疫法》。

第三,重大灾难屡屡发生。当时影响最大的灾难是"三角衬衫厂大火"。由于工厂老板无视建筑物防火标准,这场大火导致 145 名女工被活活烧死。

第四,其他社会矛盾异常尖锐。对此,斯蒂汶·丁纳(Steven J. Diner)在他的《非凡年代——进步时代的美国人》(*A Very Different Age : Americans of the Progressive Era*)中有过很恰当的描述。

危机也是转机,美国在这个时期进行了一系列深刻的制度建设(state-building),其现代国家的基础就是在这个时期奠定的。到 20 世纪 20 年代,美国建立了一个高效规范的现代国家机器(regulatory state)。如果没有在"进步时代"打下的基础,罗斯福的"新政"就不可能成功,"福利国家"(welfare state)就不可能出现,美国资本主义的命运也许会完全是另外一种结局。

(二)美国进步时代的改革

在这一时期,为应对现实生活中的突出问题,美国进行了全方位的改革。

第一,政治上引进倡议制、公民投票制、召回制。为了确保政府忠实地代表人民的意愿,政治上引进倡议制,也就是允许公民在州或地方一级通过请愿书提出立法建议,要求政府机构处理百姓关切的问题,或公民直接在选票上提出问题;实行公民投票制,即允许选民对立法提案做出判断,比如,可否发行债券募集资金以改善公共服务;实施召回制,允许选民要求举行特别的评选会,召回或"罢免"不称职的官员。

第二,美国式民主改革。许多进步人士试图让公民更直接地管理政府机构及政客。主动机制(initiative)和全民公投(referendum)可以直接实现立法的功能,而不需要依靠立法机关。召回制度可以罢免不称职的官员。依据直接原则,允许选民直接投票选出候选人,避免了由专业人士主导的惯例。在俄勒冈州议员威廉·S. 悠伦(William S. U'Ren)和他领导的直接立法联盟的努力下,俄勒冈州的选民批准了1902年的投票机制,为公民创造了主动公投程序,以直接引入或批准提议的法律或宪法修正案,使俄勒冈州成为第一个采用这种制度的州政府。威廉·S. 悠伦还协助1908年的修正案通过,使选民有权罢免官员,并在国家一级建立美国参议员和美国总统候选人的大众选举制度。这些渐进式的改革,很快便在包括加利福尼亚州、爱达荷州、华盛顿州和威斯康星州在内的其他州运行。今天美国约有一半的州在其州宪法中规定主动机制、公投和召回制度。联邦宪法第十七修正案于1913年获得批准，要求所有参议员由人民选举产生（他们以前由州立法机构任命）。

第三，实施城市改革。以改革为导向的中产阶级选民、学者和对原政治机制厌倦的改革者，在19世纪90年代开始结成联盟，在美国城市推进了一系列改革，旨在通过引入科学方法、推行义务教育、实施行政创新来减少浪费和低效率。在密歇根州底特律市，共和党市长黑曾·S.平格里（Hazen S. Pingree）首先组建了改革联盟。之后，许多城市设立了市参议局，研究如何优化地方政府的预算和行政结构。在进行城市改革时，进步人士首先攻击"隐形政府"——那种幕后操纵政治机器破坏民主进程的状况。政客被专业的公务员所取代，相应市政府内部的行政官员不再受政治风向的影响。进步人士大力鼓励地方政府采用科学管理技术，市政厅开始将精准的预算和会计应用于行政管理中。经选举的地方官员以大学教授、工程师和其他专家为顾问，与商人进行合作，进行公益事业的改革。同时，进步人士推动政府更好地参与和处理公共事务，希望能够改善公共服务，涉及建设学校，发展强制性义务教育，便利贷款，修路，加强环境保护和卫生服务，推动公共卫生、社会福利、残疾人护理、农业援助和运输安全的改进，等等。

第四，妇女选举权运动。妇女取得选举权是19世纪初前后数十年努力的产物。1919年获批准的联邦宪法"第十九修正案"终于确定了妇女的选举权。爱丽丝·保罗（Alice Paul）和露西·伯恩斯（Lucy Burns）在英格兰参与了争取该国妇女权利的斗争。两人都参加了支持妇女平等的公众活动,因此在伦敦多次被关押。随后,爱丽丝·保罗到达美国,于1912年加入美国全国妇女选举协会。1913年,她和露西·伯恩斯成立了国家妇女选举联合会,国会很快也成立了全国妇女党,与国家妇女选举联合会一起游说国会通过宪法修正案。在1916年总统选举期间,妇女运动大力反对伍德罗·威尔逊(Woodrew Wilson)关于拒绝支持妇女选举权的修正案。她们在白宫前游行示威,最终因阻碍交通而被捕。在美国参与第一次世界大战之际,媒体关于这件事的报道给威尔逊总统施加了压力。1918年初,为了维持战争期间全国统一作战的氛围,总统屈服并支持妇女选举权运动,他敦促国会通过这项修正案,作为对战争事业的援助。1919年6月4日,《纽约时报》(The New York Times)报道:经过长期坚持不懈的斗争,女性选举权的倡导者今天赢得了参议院的胜利,以56:25的投票通过了苏珊·安东尼(Susan Anthony)起草的修正案。

第五,对商业实施管制。"进步时代"初期,强大的商业集团干预政府决策,大资本家在很大程度上取代政府而成为美国社会的主导力量,这引起了美国人对资本主义放任态度的反思。进步人士认为,政府需要对商业行为进行监管,以确保自由竞争。为此,国会于1887年制定了一部管理铁路的法律——"州际商业法",并于1890年执行"谢尔曼反托拉斯法",阻止大公司垄断单一行业。然而,这些法律并没有得到严格的执行,直到1900—1920年,共和党总统西奥多·罗斯福(1901—1909年任职),民主党总统伍德罗·威尔逊(1913—1921年任职)和其他认同进步派观点的人上台执政。今天美国的许多监管机构,包括州际商业委员会和联邦贸易委员会，都是在那几年创立的。同时，在各种进步立法制约下，联邦和州的企业都被要求遵循同等的价格政策，杜绝回扣或其他地下低价交易。随着更严厉的控制措施出台，不法行为举证责任开始由政府转向工商业领域。例如在发生工伤事故时，要求工厂主证明工作场所是安全的，而不是由工人证明受伤不是他们的错。

第六，社会公平改革。资本的垄断带来了巨大的贫富差距，当时私人慈善是解决城市内部收入差距的主要方式，但随着富人移居郊区及贫民窟的扩增，私人机构和市内教会已无力解决城市问题。为此，进步人士倡议出台各种形式的福利立法。如"劳动者报酬法"确保工作场所更加安全，为受伤的工作人员提供救济。《劳动法》在国家和地方层面都获得通过，以此来保护妇女和儿童，另外还要求学龄段的孩子接受基础教育，而不是被迫上班务工。为了确保所有公民都有平等的基本生活条件，天然气和水以合理的价格平等地分配给所有公民。消费者保护也是整个改革运动的一部分。1906年，"纯粹食品和药物法案"要求对肉类和其他产品进行联邦检查，禁止掺假食品或有毒药品的制造、销售或州际运输。进步人士也大力打击卖淫和滥用酒精之类的道德弊病。1910年，美国出台的"曼恩法"，禁止州与州之间贩卖妇女。进步主义者的道德运动促进了联邦政府宪法第十八修正案的通过，目的是控制酒类生产、销售和运输。

第七，农村变革。1920年年底，美国有一半人口生活在农村。他们经历了自己的进步改革。1910年，大部分农民都订阅了农业报纸，旨在提高农业的生产效率。以前把道路维护交给当地土地所有者负担的做法日渐乏力——尽管铁路系统已经建立，但是仍需要更好的道路体系，为此，1898年纽约州率先改革，至1916年，道路维修的责任开始归州和地方政府承担。1910年成立的美国高速公路管理局，资金来源于汽车登记、汽车燃料税及联邦政府的转移支付。在政府的支持下，1914年改善了240万英里的农村土路，混凝土公路也于1933年首次被使用，到20世纪30年代成为主要的道路铺面材料模式。针对农村学校发展滞后问题，进步运动的解决办法是推行现代化学校，由全国师范学院毕业的全职专业教师授课。

第八，教育改革。进步党试图改革地方层级的学校。这个时代以学校和学生数量的急剧增长为主要特征，尤其是在快速发展的大都市。1910年以后，小城市开始设立高中。到1940年，50%的青年人获得了高中文凭。受过教育的中产阶级数量迅速增长，他们一般都是进步措施的基层支持者。在"进步时代"，许多州通过了义务教育法。在教育方面强调卫生习惯的培养，体育和健康教育变得更加重要。

第九，降低关税及联邦储蓄银行的建立。威尔逊总统于1913年10月3日签署的"安德伍德关税"法案，首次大幅度降低了进口货物的税率，旨在降低生活费用。自从安德鲁·杰克逊于1832年否决了国家银行后，美国就没有一个全面的国家银行体系。1913年12月，威尔逊总统通过了《联邦储备法案》，明确"银行和货币的控制权应由政府掌握"。该法案将该国划分为12个区，每个区都有自己的联邦储备银行，所有这些银行都由联邦储备委员会（今天简称为"美联储"）控制。从此以后，美国恢复了中央银行体系。

第六章 美国"进步时代"的启示与中国的未来

二、美国"进步时代"的财税改革

财税制度联系政治、经济和社会的方方面面，相应成为国家的基本制度体系。"进步时代"实现了美国财税制度的重构，为美国以后百年的繁荣奠定了稳固的基础。

在 20 世纪之交，美国的公共财政体制经历了一个显著的、结构性的变革。19 世纪末期，美国的主要税制包括：关税及对烟、酒征收的销售税。在 1880 年，联邦政府 90% 的收入来源于关税（56%）及销售税（34%）。

20 世纪之初是美国税制改革的敏感期。那时进步主义者正试图用一个更加公平的直接税制度取代以进口关税和消费税为主体的具有间接性和累退性的税制，并于 1909 年开征企业所得税。1913 年实施的个人所得税法案很快发挥了更多的替代性作用。到 1930 年，所得税给联邦政府贡献了 59% 的收入，关税和销售税的占比不到 25%。所得税也同时匹配了地方政府的主体税种——财产税。美国税制朝着具有直接性且累进性的所得税方向转变。1919 年是美国税收法律与政策发展的关键转折点。在那一年，国会执行了全国性的企业所得税，同年提出了修宪议案，赋予联邦政府征收个人所得税的权力。下文将对企业所得税和个人所得税分别论述。

（一）开征企业所得税

关于美国联邦政府为什么对公司征税的说法不一。学者试图从国家立法者的高层政治辩论中找到答案。其中一部分学者认为，民粹主义者和进步人士对于企业权力扩大的忧虑，影响着国会领导人和总统威廉·霍华德·塔夫脱（William Howard Taft），希望将税收作为监管工具，从而控制企业经理和资本所有者的财富和权力。另一部分学者的观点是，当时大多数法学理论家认为公司只是个人的聚集，而不是作为一个独立的法律实体，立法者应主要通过公司对股东征税来增加收入。根据这种观点，公司只是收款代理人或扣税手段。

自美国诞生以来，大型企业也有长足发展。早期的大公司不仅具有提供交通运输等公共服务的职能，还承担着各种各样的地方税负，特别是作为州和地方政府收入来源的一般财产税。20世纪之初，许多大型工业企业合并，垄断特征愈加明显。这种垄断兼并，一方面让美国人看到了对公司资本主义的希望，另一方面也带来诸多焦虑，因为大规模的企业开始主导美国的法律制定、经济和社会生活。以标准石油公司和美国钢铁公司为首，这种庞大的工业企业在美国公共生活中拥有巨大的权力和权威。这些大规模的官僚化企业雇用了数十万人，并控制了大量的美国私人财产。事实上，到20世纪20年代末，小型的当地私人家族企业，似乎已经不复存在。基于美国长期以来的反垄断传统，批评者把大公司描绘成贪婪的金融大亨，无视法治和普遍的道德规范，贪婪地扩大和巩固其经济帝国。民粹主义者基于深厚的反垄断传统，担心现代商业企业正在迅速瓦解许多自耕农的传统生活方式，并将他们遗弃。同样，各地的商人也担心如果垄断力量集中在东北工业精英手中，将威胁到共和国的价值观和自由民主的核心思想。

因此，利用税收控制公司资本主义的兴起和日益增长的经济精英力量，成为美国政治的当务之急。尽管企业税最终的税负转嫁并不明晰，但是许多学者将企业所得税视为控制大企业日益增长的权力滥用的一种有效方式。正如现代学者所指出的那样，关注税收来源及征收便利，意味着企业所得税是对股东财富征税的一种有效且间接的方式。

从税收运作的本质来看，征收企业所得税有两层经济意义。首先，从战后重建的结束至大萧条的开始，美国的经济经历了巨大的变化。大规模的移民、快速的城市化和工业化、快速的经济增长，重新塑造了美国的经济社会。这些结构性变化对于美国公共财政具有重要意义。随着城市工业化的步伐加快，越来越多的产出和收入通过市场，尤其是借助大型工业企业的市场运作来实现。企业的扩张、现金交易的增长、市场主体和社会成员的"致富过程"，是美国现代所得税的重要基础。市场上越来越多的个体从劳动或配置资产等方面获得财富，法律制定者能够轻易地估测日益扩大的税基，因此整个国家的税制结构得以逐渐从对间接税的依赖转向对所得和财富征税的直接税体制上。其次，美国经济结构的转型促进经济组织和管理程序改变，这赋予了政府当局评估和征收个人所得税和企业所得税的新的税务处理方式。当收入和经济能力向大机构聚集时，便利了政府对税收收入的鉴别和征收。而且，这些新的庞大的组织实施了更加合理和常规化的会计制度，可较准确地计算出它们的利润和投资回报。虽然这种先进和系统的计算方法本来是用于核算内部生产和分配效率与吸引额外的金融资本，但这种在收集和处理信息上的革新，也间接有助于税务机关降低征税成本。当美国财政部官员尝试采用税收扣缴形式时，大型企业的会计记录被证明是非常宝贵的。当大型工业企业日益成为税收收入的重要来源时，这些企业的高度一体化似乎也缓解了税务机关的行政负担。因为在创建和发展一体化、高效率的商业组织过程中，企业业务经理也为政府税务机关提供了大量的个人所得税信息。简而言之，大规模生产和分配的组织模式及其信息系统，便利了所得税的征收。

1909年的《关税法》，包含对以企业形式开展业务的实体征收所得税的内容。当时的《关税法》规定，"所有公司，包括股份制企业、以营利为目的的组织等，在从事商业活动时，需要支付特定消费税"。净收入在5000美元以上时，年平均税率为1%，此法案也适用于在美国从事经营活动的所有外国公司。

企业税对联邦财政收入产生了即时而适中的影响，1910年企业税收入为2100万美元，占总财政收入2.89亿美元近10%。虽然企业税增加了一部分财政收入，但是直到第一次世界大战之后，当新的战争税和超额利润税叠加到普通企业所得税上时，商业公司的税款才成为财政收入的重要组成部分。1916—1919年，国会颁布了一系列税收法律，旨在从战争中获利最多的行业和个人中征收税款。1918年，公司利得税和所得税产生了31亿美元的财政收入（此时总财政收入约43亿美元，占总收入的近3/4）。其中，引领管理资本主义新时代的大型工业企业，很快成为企业所得税和利得税的最大税源，特别是在"一战"时期。"制造业和机械工业"的企业税收，几乎占所有企业所得税收入的一半。1916年，该收入占整个国家税收收入的1/4左右。

（二）开征个人所得税

美国近代开征所得税的时间可以追溯到 1913 年，但是美国最初推行所得税是在其内战期间。随着美国内战的结束，一方面所得税收入下降，另一方面由于政治势力的反对，所得税在 1872 年停止征收。之后，美国再一次将收入来源重点放在传统的关税上——对进口物品征收关税。关税在内战结束后的数十年间贡献了大量的财政收入，给联邦政府带来了大量预算盈余。然而，关税引起了紧张的政治分歧，主要表现在深层次的部门利益纠纷。东北部的制造业和中西部的城镇工业中心从高保护主义关税中受益匪浅，而南部和中西部地区的农场及城镇职工由于购买含有高税负的制造产品而承担大多数的税负。正是由于税负分配不公平，共和党的高保护主义关税引起了包括民主党在内的政治力量的反对。进步主义人士以低关税导致的财政缺口为契机，适时提出所得税议案。在民主党和进步人士的努力下，1913 年第十六次修宪赋予议会征收所得税的权力，同年在参议院多次讨论所得税法案后，1913 年 9 月 9 日，参议院以 44：37 的票数通过了个人所得税法案，随后，众议院于 1913 年 9 月 29 日通过互让法案。至此，1913 年的收入法案在得到威尔逊总统签字后，正式生效。经过多年的政治纠纷与冲突，美国再一次开征个人所得税。

个人所得税的开征主要有两层意义：第一，此举弥补了低关税导致的财政缺口；第二，实现以直接税税负带来的再分配。在 19 世纪以间接税为主的税制下，工人阶层承担了过重的税负，因为作为一名消费者，他们是实际的负税人，运营商通过制造和分配环节将税负转嫁给最终消费者。1883年,纽约州的一名裁缝讲述了关税是如何恶化工薪阶层原本已经糟透的居住环境。"间接税主要由工人来承担,工人需对租金、食品供应等纳税。在我看来,在整个美国,只有工人才是纳税人。"这说明,美国个人所得税的改革不但要满足政府收入的需求,更要考虑平等和社会公正。

推行之初,所得税产生的财政收入微薄,绝大多数的联邦收入主要依靠关税和消费税。对于个人所得税而言,只要单身人士超过3000美元的收入,已婚夫妇超过4000美元的收入,就要交纳1%的所得税。换言之,单身人士可以免征3000美元以下的收入,已婚夫妇可以免征4000美元以下的收入。个人所得税开征之初的这种免征额很高,因为1913年,美国仅有不足4%的家庭年收入超过3000美元。当年收入超过2万美元时,附加1%的税负;当年收入超过50万美元时,附加6%的税负。因此,当年收入超过50万美元时,最高的税率仅为7%。在1913年,只有少量的纳税人处于最高纳税级别。但是,第一次世界大战彻底改变了个人所得税的相关规定,从1916年的"收入法案"开始,国会降低了免税额,并大幅度提高税率。在第一次世界大战期间,免税额下降到1000美元(已婚夫妇为2000美元)。对于免税额以上的4000美元收入,税率飙升到6%;超过4000美元的所有收入,征税12%,附加税率最高可达65%。几乎1/5的家庭支付所得税(征税之初是不到2%),高收入阶层(收入超过100万美元)的实际税率高达65%。

(三)预算改革

美国公共预算改革运动,最早出现于20世纪初的纽约市,并随着1921年《预算与会计法》的通过和执行而在全国推行。在19世纪70年代，纽约有343万多人口，成为美国第一个步入现代化大都市的城市。1898年，合并后的纽约市的支出是纽约州的5倍，比其他所有州的总和还要多1/3，几乎比联邦政府的支出多1/7。同时，它的债务总和也超过了其他所有州的总和。因此，管理如此庞大的财政收支，无疑是一项巨大的挑战。1905年2月，纽约市长组建了税收与财政顾问委员会，1906年，市政研究局在对卫生局全面调查后，发布了《制定地方预算》的最终报告，在报告中建议卫生局采取职能划分、会计分类和常规记账方式。1907年，市政研究局为4个主要部门准备会计分类方案，结果1908年出台的城市预算成为美国以部门职能系统分类为基础的预算。市政研究局继续将预算改革推进到全美的各级政府中。行政预算要求州政府各部门的负责人向州长提交来年预算需求的逐项评估，州长可以就这些评估举行公开听证会，随后向立法机关提交一份预估收支的综合预算计划。1911—1919年，44个州通过了预算法，到1929年，除阿肯色州外，每个州都采纳了基于行政模型的预算制度。

州一级的预算为联邦预算改革提供了经验和样板。美国内战后的几十年，联邦政府处理大量的企业申请，而政府部门行政效率的拖沓和混乱，引起了诸多抱怨。1887年，参议院成立了行政部门工作方法调查与检查特别委员会。国会成立了行政部门法律地位联合调查委员会，以提高政府的效率。总统也有所行动。1909年，威廉·塔夫脱（William Taft）就任总统后成立节约与效率委员会，邀请著名的市政预算专家史蒂芬·克利夫兰（Stephen Cleveland）任主席，该委员会将预算作为改革的核心，随后提交了《国家预算的必要性》报告。预算改革并没有得到国会和下一任总统威尔逊的支持,但克利夫兰等人并没有放弃预算改革的初衷,成立了政府研究学会,继续推行预算改革。在威廉·威洛比(William Willoughby)等人的努力下,1921年6月1日,沃伦·哈定(Warren Harding)总统签署了《预算与会计法》,该法赋予总统编制预算并向国会提交年度预算的职责。

《预算与会计法》的颁布,标志着美国终于在联邦层面构建起现代意义上的公共预算制度。

> **专栏6-1 税收、预算制度的进步与美国现代财政制度的成形期**
>
> "进步时代"也是美国现代财政制度的成形期。在此之前,美国财政制度既杂乱又低效,藏污纳垢,完全不对民众负责。就收入而言,那时的税种极多,凡是想象得出的名目都可用来向民众征税,与今天中国为数众多的收费和罚款差不多。但那么多税种却无法使国家汲取足够的财政收入。就支出而言,那时还没有现代意义上的预算。每一个政府部门自行争取资金,自行掌控开支。一级政府并没有详尽而统一的预算。这样,民众和议会都无法对政府及其各部门进行有效的监督,为贪赃枉法留下无数机会。
>
> 在"进步时代",美国从收入和开支两方面对其财政制度进行了彻底的改造。
>
> 在收入方面,最重要的变化是引入了个人所得税和公司所得

税。当然，引入所得税曾遭到保守势力的顽强抵抗。最耸人听闻的说法是，一些美国人认为所得税体现的是共产主义和社会主义的原则。最高法院也宣布这种税违反美国宪法。但到1913年，50个州中有42个州批准了宪法第十六条修正案："国会有权对任何来源的收入规定和征收所得税。"

相对以前杂七杂八的税种，所得税有三大优势：一是简单，用一个税种替代了一批税种；二是公平，税负是依据经济能力分配的；三是高产，这一类税产生的收入比其他任何税种都多。这三大优势有助于缓解美国当时面临的严峻挑战：急剧的社会变迁引发尖锐的阶级冲突，而政府缺乏再分配能力以应付种种危机。在以后的年代里，所得税在美国财政制度中扮演了"挑大梁"的角色。事实上所有发达国家都或早或迟经历了引入所得税的过程。现在，所得税在所有这些国家都是最重要的税种。

在支出方面，最重要的变化是引入现代预算制度。直到20世纪初，美国的所谓预算不过是一堆杂乱无章的事后报账单。对政府某部门的拨款只是一个总数，开支分类是没有的，细目也是没有的，不准确，更谈不上完整。马寅初先生1914年在其英文著作《纽约的金融》中指出了这些制度缺陷。在这种情况下，美国虽然号称民主，但民众实际上根本无法对政府行为进行有效监督。结果，腐败现象屡禁不绝。

人们对腐败的厌恶和愤怒成为改革的动力。1905年，一批人设立了旨在推动纽约市预算改革的"纽约市政研究所"。

今天大名鼎鼎的"布鲁金斯研究所"（the Brookings Institution）便是由它演化而来的。这些预算改革者指出，预算问题绝不仅仅是个无关紧要的数字汇总问题，而是关系到民主制度是否名副其实的大问题。没有预算的政府是"看不见的政府"（invisible government），而"看不见的政府"必然是"不负责任的政府"（irresponsible government）。"不负责任的政府"不可能是民主的政府。预算改革的目的就是要把"看不见的政府"变为"看得见的政府"（visible government）。"看得见"，人民才有可能对它进行监督。在这个意义上，预算是一种对政府和政府官员"非暴力的制度控制方法"（institutional method of control without violence）。改革派的意思很清楚，与其对人们的愤怒置若罔闻，听任矛盾激化，不如进行预算改革，缓和阶级冲突。

那么，什么样的预算才算是现代意义上的预算呢？弗里德利克·克利夫兰（Federick A. Cleveland）1915年在他的《美国预算观念的进化》（*Evolution of the Budget Idea in the United States*）中，提出了以下几条：第一，它是一个关于未来政府支出的计划，而不是事后的报账；第二，它是一个统一的计划，包括政府所有部门的开支；第三，它是一个详尽的计划，要列举所有项目的开支，并对它们进行分类；第四，对计划中的每项开支都要说明其理由，以便对开支的轻重缓急加以区别；第五，这个计划必须对政府的行为有约束力，没有列支的项目不能开销，列支的钱不得挪作他用；

> 第六，这个计划必须得到权力机构（议会）的批准，并接受其监督；第七，为了便于民众监督，预算内容和预算过程必须透明。
>
> 引自王绍光《美国进步时代的启示》

三、借鉴与启示：渐进改革"路径依赖"下的中国未来财税进步与国家现代化

美国"进步时代"对于中国的现代化经济社会转轨，可以提供一种足资借鉴的案例启示：可以通过"改良"为特征的变革路径，经过努力推进与社会成员利益和政府职责发挥都息息相关的税收（主要解决政府履职"钱从哪里来、怎么来"的问题）、预算（以规范的方式解决与政府"钱从哪里来"紧跟着的"用到哪里去、怎么用"的问题）、公众意愿表达机制（新闻媒体的作用、公共事务听证会的形式、代议制立法机构对于政府预算的审议等）等制度建设，以及相关法律的形成与完善，实质性地解决政治体制改革所要寻求解决的社会进步任务。这样的一种推进过程，主要特征是在"问题导向"下，以相关各方都很难拒绝的"加强管理"来回应民众关切的名义切入的。公众、公权机关、社会中介组织等主体，在交流、讨论的氛围中，虽难免有种种观念冲突、言辞互怼、行为抵牾，但总体上却可以形成一种社会代价较小的"规范的公共选择"，以非外部暴烈冲突的方式，即以必要的妥协磨合方式，达到社会可接受的解决方案，体现"进步"取向上的基本

共识与制度性的可持续发展支撑机制。

中国自秦始皇实现"大一统"以来,有关政治权力、公众事务、公众利益的解决路径,一向是"非规范的公共选择",即社会矛盾累积、积重难返直至爆发为外部的暴烈冲突,强制性地来一个了结:大大小小 200 多次农民起义,几十次改朝换代,动辄引致国土之上生灵涂炭、哀鸿遍野的惨境,带来极大的社会代价、严重的人民生命财产损失。经过世世代代的企盼、近百多年来无数志士仁人的奋斗牺牲、千千万万民众跟随中国共产党致力的革命与建设,才有了"站起来"(以 1949 年中华人民共和国成立为标志)和"富起来"(以改革开放 40 年的发展成就为支撑)的新的历史起点。在追求"强起来"而在 21 世纪中叶基本建成现代化国家目标的"强起来"新时代,中国所倚托的制度建设成果,是以"摸着石头过河"的改革切入的"先易后难"的"生产关系的自我革命"。前面 40 年间业已明确树立了建设和完善"社会主义市场经济"的转轨目标模式,同时,改革深水区攻坚克难啃硬骨头的挑战性历史考验,正日益成为关系国家和人民命运与前途的顶级真问题,将在未来的几十年揭晓"伟大民族复兴"的"中国梦"能否梦想成真。

中国改革推进中一个直观的特点,是由于 20 世纪 70 年代末决策者理智地规避了"大爆炸"式的方案选择,而使以经济建设为中心的基本路线匹配了一种渐进的改革,使中国总体上能够借力技术性的"后发优势",以先易后难、社会震动较小的措施,实现边际上、增量上为主的体制变革,同时不断以农村、企业、西部的改革所产出的经济成就,带来自然法意义上的"合法性",进而支撑深化改革的过程,维持总体而言较低的社会变革成本与基

第六章 美国"进步时代"的启示与中国的未来

本的社会稳定。但是,这一路径上,也因为制度变革层面的不彻底和滞后,产生了逐渐突出的"后发劣势"风险累积,以致有了"改革与社会问题在赛跑"的窘迫,以及"中等收入陷阱""福利陷阱""塔西佗陷阱"等比喻性概念所代表的潜在威胁。

在各方都意识到政治体制改革重要性凸显,领导人也曾反复宣示和加以强调时,"美国进步时代的启示",对于中国完成全面配套改革与现代化经济社会转轨的意义,便呼之欲出。并且,这也合乎逻辑地能够表现中国财税改革的实质性深化,对于中国现代化战略目标的最终实现,所可能做出的全局性贡献:在几十年时间里的多轮努力下,按照法治化、阳光化、规范化轨道推进的财税改革,如能坚持其内含的、无可回避的税收法定、预算阳光化、绩效化等取向而真正落实于制度建设层面,并配套实施其所关联的一系列社会进步事项,那么中国实质性打开政治体制改革所要完成的历史任务的潜力空间,便可得到极大的助益而实质性地打开。

比如,关于预算改革的基本要求,按照中共十八届三中全会之后中央政治局审批通过的权威性文件的表述,首先是要进一步提高预算信息的透明度。落实中的具体措施,包括从中央到地方各级政府的部门预算(综合预算),要上网公示,可以使全体社会成员了解其中信息,而且对信息的详细程度,还做了逐步提高的要求。由此可知,这个预算的"阳光化",作为改革切入点所带来的便是公众对于政府预算内容及其所表现的政府活动范围、方向、相关政策要领的知情权,而这种知情权所必然衍生的,便是公众可能行使的质询权、建议权、监督权。这些公众权利,如由此进一步激活、激发而配之以一系列制度安排的发展，得到更充分的行使，并有望将其以典章制度与法律的形式确定下来，便会合成"人民群众真正当家做主"的决策权的贯彻落实，这正是以"法治化、民主化"为取向的"全面依法治国"和"政治体制改革"制度建设的内在要求与重点内容。

我们再以中国步履维艰的直接税制度建设为例。借鉴美国等市场经济体构建现代税制的经验，并结合中国"富起来"时代已发生的收入分配差距扩大、亟需形成规范化再分配调节机制以促进"共同富裕"的现实，党的十八届三中全会关于全面深化改革的"顶层规划"性质的文件中，明确要求"逐步提高直接税比重"，这是中国打造现代税制而服务于走向现代社会的客观要求。但直接税的特色是触动既得利益，属于改革中须"冲破利益固化的藩篱"才能啃下来的"硬骨头"，所涉及的房地产税（实指狭义的住房保有环节税收）"加快立法并适时推进改革"这样的任务，实际上已讨论多年，也早已经历了以"物业税"为名的多地"模拟空转"试点。上海、重庆两地以"房产税"为名的差异化方案先行试水，却迟迟未能按照"税收法定"原则正式启动其立法过程。这项将涉及千家万户实际利益、绝非"帕累托改进（指只有人受益而无人受损的改进）"的改革举措，如能按照中央指导意见终得进入正式立法过程，那么它将有望取得一种求得"最大公约数"的可供人大最后审批通过的结果。立法通过之后，还将对我国省级及以下地方政府充分授权，根据各地实际情况，经各地人民代表大会审议决定而分步渐进实施。这样的一种立法过程，将明显有别于前些年在社会上、网络上民间以"情绪宣泄"为主的"议论纷纷"和"莫衷一是",而是一个显然具有法治化"程序正义"的规则保障,一个加入"民意表达"机制作用的立法建设过程。如终能形成相关法律,在各地区分具体情况逐步择机分步进入实施过程之中,还必然需要在执法实践中总结经验,仍以"全民参与"的法定机制,对这一影响举足轻重的直接税实行多轮动态优化。

千家万户作为房地产税纳税人的社会成员,将来在依法每年交纳房地产税给地方政府之后,必然会更加关心税款"如何使用"的去向与绩效问题,因而必然会要求政府更透明、更充分地提供"收税、用税"的一切相关信息,进而使政府的职责行使、理财施政行为更好地得到民众的知情、监督和敦促其提高绩效。

以上这些,不正是在中国走向现代化国家取向下,政治体制改革所要追求的法治化、民主化制度机制的形成过程吗?同理,未来势必还要在中国做出多轮动态优化的个人所得税,以及在具备了官员财产报告、公示制度实施条件之后很有可能积极考虑研究开征的遗产和赠与税,都是直接税,都会在"税收法定"原则下,引出与房地产税制度建设类似的"规范的公共选择"过程。

"不怕慢,就怕站。"中国实现现代化愿景过程中的制度建设,既有了某种"渐进改革的路径依赖",那么就特别需要我们坚定地在改革大方向下,积极推进从"加强与优化管理"角度切入摩擦系数相对小的"非帕累托改进"举措,争取在房地产税等类似的改革任务前行之中,先建框架,凝聚各阶段上的"最大公约数"式的社会共识,以一系列的"最小一揽子"配套方案,来实现财税的进步和国家治理的现代化,"积小胜为大胜",直至经济社会现代化转轨在中国最终完成。

主要参考文献

[1] 贾康，苏京春.新供给经济学［M］.山西经济出版社：山西，2015：1.

[2] 贾康，苏京春.供给侧改革：新供给简明读本［M］.中信出版集团：北京，2016：1.

[3] 贾康.转轨时代的执着探索［M］.中国财政经济出版社：北京，2003：1.

[4] 贾康.贾康自选集（上、中、下）［M］.人民出版社：北京，2013：1.

[5] 贾康，苏京春，梁季，刘薇.全面深化财税体制改革之路：分税制的攻坚克难［M］.人民出版社：北京，2015：1.

[6] 贾康，刘薇.财税体制转型［M］.浙江大学出版社：浙江，2015：1.

[7] 贾康，刘薇.构建现代治理基础：中国财税体制改革40年［M］.广东经济出版社：广东，2017：1.

[8] 贾康，刘薇，孙维.深化财税体制改革的战略取向与要领［M］.广东经济出版社：广东，2017：1.

[9] 贾康，冯俏彬，刘薇，苏京春.供给侧结构性改革：理论模型与实践路径［M］.企业管理出版社：北京，2018：1.